真心告訴您

──達賴喇嘛是佛教僧侶嗎？
補祝達賴喇嘛八十大壽

財團法人 正覺教育基金會 編著

ISBN 978-986-86852-9-1

真正的藏傳佛法，只有覺囊已
弘傳的他空見第八識如來藏妙
義；所以真正的藏傳佛教，就是
弘傳第八識真如的覺囊已。

　　達賴喇嘛率領的密宗喇嘛教，
都以常見外道宗奉的意識生滅心
境界，作為佛法的宗旨，全面違
背真正的佛法，是冒充的假佛
教，不是真正的藏傳佛教。

序　文

——正覺教育基金會董事長張公僕[1]

　　世間法上文明的興衰總像是風雲變幻，文化的傳承則有如江河蜿蜒，而此當中世出世間的大乘佛法命脈不絕如縷，歷經世代的風雨飄搖，和道程的崎嶇坎坷，總是僨多起少、潛久浮暫，尤其時際末法，大乘佛法久衰矣！更是難值難遇大善知識出興於世，啓蒙發聵住持正法。好不容易在二次戰後，首於台灣民生得以蘇息，再加上政經建設初有小得，「衣食足然後知禮義」，精神層次之需求乃漸漸抬頭，民眾對於宗教信仰的渴求日見其亟。而大乘佛法本來就是中華文化重要之一環，因此佛教各方知識也就乘運乘勢各立山頭，乃至兀自開宗立派弘宣佛法，使得此地表相佛法一時興盛蔚爲風氣。

　　遞至上個世紀七〇年代，流亡至印度達蘭薩拉的達賴喇嘛集團，在苟延殘喘之餘，覷得西方世界的好奇，開始探爪國際，以「藏傳佛教」的名義，包裝其所宗奉的藏地偏狹之半原始信仰——喇嘛教，向四方擴展。台灣也在彼時種種因緣之下，難以避免地與世界同步爲喇嘛教所滲透入侵。偏偏當時各山頭以及整個佛教界，普遍因爲無有證法善知識住持，法義偏差、知見不正而缺乏擇法智慧，因此往往誤信彼

等所言，謂彼等之「金剛乘」更有殊勝於佛法三乘菩提之上者，廣大眾生遂被誤導；更有甚者，傳統佛教界中諸師，因於佛法中久修無所證，而自信不足，遂顛倒誤會將假作真、以虛為實，乃競相夤緣達賴喇嘛之「假藏傳佛教」，乃至轉而改歸依彼等上師、法王，入彼邪教而學邪法，於是大眾聞風而景從，遂使彼「假藏傳佛教」在台迅速蔓延，達賴遍佈各地之「學佛中心」如雨後春筍，其最盛時期甚至號稱信徒二百萬人。從此佛教四眾弟子大量減損，佛教資源迅速失血，而其密宗信眾被性侵者時有所聞，每年無數供養金進了上師口袋或被轉送至達蘭薩拉，由達賴轉用於政治及私人享受等用途，種種令人痛心不齒之事不一而足。

然而究竟達賴喇嘛率領的密宗法王、喇嘛們，傳的真的是佛法嗎？睽諸教史，佛教自印度傳入西藏時，並未包含二乘菩提的法脈傳承；而從大乘佛教的判別來看，達賴自稱的「藏傳佛教」密宗，與大乘佛教顯然是相背的。近人的研究普遍認為「假藏傳佛教」四大派的發展，是西藏本土的苯教等民間信仰，加上印度晚期被密教化的坦特羅假佛教思想融合而成的，整體而言是印藏的合璧。

然而古時印度的佛教僧人無智，每希望藉著印度教中鬼

神的功能來維持佛教的生存，因此漸漸地被印度教性力派思想所誘惑、所滲透，結果是自己反被印度教的性力派思想同化，天竺佛教至此名存實亡。因此，彼時傳入西藏的祕密「佛教」，受四世紀時開始出現在印度的坦特羅密教影響，完全是索隱行怪地收納古時印度教性力派的全部邪思謬想，而將佛教中的佛菩薩聖號冠上所信奉的鬼神之上，以之命名，並以佛教中的法門名相、果位名相，來代替他們得自外道的種種理論與性力派境界的行門；更依止矯造的《大日經》、《金剛頂經》等密續偽經，以及謬誤的「自續派中觀」、「應成派中觀」，錯會般若，實則無論在義理、戒律及修行方式上，早已和正統佛教大異其趣，既不屬於「南傳佛教」，也不是「北傳佛教」，它已經背離原始佛教的清淨解脫和大乘佛教的慈悲精神，成為以喇嘛上師傳承為主的「喇嘛教」，完全沒有佛教三乘菩提的教義與實證的內涵。

　　換句話說，當時達賴所率領而傳入台灣，並且肆虐深廣的喇嘛教紅（寧瑪）、白（噶舉）、黃（格魯）、花（薩迦）四大派，並不是　世尊弘傳的佛教正法，反而是教理偏邪、戒行不具，令人修證趨惡、導致淪墮三塗的附佛法外道，此則毀壞佛法、誤導眾生大矣，民眾因之誤入邪道者極多。正覺教

3

育基金會有鑑於此，近年來由〈真心新聞網〉採訪組諸同仁，廣作探訪，相資研討，並於其中諸義多所辨正，爰依 世尊垂教三乘菩提之正智，與善知識 平實導師五十六萬字鉅著《狂密與真密》的解碼破闇，開始對喇嘛教（初期仍沿用彼等向外僭稱之「藏傳佛教」名稱）種種錯謬法義、乖張作為、聚斂錢財、欺侵眾生等事實，一一確實舉證而如理評論之，並於正覺教育基金會官網逐篇登載，並且每月選取一篇作為廣告文字，於台灣發行量最大的週刊刊登；積漸累功，自此喇嘛教的外道本質，及種種侵害眾生的惡作，才得以為世人所知。其有不明就裡或為彼蠱惑蒙蔽者，往往質疑曰：「大家各修各的，何必批評他人？」然彼不知聖 玄奘菩薩早已有言：「若不摧邪，無以顯正」，為護持 世尊正法、救護廣大眾生，我們何妨套一句孟老夫子的話說：「余豈好辯哉？余不得已也！」

然而佛法無私普潤，藏地豈無正教？唐宋盛世國力歟茂之際，中國大乘佛法又何嘗不曾西傳入藏？只是當後來政治動盪、憂患頻仍、中土文化陵夷，元、明、清歷代君王普為外道邪法蠱惑，紛紛謬崇喇嘛教諸活佛、法王為國師，耽迷於所謂「演揲兒法」之外道雙身法時，全境上行下效、風行草偃之下，正法弘傳遂在中國若續若斷隱而不彰矣。親證佛

4

法之諸祖師菩薩，爲續佛慧命救度眾生的緣故，亦有投胎至藏地，入虎穴伏虎子，打算從其根基處正本清源，導邪爲正；如覺囊派篤補巴出世弘法時，自己證悟如來藏正法，並依經教廣爲弘傳，此即爲「覺囊派」「眞藏傳佛教」，篤補巴成爲藏傳佛教歷史上的賢聖菩薩，西藏才眞正有了藏傳佛教。

　　覺囊派主張以「他空見」解釋時輪，是藏傳佛教史上公元十二世紀到十七世紀出現過的一個特殊的教派。它的特殊之處，就在於其雖爲藏傳佛教的一支，但通過在西藏的長期發展與傳播，體現出完全同於大乘佛教如來藏法，而異於西藏其他教派的思想特徵，而以當時西藏的密宗灌頂等密法表相作爲掩護，接引不少信徒在他空見如來藏妙義上的信仰與實證。他空見是該派的主要教義，承認第八識眞如本性，勝義有爲他空，是 釋迦牟尼佛演繹的第八識如來藏妙法，稱爲「他空見大中觀」。覺囊派在藏傳佛教中可算是異軍突起，獨樹一幟，如今證明它是唯一眞正的藏傳佛教；其他藏傳紅、白、黃、花四大派，皆無佛教教義的實質與實證，都主張生滅性的意識即是常住的眞如，與常見外道合流，屬於「假藏傳佛教」。

　　可惜的是後來格魯派得勢，達賴五世爲排除異己，遂利

用政治力量以暴力打壓驅逐、借刀殺人，意圖摧毀覺囊派的「他空見」正眞「藏傳佛教」，並在覺囊派末代祖師多羅那他轉去蒙古傳法的同時，以武力沒收覺囊派寺廟財產屬民，封禁經籍印版，令覺囊寺廟改宗而名存實亡，從此衛藏地區覺囊一派幾乎絕跡，「藏傳佛教」於是就被各派山寨仿冒贗品借殼上市，從此背祖離宗，與佛法漸行漸遠，一味索隱行怪，不復 釋迦佛祖的本懷，成爲現今的紅、白、黃、花四大教派。我們從聖 玄奘菩薩摧邪顯正的開示反推，可以明了若不舉揚邪說辨正法教，則無以鑑照諸外道如何以假亂眞，佛法眞義即不得彰顯，從而魚目混珠，成爲食如來食、衣如來衣、壞如來法的獅子身中蟲。因此，〈眞心新聞網〉爾後的報導，便舉揚覺囊巴爲唯一的「藏傳佛教正法」，並「正名」其餘以達賴喇嘛爲首的喇嘛教紅、白、黃、花四大派爲「假藏傳佛教」。

中國佛教雖然走過滿佈風雨的千年菩提路，然我們深信山窮水複的困頓中，終能走出柳暗花明的新里程。今海峽兩岸三地政局穩定和平發展，經貿往來頻繁，文化交流熱絡，正乃華夏文明巨龍崛起的歷史轉捩點，也恰逢大乘佛法從台灣開始復興的契機。我們體認今有住持佛陀正法，暢演 世尊如來藏正教的 平實導師住世弘法，遙相呼應正牌「藏傳佛教」

之覺囊派他空見如來藏法義，以摧破達賴喇嘛所領導之紅、白、黃、花四大派「假藏傳佛教」藉勢冒名佛教、擾亂中華大乘佛法之行，重振中華大乘佛教，欲令中華大乘佛教千年菩提路，得以益加寬廣平坦成爲萬年菩提路，利益無數希求解脫或欲證宇宙實相的一切有緣人。更自我期勉正覺教育基金會在此歷史洪流中亦能有所砥柱：上則見證中華大乘佛教如來藏正法的復興，也廣接引有緣眾生邁向佛法中眞正的覺悟；中則匡正社會風氣，以免隨逐喇嘛教樂空雙運男女雙身交合的邪行爲害於人間；下及社會中對喇嘛教邪法尙無所知的民眾，爲其預作教育而免誤修邪法導致家庭破碎，可令諸多家庭兒童、少年免於失怙之大苦。如今〈眞心新聞網〉摧邪顯正諸篇章合集付梓，我們樂見社會大眾廣爲流通，並敞開胸懷傾聽我們**真心告訴您**。

張公僕　謹序

2013 年立秋

---

[1] 張公僕先生原任正覺教育基金會執行長，於 2011 年 12 月改任正覺教育基金會董事長。

目　　　錄

第1篇 假藏傳佛教密續中的雙修密意

〔真心新聞網採訪組台北報導〕

2011 年 12 月 7 日美國自由亞洲電台，播出採訪正覺教育基金會董事長（訪問當時張董事長時任執行長）、余正偉老師，和達賴喇嘛西藏宗教基金會的董事長達瓦才仁的訪談。[1]

採訪中達瓦才仁撇清假藏傳佛教的雙身法，其中說法漏洞百出，並極力抹紅毀謗正覺；真心新聞網針對達瓦才仁這次的狡辯與不誠實言語，必須舉證破斥，正本清源，以免民眾又被其誤導。

達瓦才仁指出：「藏傳佛教之所以被稱爲『密宗』，就是因爲經典上的文字記載都有『密義』，除了上師傳授，無法瞭解眞義。不能只用字面上的意義直觀解釋。」（大意）

正覺教育基金會董事長張公僕先生針對此點表示，關於密續不是眞正的佛法，並非佛教典籍，眞心新聞網都曾經報導過，大家也可藉由網站下載再次閱覽更清楚眞相[2]。

---

[1] 參見自由亞洲電台普通話 2011 年 12 月 7 日報導〈台「正覺教育基金會」批評藏傳佛教是「邪教」（視頻〉）
http://www.rfa.org/mandarin/yataibaodao/tai-12072011101028.html?
（擷取日期：2014/4/1）

[2] 眞心新聞網：藏傳佛教「密續」非佛法典籍
http://www.enlighten.org.tw/trueheart/12
眞心新聞網：密續不如理無關禮教 藏傳非佛法遑論傳承

　　然而爲了讓大眾更加瞭解密續的密意到底是什麼？我們再來引用達賴喇嘛在書中的說法。

　　達賴喇嘛在《藏傳佛教世界》這本書中第 100 頁中說：「在《金剛幕本續》中解釋，密宗系統有四部。不過，只有**無上瑜伽**能完全展示**密續**的深廣與獨特，因此我們應該視其他三部爲邁向無上瑜伽的進階。雖然四部密續都是利用慾望來導引行者入道，但使用的欲望層次卻不相同。在第一部『事續』中，入道的欲念僅僅是對具有吸引力的異性凝視而已，其他三部—行部、瑜伽部和無上瑜伽部—的入道意念則分別是對此異性微笑，進而想牽手、觸摸，乃至最後想望**性的結合**。」[3]

　　也就是說「密續」中所談的密宗道修行，從初學階段到最後階段，總共就是「事續、行續、瑜伽續和無上瑜伽續」四部，全部都是在談男女兩性關係：從一開始的微笑、互相凝視，進而相抱，以至於最後的男女二根相合。這就是假藏傳佛教最主要的修行內容。而其中最後的第四部，稱爲「二相合續」、「無上瑜伽」等，就是密宗道的中心思想和最究竟修行方法——「無上瑜伽」，全都是達瓦才仁所說的「密意」，現在其實已經不是祕密了。

---

http://www.enlighten.org.tw/trueheart/9

[3] 第十四世達賴喇嘛著，陳琴富譯，《藏傳佛教世界》，立緒文化（新北市），2004.10 初版 8 刷。

達賴喇嘛的書中說：「依據**密續**的解釋，樂的經驗得自三種狀況：一是**射精**，二是**精液在脈中移動**，三是永恆不變的樂。密續修行利用後二種樂來證悟空性。因為利用樂來證悟空性的方法非常重要，所以我們發現**無上瑜伽續觀想的佛都是與明妃交合。**」[4]

達賴喇嘛說：「而最強的感受是在**性高潮**的時候，這是大樂的修習之所以包括在**最高瑜伽密續**中的原因之一。……**性高潮**時，因為明光出現的經驗較持久，因此你較有機會加以利用。」[5]

由此可知假藏傳佛教視為聖經的密續中所說的修行就是以性交為主，又稱為大樂的修行；而密宗祖師在經典中，將密續的「祕密灌頂」中男女雙修的過程細節講得更加入骨。如密宗祖師宗喀巴說：「如〈集密後續〉云：『金剛蓮華合（男性生殖器和女性生殖器結合），集諸有金剛（集合所有的精液），身語意加行，彼悉攝心中（全部收攝在心中集中注意力），由金剛路出（由尿道中射出），降於弟子口（降入弟子口中）。』傳密灌頂法者（傳授密灌頂的人），次從

---

[4] 達賴喇嘛著，鄭振煌譯，《西藏佛教的修行道》，慧炬（台北），2001.3 初版 1 刷，頁 85。

[5] 傑瑞米‧海華、法蘭西斯可‧瓦瑞拉編著，靳文穎譯，《揭開心智的奧秘》，眾生文化（台北），1996.6.30 初版，頁 147–148。

蓮華取其金剛（接著從女性生殖器中取出精液和淫液），以大指無名指取摩尼寶（以大姆指和無名指取得此寶物），勝解如來化汁與自菩提心無二，恐彼持語金剛彌陀慢之弟子，見而不信，故遮其面，非彼手眼所及，誦：『〈金剛鬘經〉所說之過去金剛持，爲佛子灌頂，以妙菩提心，今爲子灌頂。』……置彼口中（放入弟子口中）。……次明妃從定起（然後明妃從性高潮中起來），不著衣服（不穿衣服），於蓮華中取甘露滴（從其生殖器中取出精液和淫液混合物甘露），如是置彼口中（一樣放到弟子口中），彼亦如上而飲（弟子也是一樣地喝下去）。」[6]

　　大眾若想進一步瞭解，也可以至正覺教育基金會網站的結緣書城中去閱讀《淺談達賴喇嘛之雙身法》這本書。[7]

　　張董事長進一步表示，因此事實上喇嘛教（假藏傳佛教）不是真正的佛教，而是一個擷取多種佛教片段名詞而代之以性愛功夫內容的結合體，而這不僅是正覺如此說，有記者在訪問相關學者時，也點出這個事實。例如 2010 年 12 月 15 日《自由時報》：「精研佛教歷史的前台大哲學系教授楊惠南說，早期瑜伽修行法在印度確是一種宗教行爲，目前有部分藏傳佛教支派吸納了印度

---

[6] 宗喀巴著，法尊法師譯，《密宗道次第廣論》，卷 13，妙吉祥（台北），1986.6 初版，頁 377。

[7] 正覺教育基金會／結緣書城：http://foundation.enlighten.org.tw/book

教的做法，將所謂**性交**修行也納入，這與釋迦佛所強調的傳統佛教精義確有極大出入。」[8]

　　因此達瓦才仁的說法乃是推託之詞，還以為現代的台灣人都不知道假藏傳佛教雙身法的密意，故作神祕而想要繼續欺瞞台灣民眾；還把密續這種性交教義高推為佛法，又說「正覺舉出的內容，都只是經典上的記載，但歷史上幾乎看不到有哪個人能修行到這種境地。更重要的，經典上也明白地規定，出家受戒的僧人絕對不能如此修行，這必定違背戒律。」[9]

　　這些說法都是不誠實的言語，事實上歷史上的密宗祖師大都在修雙身法，例如達賴六世。John Stevens 著作中引用了達賴六世的一首詩：

「當我身處布達拉宮，

　人們稱我大師，「讚偈如海」；

　當我遊蕩拉薩街頭，

　人們稱我娼妓王子。

　……

---

[8]　http://www.libertytimes.com.tw/2010/new/dec/15/today-life9.htm （擷取日期：2014/4/2）

[9]　http://www.rfa.org/mandarin/yataibaodao/tai-12072011101028.html?（擷取日期：2014/4/1）

5

我夜夜與女人合體交歡，

從來不曾丟失一滴精液。」[10]

然而不管他們有沒有眞的達到那種「不洩精」的境界，那都不是佛法的修行境界。

達瓦才仁說「藏傳佛教的出家僧人不被允許性交修行」的這種說法很明顯是說謊，因爲現代達賴喇嘛在書中公開表示出家人也可以雙修。達賴喇嘛說：「對於佛教徒來說，倘若修行者有著堅定的智慧和慈悲，則可以**運用性交**在修行的道上，因爲這可以引發意識的強大專注力，目的是爲了要彰顯與延長心更深刻的層面（稍早有關死亡過程時曾描述），爲的是要把力量用在強化空性領悟上。否則僅僅只是性交，與心靈修行完全無關。當一個人在動機和智慧上的修行已經達到很高的階段，那麼就算是**兩性相交**或一般所謂的**性交**，也不會減損這個人的純淨行爲。在修行道上已達到很高程度的瑜伽行者，**是完全有資格進行雙修，而具有這樣能力的出家人是可以維持住他的戒律。**」[11]

因此很明顯的，即使是依著達賴喇嘛的說法，達瓦才仁也是

---

[10] Stevens, John, *Lust for Enlightenment – Buddhism and Sex*, Boston, etc. 1990, p. 78.

[11] 達賴喇嘛著，丁乃竺譯，《修行的第一堂課》，先覺（台北），2003.5 初版 7 刷，頁 177–178。

6

謊話連篇，希望有智慧的社會大眾不要被他給蒙蔽了，也不要被假藏傳佛教的雙修教義給污染傷害。

第2篇 假藏傳佛教暢銷書《西藏生死書》作者索甲仁波切在美國被控性侵害

〔真心新聞網採訪組台北報導〕

正覺教育基金會董事長張公僕先生表示，近年來喇嘛在世界各地修雙身法的報導其實非常多，其中不乏知名的喇嘛。我們曾為大家介紹了在歐洲廣傳密教的歐雷尼達爾（Ole Nydahl）喇嘛，接著為大家介紹的這一位知名的喇嘛就是《西藏生死書》作者索甲仁波切，他在美國時就曾被女信徒指控性侵害了。根據《喇嘛性世界》這本書引用了一篇《舊金山自由報刊》（Free Press）的報導，記者 Don Lattin 於 1994 年 11 月 10 日指出：「一名婦女在美國加州聖塔庫魯斯郡向法院提出一樁求償千萬美元的官司，她聲稱遭受到《西藏生死書》作者索甲仁波切的脅迫與性侵害。」[12]

這篇報導中指出：「根據這項訴訟的內容，一位化名為 Janice

---

[12] 張善思、呂艾倫編輯，《喇嘛性世界──揭開藏傳佛教譚崔瑜伽的面紗》，正智出版社，2011.9 初版 2 刷，頁 38。
英文原文資料：
http://www.well.com/conf/media/SF_Free_Press/nov11/SF_Free_Press.htm
http://www.well.com/conf/media/SF_Free_Press/index.html

Doe 的匿名女子，於去年前往位於加州聖塔庫魯斯郡索甲仁波切所開設主持的 Rigpa 靜坐靈修會員中心，尋求有關**靈性修行**的指導時，最後卻在這位藏傳佛教密宗大師『脅迫下跟他進行了**非自願性的性行為**（譯案：即性侵）。』」[13]

　　張董事長針對此點表示，假藏傳佛教的喇嘛、上師、活佛都是以「靈性指導、加持、灌頂……」等種種的說法來欺騙眾生修雙身法。例如達賴喇嘛說必須要與實體的性交對象雙修，才能夠有大成就。達賴喇嘛說：「秘密集會檀陀羅裡，有關與明妃和合的章節中，說若與**實體明妃**行樂空雙運，才會成就真正的身曼茶羅修行，如果僅與**觀想中的明妃**行樂空雙運，則其**成就不大**。」[14]

　　該篇報導中也說：「根據起訴書記載：『索甲仁波切聲稱只要被害人跟他做愛，就能強化她自己的靈性，並獲得心靈的癒合。他還告訴她，能被喇嘛看中是一種很大的福氣。』」[15] 張董事長針對此點表示，這就是假藏傳佛教喇嘛上師一貫的伎倆，他們聲稱能夠透過性交加持修行，因此矇騙很多無知的女性與他們

---

[13] 同上註。

[14] 達賴喇嘛著，《喜樂與空無》，唵阿吽出版社（台北），1998.3 一版 1 刷，頁 137-138。

[15] 《喇嘛性世界——揭開藏傳佛教譚崔瑜伽的面紗》，頁 39。

上床合修雙身法。例如達賴喇嘛在書中也說:「在無上瑜伽續中,即使是第一步的接受灌頂,都必須在男性和女性佛交抱的面前成辦。……在這些**男女交合**的情況中,如果有一方的證悟比較高, 就能夠促成雙方同時解脫或證果。」[16]

就連 2011 年在台灣發生的聖輪法師(同時也是一位西藏的仁波切)性侵害女信徒也是如此,這位聖輪喇嘛也是假藏傳佛教中具格的活佛仁波切,由薩迦法王正式認證為「藏傳佛教」的「貢噶仁千多傑仁波切」。

檢警發現聖輪喇嘛寺院內擔任總務的比丘尼,擔任起淫媒介紹女信徒給聖輪喇嘛認識,然後加以性侵,更可悲的是被害人指控比丘尼還洗腦她們說「這是妳的福氣!」看來這真是喇嘛們慣用的伎倆,不管是在台灣還是美國都是如此,因為假藏傳佛教的根本教義就是男女交合!由此可知,喇嘛會走上雙身法是必然的,絕對不是個案。此篇國外報導又說:「這次訴訟內容除了控告索甲仁波切犯下欺詐、毆打、造成精神性傷害,以及違反信託義務等數項罪名外,同時還指控這位西藏喇嘛『**為了滿足個人性慾不惜引誘多名女學員跟他發生性關係**』。」[17]

---

[16] 達賴喇嘛著,鄭振煌譯,《西藏佛教的修行道》,慧炬(台北),2001.3 初版 1 刷,頁 56-57。

[17] 《喇嘛性世界——揭開藏傳佛教譚崔瑜伽的面紗》,頁 39。

滿足性欲望就是假藏傳佛教喇嘛上師必須去實踐的修行核心。達賴喇嘛說：「由於我們肉體的本質使然，意識層次的這些改變才會發生。而其中最強烈的、行者可以加以運用的意識，**是發生在行房之時。因此，雙修是密乘道上的一個法門。**」[18] 此篇國外報導又說：「身為當今遍佈歐、美、澳等國許多靜坐靈修中心之一的聖塔庫魯斯郡 Rigpa 會員中心的發言人 Sandra Pawula 小姐，拒絕針對此事發表任何評論。不過她卻提到，索甲仁波切至今獨身未婚，而且從未標榜自己戒色禁欲。至於索甲仁波切本人，目前身在國外，無法取得聯絡。」[19]

這就是西藏喇嘛的一貫說法：在性侵事件發生前，都說自己乃是一個清淨禁慾、修行得力的上師，但是性侵事件爆發以後，就如同這位發言人的託詞所說，舉凡「至今獨身未婚，從未標榜自己戒色禁欲……」等都是謊言。另外假藏傳佛教的喇嘛們在性侵事件發生以後，通常就馬上出國躲避，在台灣也是一模一樣的情形。例如較有名的為 2006 年 7 月 14 日被告發，假藏傳佛教佐欽寺的住持喇嘛**林喇仁波切**性侵二十幾位女子，並強迫受害女子口交及吞下精液，說是賜給女弟子「白菩提」心。**當東窗事發之**

---

[18] 達賴喇嘛著，鄭振煌譯，《達賴喇嘛在哈佛》，立緒文化事業（新北市），2004.12 初版 2 刷，頁 133。

[19] 《喇嘛性世界——揭開藏傳佛教譚崔瑜伽的面紗》，頁 39–40。

後林喇仁波切立即逃離台灣，使得台灣的法律無法追究他；並透過同夥指控受害的事件揭發者，惡人先告狀以混淆視聽，然後就不再回應，讓這個事件隨著時間的逝去而漸漸被人們淡忘。

事實上索甲仁波切不只性侵一位婦女而已，還有其他的受害者。根據此篇報導中指出：「另外一位住在紐約市，據稱也曾遭受索甲仁波切性侵犯的婦女，Victoria Barlow 說：『這些西藏男人利用西方人士對於佛法修行的尊重而瞎搞亂搞的行為，實在是令人噁心厭惡透了！』現年 40 歲的 Barlow 女士還說，1970 年代當她第一次遇見索甲仁波切時，她年僅 21 歲；而她是在紐約與柏克萊靈修中心潛修期間，遭受他（編案：索甲仁波切）**性侵犯**。在《自由報刊》（Free Press）向她進行的一次採訪中，她透露道：『我前往這位備受尊重的喇嘛上師的公寓，想要向他請教一些宗教上的問題。當門打開時，我竟然看到他打著赤膊，而且手上還拿著一瓶啤酒。』而當他們剛在沙發上坐定，Barlow 說那個西藏人『**就撲到我的身上，開始對我又摸又舔！**』

『我當時心裏想，應該把他對我有興趣當成是一種無上的讚美，而且基本上應該向他屈服才對。』……Barlow 說：『達賴喇嘛明明知情已經好幾年了，卻一直不聞不問。看來西藏密

宗裏頭還真的是有必須保持秘密與沈默的規定了。』」[20]

　　從上述的報導我們就可以知道索甲仁波切性侵婦女的惡行惡狀，然而會有如此惡質的行為，乃是因為假藏傳佛教的雙身法教義所導致的，而假藏傳佛教裡確實有保守祕密與沉默的規定，如達賴喇嘛在書上說：「修習密教必須隱秘。」[21] 對於喇嘛性侵的事件，達賴喇嘛肯定老早就已經知道這些事情了，但是「譚崔性交的無上瑜伽」卻又是假藏傳佛教的核心教義、根本教義，達賴喇嘛自己在書中也一再地教導雙身法，因此只好悶不吭聲地讓時間來弭平這些事件，讓廣大民眾忘記這些事情。

　　張董事長最後表示，有很多女眾在假藏傳佛教裡擔任喇嘛雙修的對象——明妃，都是祕密不為人知的事，所以被爆發出來的性侵醜聞只是冰山一角而已，事實上還有很多婦女慘遭喇嘛性侵害，我們並不知道。因此希望社會大眾能夠小心，並且能夠告知親朋好友、妻子女兒們，遠離這種修雙身法的宗教。

---

[20] 《喇嘛性世界——揭開藏傳佛教譚崔瑜伽的面紗》，頁 41－43。

[21] 達賴喇嘛十四世著，黃啓霖譯，《圓滿之愛》，時報文化出版企業（台北），1991.9.1 初版 1 刷，頁 149。

第3篇 假藏傳佛教卡盧仁波切
（第一世）的祕密性伴侶

〔真心新聞網採訪組台北報導〕

正覺教育基金會董事長張公僕先生表示，喇嘛雙修性侵並不是一個偶然的事件。因為喇嘛、上師們的修行，依照假藏傳佛教四大派的教義必須努力勤修譚崔性交雙身法，例如達賴喇嘛說：「由上所述，修根本心的方式就有三種：（1）依新派對《秘密集會》的解說；（2）依《時輪密續》的空相等說法；以及（3）依寧瑪的大圓滿法。根據新派的說法，在修習秘密真言達到某種高程度時，真言行者可以修特別的法門，**如利用性伴侶**以及獵殺動物等。雖然雇用**性伴侶**的目的，可以容易地解釋成是一種引貪欲入道的手段，並且也為了誘使證空的較細意識生起……。」[22]

利用性伴侶（號稱：明妃、佛母、空行母）來行雙身法的譚崔性交，那是假藏傳佛教四大派的必要條件，因為這個是他們的根本教義，是永遠不許反對也不許廢棄的，否則就再也不能稱為「金剛乘」或「藏傳佛教」了。這些性伴侶被利用完了，就是性奴隸

---

[22] 《圓滿之愛》，頁 322。

的下場。因此我們引用《喇嘛性世界》這本書第 45–57 頁所提到一篇歐洲的例子，也就是英國知名報紙 The Independent（獨立報）於 1999 年 2 月 10 日刊登了一篇名為〈**我是坦特羅（譚崔）密教的性奴隸**〉之文章，內容在採訪蘇格蘭宗教哲學家坎貝爾（June Campbell），她述說自己長期擔任西藏喇嘛—卡盧仁波切—之佛母（明妃）的經歷，文中詳細描述喇嘛教（假藏傳佛教）譚崔性交法的實質，而將與其共修樂空雙運、大樂光明的女性，美其名為「佛母、明妃、空行母」；但是這些被其謊言利用的女性，其實乃是假藏傳佛教喇嘛們逞欲的性奴隸；讀者透過這篇報導，可以更清楚瞭解假藏傳佛教的修行內涵與真面目——性交雙身法。

　　這篇文章中提到：「June Campbell 曾經多年擔任一位地位崇高西藏喇嘛的『明妃』。她還曾被告知如果違背秘密誓言的話，將遭受死亡的威脅。」[23] 張董事長針對此點表示，假藏傳佛教的喇嘛上師們在修雙身法時，都會用女信徒曾經發過毒誓的三昧耶戒，來恐嚇一起修過雙身法的女眾必須保密，讓她們不敢把這件事情說出去；上師說如果違背了保密的戒律那就會下地獄，或者洩密之後會被上師用不可思議的誅法殺死；這樣的事情屢見不鮮，正覺教育基金會也有曾接到匿名電話者提到自己曾經被喇嘛

---

[23] 《喇嘛性世界——揭開藏傳佛教譚崔瑜伽的面紗》，頁 45。

性侵但又被恐嚇不可以說出去的案例。

　　這篇文章中又提到：「對於那些『空行母』來說，這種精神壓力通常因爲她們必須發下毒誓保證決不洩漏與上師雙修**性交**的秘密而更形加強！就 June Campbell 而言，她就曾被告知如果她違背誓言洩漏秘密的話，『瘋狂，災難甚至死亡』將可能隨之降臨於她身上！『與我進行雙修的卡盧仁波切告訴我說，過去某一輩子裡曾有一個情婦帶給他一些麻煩，爲了除掉她，於是他就唸咒施術讓那位情婦生病，最後甚至死亡！』」[24]

　　這就是假藏傳佛教喇嘛用來恐嚇性奴隸的說法，而這種謊言大多無法驗證，但是許多人會有生命受到傷害的恐懼，因此不得不屈服於喇嘛們的淫威之下而信受，只好繼續扮演她們性奴隸的角色。我們再回到採訪坎貝爾（Campbell）的這篇文章：「事情發生經過如下，六〇年間嬉皮年代，當 June Campbell 在蘇格蘭家鄉成爲一名佛教徒後，她接著就旅行到印度並在那裡出家成爲比丘尼。她在一座西藏喇嘛寺廟裡待了十年，遠比任何一位西方人士都還深入接近這個信仰中的神秘高層。最後她更成爲藏傳佛教密宗大師卡盧仁波切七〇年代赴歐美演講時的隨身翻譯。「就是在那之後，」Campbell 說：「他（譯案：卡盧仁波切）

---

[24] 同上註，頁 55。

16

要求我成爲他的性伴侶，與他雙身共修密法。」

只有一個第三者知道她與卡盧仁波切間的這種關係——一位侍從喇嘛——這個喇嘛也曾在 Campbell 所形容並參與的**那種一女多男西藏密宗雙身共修關係中與她發生過性行爲**。「好幾年過後，我才醒悟到就我當時所被侵犯與被利用的程度來説，那早已構成一種性剝削與糟蹋了。」」[25]

張董事長表示，坎貝爾女士經過多年後，終於理性的反省過去的歲月，因此能夠覺悟到自己過去被利用了，但如今社會上還是有許多被性侵和誘姦的女性，仍然迷信於假藏傳佛教不能自拔。

事實上，不管是多男一女，或者多女一男的性行爲，這根本就不是佛教的修行方法，而是世俗人的輪姦雜交。在假藏傳佛教的祖師一號稱至尊的宗喀巴一於其著作中，教授這種輪座雜交的修行方式，宗喀巴説：「爲講經等所傳後密灌頂，謂由師長與自十二至二十歲**九明等至**，俱種金剛注弟子口，依彼灌頂。如是第三灌頂前者，與一明合受妙歡喜。後者，隨與九明等至，即由彼彼所生妙喜。……」[26]

也就是必須由師長喇嘛活佛與九位性伴侶明妃——從 12 歲

---

[25] 同上註，頁 48–50。
[26] 宗喀巴著，法尊法師譯，《密宗道次第廣論》，蓮魁（台北），1996.10 初版 1 刷，頁 322。

至20歲各種不同年齡一名，一一與上師喇嘛譚崔性交，而同時進入第四喜的性高潮之中，這樣觀樂空不二，而後上師喇嘛再一一射精於這些女性明妃的下體之中，然後收集使用，當作是「甘露」來為弟子作祕密灌頂。

張董事長繼續表示，至於為什麼許多女眾會願意與喇嘛合修雙身法呢？就像文章中提到的：「June Campbell 說：『這本書出版以來，我收到了不少從世界各地曾遭受相同、甚至更惡劣待遇的女性所寄來的信件。』

那麼到底是什麼原因讓她繼續待在卡盧仁波切身旁將近三年之久呢？『個人的威望與地位！這些與喇嘛上師進行雙修的女性們相信，如同那些上師一般，她們自己也是既特別而又神聖的！她們相信自己正踏入一個神聖的領域。這種神聖領域的踏入將為自己的來世帶來好運，而為了踏入這個神聖領域而與喇嘛上師們裸體進行雙修則是對自己信仰忠誠與否的一種考驗！』這種宗教信仰、性、權力與祕密的結合，能夠產生一種威力龐大的效應。結果正是造成一種讓人進退兩難的精神勒索情境……」[27]

由此可知，會被誘騙去雙修的女眾，常常是陷入了這種權力

---

[27]《喇嘛性世界——揭開藏傳佛教譚崔瑜伽的面紗》，頁54。

與欲望的誘惑，加上又把喇嘛上師當成是神聖尊貴的「活佛」，以為自己與他們雙修之後在教團中的地位會變得很崇高，殊不知那只是暫時而已，當她們年老或得性病時，在喇嘛上師眼裡就變得毫無價值了，會被輕易的丟棄。好在坎貝爾女士後來發現了這些事實，並且開始懷疑假藏傳佛教這種性交修行。例如她在被採訪的文章中提到：「為何在那些坦特羅（譚崔）密宗**性愛**圖像中完全找不到一尊『**女佛**』？為何雙身唐卡圖像中的空行母總是背對著我們？而又是為了什麼女性佛教修行者總是被教導著應該要祈求來世投胎轉生成為男身——因為只有男性修行者才有可能獲得完全的開悟？

『當我開始解開自己那些舊心結的同時，我也開始對過去的一切產生了質疑。』這些話的意思是，她所質疑的已經不僅僅是某位特定喇嘛上師的行為而已，而是進一步的，所謂『上師』這個觀念是否根本就已經有問題？她更開始懷疑起整個坦特羅（譚崔）密教思想會不會根本就只不過是個大妄想？而密教無上瑜伽的**男女雙修**與一般男女的作愛真的是否有任何差別？她甚至還懷疑起所謂開悟本身與靜坐冥想等等修行是否具有真實意義？『我終於體認到如果我真的想要重新尋回自我的話，我一定得完全地、徹底地拋開以前所修行

的那一切！』」[28]

　　June Campbell 女士對假藏傳佛教男女雙修的質疑乃是事實：喇嘛、仁波切就是希望透過男女性交達到性高潮，這與一般男女裸體作愛沒有任何差別。但是喇嘛教（假藏傳佛教）的活佛們卻會說他們的性交乃是在修行，是高尚的。例如達賴喇嘛說：「在高潮時，透過特殊的專注技巧，有能力的行者可以延長甚深、微細而具力的狀態，利用此來了悟空性。然而，如果是在凡夫的精神內涵中進行**性交**，是沒有任何利益的。」[29]

　　然而達賴喇嘛所說的利用延長性高潮來了悟空性這種說法是錯誤的，因為假藏傳佛教所謂的開悟，是在雙身法中證得明光境界，但那其實只是意識境界，是因緣所生法；當意識在睡著無夢和昏迷悶絕時就斷滅了，怎麼可能是開悟境界呢！而真正開悟所證的如來藏是常住法，是一切時地都不會斷滅的，不必等到一心領受淫樂時一念不生才證得密宗的假空性；即使是妄想一大堆的時候，如來藏空性還是恆時存在、分明顯現的，誠如六祖所說「**不斷百思想，菩提恁麼長**」，一切時地都可以體悟到如來藏，悟後所見的如來藏也是一切時地都分明顯現的，怎麼會是只有在性高

---

[28] 同上註，頁56–57。

[29] 達賴喇嘛著，丁乃竺譯，《達賴生死書》，天下雜誌（台北），2004.12.20一版12刷，頁158。

潮時才能夠證悟的呢！

　　張董事長接著表示，像坎貝爾女士這麼勇敢和有智慧的女士實屬難得，她在發表她的《空行母》（Traveller in Space）那本書時，因為揭露了知名假藏傳佛教喇嘛雙修之事，並暴露了假藏傳佛教四大派最核心教義的缺失，這不僅讓她被其他人認為是異端邪說，還被痛罵是一名騙子和惡魔，如文章中提到：「她說道：『我被痛斥謾罵成一名騙子，一個惡魔！』她還說：『在西藏喇嘛教那個世界裡，他（譯案：卡盧仁波切）是一名聖人。而我對他的舉發就好像是宣稱天主教德蕾莎修女也會拍色情片一般！』

　　但是，並非因為不敢面對這些反彈，而讓她整整等了 18 年才出版這本《空行母》(Traveller in Space)來揭發真相。而是因為整整花了 18 年那麼久的時間，她才終於能夠克服這些經歷所帶給她的創傷。『有 11 年之久我絕口不提這些事，等到我終於下定決心要把它寫下來了，又花了 7 年的時間去找資料作研究。我想做的是，把我自己的個人經歷與對西藏社會中女性所扮演角色的較為學術性的理解，相互編織聯繫起來，好讓自己能夠去合理詮釋過去那些發生在我身上的事。』」[30]

[30] 《喇嘛性世界──揭開藏傳佛教譚崔瑜伽的面紗》，頁 48。

真心告訴您

　　張董事長最後表示，我們非常讚歎坎貝爾女士，由於她的挺身而出，讓許多被喇嘛性侵的學佛女性得到了支持，也讓大眾了知假藏傳佛教——喇嘛教的眞面目，而正覺教育基金會所作的事業也是在拯救所有的女性同胞們，以及所有的眾生遠離「喇嘛教」這種修雙身法的邪教。

第4篇 紐約時報「攻藏傳佛教之錯」的他山之石報導

〔真心新聞網採訪組台北報導〕

　　讀者廣佈全球、長期以來擁有良好的公信力和權威性的《紐約時報》（The New York Times），於 2012 年 3 月 13 日，以顯著版面配合大幅照片，刊登了一篇以〈瑜伽性醜聞 美國不稀奇〉（Yoga Sex Scandals: No Surprise Here）為標題的專文（3 月 14 日《聯合報》中譯刊出），報導了一位瑜伽派別創始人傅倫德（John Friend）被指控對女學員有不當性舉動，作者質疑並且探究了何以瑜伽會「造就這麼多愛玩弄女性的男人」。專欄作者分析：「無知」是原因之一！文中指出瑜伽教練與坊間各種瑜伽入門書籍很少提到，這種運動「最初是一種性崇拜」，並舉出作為目前流行全球各地之各派瑜伽，其源頭的「哈達瑜伽」，其實「最初是某密宗教派的支派。在中世紀的印度，密宗的儀式可能包括集體與個別的性交。哈達瑜伽以姿勢、深呼吸及包括性交的各種刺激性肢體動作使人加快產生近乎狂喜的極樂感。」[31]

---

[31] 參見 聯合新聞網 2012.3.15 日刊載之原文與中譯文：
http://mag.udn.com/mag/campus/story
page.jsp?f_MAIN_ID=381&f_SUB_ID=3731&f_ART_ID=377357（擷取日

　　正覺教育基金會董事長張公僕先生對此表示，《紐約時報》的分析的確是眞知灼見。就以「哈達瑜伽」爲例，梵文中「哈」爲太陽，「達」是月亮；「哈達」表示的不過就是「陰陽和合」、「日月交抱」這樣的觀念。而起源於 1955 年並在近代快速發展流行一時的「譚崔瑜伽」(Tantric yoga)，也繼承了同樣的觀念和著名的男女雙修法門。譬如 2006 年 6 月初，當年 43 歲任教於台灣藝術大學雕塑系的簡上淇教授，就曾經在北高兩地舉辦兩場以提高性能力、延續性高潮的古印度「譚崔」瑜伽術 (Tantric Yoga；也就是 Tantra Yoga) 說明會，說明會中男女上師身著緊身衣，面對面探「日月交抱」姿勢進行動作示範，所謂的日月交抱意指男生的金剛杵 (陰莖) 必須放在女生的蓮花 (陰戶) 內。當時驚世駭俗的表演，一時引起輿論譁然。

　　張董事長指出，這種「譚崔瑜伽」的鍛鍊方式，其實可遠溯自古印度的坦特羅 (Tantra 譚崔) 思潮，而「坦特羅佛教」就是受到了印度教性力派外道化了的密宗。八世紀中葉 (約唐朝代宗時)，藏王赤松德眞主政，聘請蓮花生入藏，弘揚天竺坦特羅佛教的密法，古籍稱之爲「左道密宗」，也就是藏人所謂的「前弘期」，藏地因而有寧瑪派的出現，俗稱紅教，以宣揚蓮花生的左道密法爲主。到了「後弘期」，阿底峽入藏，再度把左道密法與應成派中觀

期：2014/2/23)

邪見傳入西藏，形成了噶當派。左道密宗是污穢行淫的邪道，本與大乘佛法不能相容，但阿底峽卻很巧妙地用佛法的名相來包裝淫穢的左道密法，於是在藏地的密教就搖身一變成為佛教的一支，其實是西藏獨有的糟粕信仰「喇嘛教」，也就是現今他們腆顏自稱的「藏傳佛教」無上瑜伽。因此不管它被稱為「密宗」、「喇嘛教」、「藏傳佛教」，或是其他種種不同名目的「瑜伽」或密宗的「無上瑜伽」，說穿了還是男女性交那一回事。正如當年譚崔瑜伽說明會時，有記者提出質疑，一名學員老實地表示：「走到最後，我們當然會走到關於性的部分。」記者問：「其實就是我們講白一點，就是性器官的結合對不對？」這名學員坦承：「就是說性愛，性行為的部分嘛。」[32]

《紐約時報》專文中指出，「科學界一直在釐清瑜伽內在的機制。俄羅斯與印度的科學家偵測到瑜伽行者睪丸素大幅增高的現象，捷克科學家則發現，部分瑜伽姿勢促成的腦波爆發，與戀人所促成者無法分辨，到了更晚近，加拿大英屬哥倫比亞

---

[32] 參見 Now news2006.6.14〈譚崔瑜珈搞激情？ 一學員坦誠：最終就是性行為〉
http://www.nownews.com/2006/06/14/350-1953721.htm （擷取日期：2013/12/20）
真心新聞網：藏傳佛教演進過程
http://foundation.enlighten.org.tw/fact/history/3

大學的科學家發現，許多瑜伽課程採用的快速呼吸法會使生殖器血流量增多。」這就是為什麼假藏傳佛教無上瑜伽四部灌頂中，前三部雖尚未實修男女雙身法，卻仍要進行修鍊種種的前方便，諸如各種瑜伽氣功體位等，與哈達瑜伽術來自同一個源頭；其他還有像是明點、脈氣等種種荒謬之觀想，例如噶舉派的「那洛六法」及其他各派的種種氣功、手印法，目的都是為了引發所謂「拙火」，達到性交時可以長久不洩的目標。這已證明藏傳「佛教」到頭來都在色身情慾上用功，意欲提高性能力，乃至延長其持久度，一個個練得「殺氣騰騰」，於雙身法的實修「躍躍欲試」。

《紐約時報》推論，瑜伽若能使一般練習者生起男女情慾，對「大師」顯然也有類似、甚至更強大的作用。張董事長表示，這一點比照到假藏傳佛教喇嘛上師身上更是清楚明白，無怪乎只要有假藏傳佛教弘傳的地方，「狼師」就特別多，性侵女信徒的訊息報導總是不絕於媒體。

　　報導中還列舉了許多不同年代、不同派別的瑜伽大師，如瑜伽超級明星沙奇達南達（1914-2002）、拉瑪（1925-1996）、和曾經擁有成千上萬的狂熱追隨者的穆克塔南達（1908-1982）等人，他們都是被公開指責從事性欺凌、性騷擾，是玩弄女性的連續犯；或是直接被指控性侵，而且被陪審團裁定罪刑確定並須負賠償責任。

　　這些眾人崇拜的「大師」，終究也不過是一些身敗名裂、人格破產的性犯罪者；早知如此，何必當初？更令錯愕茫然的追隨者情何以堪！張董事長指出，這些瑜伽大師和假藏傳佛教的上師、喇嘛的師承相近，所以二者的身語意行如出一轍。那些號稱「尊貴的」上師、喇嘛，個個都是被認證的所謂「活佛」乃至「法王」，雖然有著響亮頭銜和名號，前呼後擁萬人崇拜，儼然人天師範；私底下卻是道德敗壞，動不動就肉慾氾濫性侵女信徒，醜行曝光後又藏頭躲臉羞於見人，快速逃離台灣留下性侵的羅生門，乃至觸犯法令被收進囹圄。然而他們實在有苦衷，因為他們對性高潮乃至性侵的需求，就像被上了發條一樣，不作不可，只因為他們「信受奉行」的就是這一套「雙身瑜伽」。

　　《紐約時報》專文最後提出省思與建議：「如果學員與教師對哈達瑜伽的原始用意瞭解更多，他們可能比較不會震驚，也比較不會陷入與瑜伽初衷背道而馳的沮喪。」張董事長提醒：經過千百年的演變與發展，雙身的瑜伽行者早已在人們的「身、心、靈、情、意」各個面向，巧立了許多繁複的瑜伽次第，彷彿其中頗有清淨者可供選擇；然而不論他們是佯裝「靜心冥想」的打坐，還是擺弄「體位姿勢」的律動；不論是打著「心靈開放」的幌子，還是披著「宗教信仰」的外衣；只要他們依循著坦特羅

的男女雙修傳統，那就只好「條條歪路通性愛」，因爲這就是坦特羅法門的根本所在。自稱「藏傳佛教」的密宗喇嘛教的教義，不論紅、黃、花、白四大派，都同樣奉行要每天與女信徒上床合修樂空雙運而求取全身領受淫樂的境界，這就是密宗之所以自稱密宗的根本原因，因爲這是不可對外人說的「祕密教義」。

　　張董事長鄭重地指出，近年來正覺教育基金會努力的願心和方向，以種種的建樹和作爲，就是要教育社會大眾，認清「假藏傳佛教及其無上瑜伽眞正的含意」，明白「假藏傳佛教」繼承了坦特羅性交求樂的傳統，所以不是眞正的佛教，只是假借佛教的名義使佛教徒卸下心防，漸漸走入被長期催眠以後自以爲是的假佛法中。假藏傳佛教四大派的法門與施設都暗藏無上瑜伽男女雙身法的誘導，要讓台灣的民眾都知道這個事實，這樣子大眾才「比較不會與修行學佛的初衷背道而馳」。基金會這分遠矚與用心，其實正和《紐約時報》這一篇專文心同理同，東西方互相呼應。雖然假藏傳佛教的派別與名相五花八門令人眩惑，但是只要認清它的「實實修修通雙身」、「法法門門朝地獄」，大眾就不會有受騙後的震驚與學密後的失落了。《紐約時報》這篇報導正是他山之石，可以印證此地台灣的攻錯矣。

第 5 篇 從一根草繩命到撐起半邊天
——談西藏女性農奴的今昔之比

〔真心新聞網採訪組台北報導〕

德國心理學家、也是西藏評論家科林·戈登納（Colin Goldner）在評論假藏傳佛教的書籍《達賴喇嘛：神王的墜落》(Dalai Lama – Fall eines Gottkönigs）中提及：早期西方傳教士、歐美探險者遊歷舊西藏，他們敘述的「香格里拉」國度除了有優美的雪山風景、雄偉的布達拉宮，實際上還有臭氣沖天的拉薩市景：沒有公共衛生系統，沒有醫療制度，沒有學校教育，沒有窗明几淨的住家。農奴佔了總人口數的98%，過著被喇嘛與貴族統治階層聯手剝削的艱難困苦生活。他們與牲畜住在一起，居處暗無天日，生病了吃喇嘛活佛的大便當作是「甘露」，有時必須充當喇嘛貴族的活靶子以供取樂，一生為了償還喇嘛地主的高利貸而勞碌至死，他們的臉上寫滿了飢餓與滄桑而早衰，農奴的平均壽命只有 35 歲！在如此惡劣的生活條件下，他們更受到《十三法典》、《十六法典》的高壓統治，斷手、挖眼、割舌、凍死是平常事；此外，犯了罪還可能被喇嘛們剝皮，作為法會獻祭。

男女農奴為償還高利貸而差役勞動，而女性農奴的命運則更

悲慘。在現有的檔案照片中，可以看到衣衫襤褸的女性農奴住在山坳山洞或破舊帳棚中，她們或是抱著嗷嗷待哺的嬰孩，或是為了必須勞動而將嬰孩放在地上，任由自己的孩子風吹日曬，整日無法哺乳進食。在法典中，記錄著女性農奴的性命只價值一根草繩——這一根草繩是用來綑綁死去女農奴的屍體，送到葬場去。換句話說，在統治階級喇嘛地主的眼中，女性農奴的性命一點價值也沒有，如果不是因為需要送到葬場去，連那一根草繩都可以省下來，基本生存權已如此卑劣，遑論對生命的尊重，更是奢求。

正覺教育基金會張公僕董事長就表示，根據西方人的紀錄，在達賴喇嘛統治下的舊西藏，喇嘛廟外經常可見農奴小女孩的屍體。喇嘛與貴族們擁有農奴人身的所有權，甚至農奴的肢體、內臟、人皮亦成為供神的「供品」，對女性的身體及貞操更不在話下，這都是歷歷在目的事實。舊西藏的宗教信仰，在假藏傳佛教坦特羅性交修行的基本教義中，實體女性是不可或缺的；他們的祖師如宗喀巴也在多本論著中，詳細教導瑜伽行者挑選 12–20 歲的明妃（不同年紀的女孩子在雙修中有不同用途），以及這些具格明妃身體的私處所應有的特質，作為喇嘛們挑選女性時的考量。假藏傳佛教中所謂的「佛母」、「明妃」，事實上只是男瑜伽士的性交工具，藉由不同女性的身體差異以及對於性交的不同反應，刺激瑜伽士加強鍛鍊意識的專注，以及想要達到不射精的功力，令他們有能力，

一方面在性興奮中享受淫樂，同時心中觀空而不射精，以如此心中不起一念而誤以為體驗到「空性」（佛教中說的空性是指第八識真如心，又名如來藏，不是樂空雙運時非物質性的覺知心）。但在鍛鍊的同時，也必須注重品味，對明妃的外貌、性情、氣質必須加以挑選；這在加拿大宗教性侵〈以開悟之名〉（In the Name of Enlightenment）紀錄片中[33]可以看到名聞中外的《西藏生死書》作者索甲仁波切的外國明妃，濃眉大眼又清純可人，正符合無上瑜伽密續中對於「明妃」的要求。

　　正覺教育基金會張公僕董事長說明，誠如德國科林·戈登納報導的，舊西藏確實是一個以喇嘛與貴族為統治階層的社會，只佔總人口2%的喇嘛與地主，對總人口98%的廣大農奴擁有生殺大權；他們利用「法典」，以放高利貸、差役壓榨農奴，令他們的穀債、糧債愈還愈多，如雪球般，從上一代滾到下一代，永遠還不完；所以舊西藏98%的人民都是這些農奴的子女，一出世就註定了一生為農奴的命運。另一方面則透過喇嘛宗教性的洗腦，教導農奴們：一切都是因果命運。所以農奴們一生中，只能努力的供養喇嘛，期盼下一生能轉生至淨土。這是一種完美設計的全面欺騙的制度，使得西藏千年來能保持如此的「喇嘛王國」。這種階

---

[33]　參見 YouTube：http://www.youtube.com/watch?v=sj4ALQejBlM&feature=rela（擷取日期：2014/2/23）

級制度的不平等，一直到 1959 年中國的軍隊進入西藏後，廣大農奴的痛苦才得以改變。正由於統治階級——喇嘛與地主的既得利益受到剝奪，他們在流亡海外之後，對於現在權、金二失的反彈當然一直持續到今天沒有停過。

　　張董事長表示，達賴喇嘛對外國人宣稱的「美好的舊西藏」，事實上是 2%喇嘛地主所過的生活；在他們踏青放風箏、林卡節日打麻將，生活無憂無慮的喇嘛們，一方面以神的代言人收取供養金，另一方面則忙著放高利貸的同時，98%的農奴卻是身戴世世解不開的枷鎖、衣著破爛，爲主人作牛作馬，永無休止的幹著辛苦活兒，然後求救於喇嘛們，想要求取來世的救贖。歷史檔案照片也看到喇嘛地主將農奴當作驢馬使用，永遠服不完的烏拉差役，就是農奴的一生。

　　農奴制度結束之後，農奴的生活有了大轉變，從女性農奴地位的變遷，可以反推並一窺整個西藏社會階層的改變及發展。昔日地位最低賤的女性農奴，在舊西藏地方政府的法典中明文規定她們的性命只值一根草繩，如今則有很大的反差：新西藏女性公務員佔總公務員的 34%。昔日只有進入喇嘛廟圍牆內所獨有的識字受教權，如今西藏成人女性識字率普及到 82%以上。2011 年11 月西藏頒布實施了《西藏自治區婦女發展規劃》(2011–2015 年)，可以預見未來幾年西藏女性的工作、教育、經濟、社會等，將有

更明顯的發展，不再像舊西藏年代的喇嘛們可以予取予求而隨時無償取用的無智明妃了。

張董事長說，西藏女性從昔日命值一根草繩，到今日撐起西藏社會、經濟的半邊天，這是廢除舊西藏政教合一而使農奴制度結束的結果，也是廣大農奴脫離舊的喇嘛統治階層的結果。昔日西藏被圍隔在喜馬拉雅山內，任憑假藏傳佛教喇嘛與地主政教合一，在宗教上哄騙以更好的投生、美好的來世，令農奴為喇嘛地主作牛作馬；而在政治社會上則以法典、高利貸箝制總人口98％的農奴，為總人口 2％的喇嘛階層勞動幹活；如今，喜馬拉雅山仍然矗立著，但西藏的廣大民眾已經能夠自己自由選擇去成就事業，這與昔日的農奴悲慘地位實在不可同日而語。同時，隨著地球村的更加緊密、網路世界的更加發達，未來西藏女性以及民眾必定將在西藏的人文、社會、經濟發展中注入更大的產能及貢獻。

第6篇 「假藏傳佛教」男女雙修本質就是性交

〔真心新聞網採訪組台北報導〕

假藏傳佛教源自印度教性力崇拜的譚崔修行、性交雙修本質，經過真心新聞網不斷披露以來，社會大眾已經開始慢慢認清西藏密宗（假藏傳佛教）的根本教義就是男女雙修：經由男上師與數位女弟子輪座雜交、甚至淪為性奴的明妃、空行母們，殷勤不斷地練習雙修，吸取女性的性能量，加上自己的不洩精，來作為修行成就的標的——即身成佛。

2012 年 1 月 20 日達賴喇嘛基金會董事長達瓦才仁在他回應台灣監察院調查案諮詢會議的說明文章〈藏傳佛教的戒律與逆緣轉化之見解〉，卻再一次強調：「當修行到將分別心降到最低點，並具有控制慾望，甚至可以駕馭慾望的境界時，慾望就可以從逆緣轉化為修行的助緣。佛典中闡述了這種轉化的所謂『男女雙修』，那絕非常人所說的男女性行為。」[34] 言下之意就是：（假）藏傳佛教有男女雙修，但只有夠資格的喇嘛可以修，因為他們能

---

[34] 達賴喇嘛西藏宗教基金會資訊網
http://www.tibet.org.tw/com_detail.php?com_id=683
（擷取日期：2014/4/16）

夠在性交時「超越」（等於「不分別」）自己正在男女雙修的觀念，所以符合密教經典對「男女雙修」的定義，因此大喇嘛、仁波切性交修行時不是「常人所說的男女性行為」。對此，正覺教育基金會張董事長表示，達瓦才仁已經承認了（假）藏傳佛教的核心教義以及修行方法就是男女性交，只是欲蓋彌彰，有智慧的民眾一看就知箇中關鍵。

張董事長說明，達瓦才仁的說法無異是說：男生殖器在女生殖器裡不叫男女雙修，雖然男上師的生殖器確實在女弟子的生殖器裡，只要自己不認為那是性交就可以了。試問：男女生殖器互相交接，在生物學中不叫性交，那要叫什麼？即便叫它「修行」、「玫瑰」，語詞所承載的意義仍然是「男女二根互入」，並不改變它是「性交」的實質。

達瓦才仁以五千多字的文字，首尾一致導向：西藏密宗有男女雙修，但只有大喇嘛能修，若不是大喇嘛卻實修雙身法，就是「披著袈裟的敗類」。張董事長認為：這類說法對社會大眾已經耳熟能詳，並不新鮮，更缺乏說服力。自命為「佛」弟子，達瓦才仁應該如他自己所說的，以「西方宗教界或學者以求實求證的精神」檢驗「男女雙修為核心的藏傳佛教」的教義究竟合不合乎 釋迦如來所傳的法義，才是身為一個「佛」弟子應該作的事。

　　張董事長繼續指出：達瓦才仁不僅以九彎十八拐的方式，想讓社會大眾誤以爲性交修行是佛法，更抬出「西方宗教界或學者以求實求證的精神」的說法，誤導大眾，以掩蓋假藏傳佛教在西方學者的研究中是被印度教「譚崔」滲入的假佛法。事實上，歐美學者早在幾十年前的研究中，就已經釐清雙身修法的藏傳佛教源於譚崔信仰，並不是正統佛教，所以實修雙身法的藏傳佛教的正式名稱爲 Tantric Buddhism（譚崔佛教）。這在歐美學者中，早已經有人加以披露。如果在網路上隨意以譚崔瑜伽、譚崔修行等關鍵字搜尋，到處都看得到歐美的研究結果。

　　甚至在歐美研究中，更不乏心理治療師的觀點，他們治療這些被喇嘛性侵的歐美明妃，第一線接觸雙修受害者，對西藏密宗譚崔修行有近距離的觀察。美國心理治療師 Diane Shainberg 輔導過很多藏密喇嘛的西方明妃，英國藏學家 David Snellgrove 援引她的結論：

　　「我接觸過的案例中，沒有一個案主在雙修中感覺獲到獲得正面利益。……她們全都覺得自己淪爲性工具。……我在這些女性身上，感受不到任何一絲可稱爲益處的東西。沒有，一點也沒有。」[35]

---

[35] Colin Goldner, *Dalai Lama – Fall eines Gottkönigs*, Alibri Verlag, 1999; überarb. u. erw. Aufl., 2008. 原出處：David Snellgrove, *The Hevajra Tantra:*

這些事蹟，實實在在都是假藏傳佛教雙修教義下的具體證據：假藏傳佛教接受了印度教的性力信仰，以明妃、空行母作爲修行的「工具」，沒有平權、尊重，更沒有慈悲、憫念，喇嘛們的所作所爲無非只是爲了自己自以爲是的「修行成佛」，並不把「幫助」他們修行的女性當作一個人類、一個個人，而只是「使用」她們猶如性奴隸、性工具。

張董事長表示，這在任何一個有文化傳統的國家，都是會被指摘、被唾棄的。然而在台灣，喇嘛們依然能夠仗著僞佛法、僞教義在社會上橫行斂色，實在是令人感到無以言喻的悲情，這就是因爲台灣民眾是如此善良，願意接受一切勸人爲善的宗教，更何況假藏傳佛教穿著佛教的外衣，說著佛法的語言，不斷地僞稱自己是「某某佛的轉世」，社會大眾基於對佛法的敬重，不疑有他，也不敢造次去檢驗假藏傳佛教的教義是不是摻雜了外道法的性力信仰，就天眞地相信了這些謊言。

最後，張董事長作出如下表示：不論台灣民眾對不同信仰的並生共存有多麼大的包容力，都不能、也不該縱容以性交修行爲核心的仿冒佛教的邪淫教義，只是過去資訊的不全，一時誤信了喇嘛教誇大不實的宣傳；然而在過去十幾年的宣導、教育之後，

真心告訴您

已經逐漸看到正覺教育基金會的努力成效，偽佛教的喇嘛教信徒，從他們自稱的將近二百萬人快速縮減為不到十萬人，而且也都羞於承認自己是喇嘛教密宗的信徒。由此可以證實台灣民眾是有理性的、高度重視傳統道德的。相對於我們最近幾次的連續報導達瓦才仁的不實言語，假藏傳佛教已經有自己圈內的喇嘛出來揭露假藏傳佛教的黑暗面；在我們的觀察中，這些喇嘛並不一味維護自己的利益，也不硬拗強辯，卻是真實的面對自己喇嘛圈內的問題、權力鬥爭……不為人知的一面；這是值得我們讚歎，也值得達瓦才仁加以學習的。

第7篇 德國學者研究證實假藏傳佛教的
本質是譚崔性交修行，是偽佛教

〔真心新聞網採訪組台北報導〕

達賴喇嘛西藏宗教基金會官網於 2012 年 1 月 20 日，發表了一篇該基金會董事長達瓦才仁的〈藏傳佛教的戒律與逆緣轉化之見解〉一文（文末註明：此文為於台灣監察院調查案諮詢會議之說明），文中再次陳述「藏傳佛教」的雙身修法不是「世俗認知的性行為」，以及中文世界對於西藏喇嘛不是僧人的諸多誤解云云，並主張台灣學者不如歐美學者，以致於誤解「藏傳佛教」，影響社會大眾對西藏密宗以及喇嘛仁波切的觀感。

對此，採訪組特地走訪正覺教育基金會張董事長。張董事長表示，達瓦才仁本篇文章雖然理路自相矛盾，但對於坦特羅修行方法則是前後貫通，等於是白紙黑字昭告世人：**藏傳（假）佛教的中心主旨就是男女雙修**，不僅經典中明白教示了這一點，而且各派喇嘛也都以觀想或實修的方式加以修習——只要你是具根器（喜愛性交）的喇嘛教弟子或是已經取得資格的上師，就可以實修雙身法。

張董事長特別舉出文中段落：「當修行到將分別心降到最低點，並具有控制慾望，甚至可以駕馭慾望的境界時，慾望就可

以從逆緣轉化為修行的助緣。佛典中闡述了這種轉化的所謂
『男女雙修』，那絕非常人所說的男女性行為。」

「密宗經典認為，一個人修行到一定程度，不再被慾望和
世俗的分別心所控制或左右，甚至還可以反過來控制或駕馭慾
望或世俗分別心時，他就可以運用和駕馭慾望來進一步探究更
細微的事實和真理。這時，慾望或分別心等逆緣就可以轉化為
修行的助緣。」

「對上師而言，吃肉不僅是口腹之慾，更主要的是要將其
轉化為消除分別心的修行助緣：有什麼供養就吃什麼，不論肉
類或其他食物。這是以不特別追求的方式消除分別心（特別的
追求或特別的排斥在此都可視為是分別心）。更進一步，則不
論人肉牛肉都僅僅視為維持生命所需的食物而無分別地攝
取。這是從不特別排斥的方式消除分別心。」[36]

張董事長說明，達瓦才仁在上述第一段摘錄的意思是：只要
減低分別心，可以在雙修時「不分別」這是在進行性行為，就是
駕馭欲望的功力，有了這個功力，「雙修」就不是性行為。

接著第二段摘錄文字的意思是：經典也這麼說，所以密宗喇

---

[36] 摘錄自：達賴喇嘛西藏宗教基金會資訊網
http://www.tibet.org.tw/com_detail.php?com_id=683 （擷取日期：
2014/4/20）

嘛雙修是有根有據的，喇嘛不是因為盲目地推動去作男女雙修的。

最後一段摘錄文字的意思則明白說明了：以吃肉為例，身為上師的喇嘛們已經能夠消除分別心，所以他在雙修的時候有足夠的功力「不分別」他正在進行的行為是性交，所以只有上師（也就是具格的修行人）可以實修雙身法。

張董事長指出：這些說法正是此地無銀三百兩！就是德國學者特利蒙地（Trimondi）書中所謂的「翻轉法則」（Gesetz der Umkehrung）：藉由進行染污的罪行來滅除心中的染污。也就是最古老的《喜金剛本續》（Hevajra-Tantra）指導的「以下墮法行增上業」以及「此毒解彼毒……，惡業亦須惡行除」，完完全全就是印度教譚崔（坦特羅）的思想。

特利蒙地在書中研究表示：佛教戒律所規範不許作的，信奉譚崔教義的假藏傳佛教都必須加以長養，運用「翻轉法則」大肆破戒——將律儀轉向相反的境地，才能獲得解脫；而且喇嘛們不僅是「可以」大肆破戒，而且是「必須」大肆破戒，因為譚崔教義的教導就是上面所說的：要以惡止惡、以貪治貪、以毒攻毒。[37]因此，達瓦才仁在〈藏傳佛教的戒律與逆緣轉化之見解〉文中所表達的，正是符合了德國藏學家特利蒙地的研究及說法。然而，

---

[37] 參見：Trimondi, *Der Schatten des Dalai Lama: Sexualität, Magie und Politik im tibetischen Buddhismus*, 1. Aufl., Patmos Verlag, Düsseldorf, 1999, p. 111-112.

假藏傳佛教的雙身修法並不如達瓦才仁在文中說的:「不論中國大陸或台灣,由於商業社會的需求關係,坊間充斥著不少所謂專家或學者解讀西藏佛教或密宗的讀物,其中不少作者其實根本就不懂密宗,常常是以世俗的概念望文生義地去曲解密宗的教義、圖像或密意等,這種行為本身就是一種極端無知的表現。」

更不是他所說的:「與藏傳佛教有關的性醜聞大多出現在台灣。我們認為,這其中的原因,除了與早期因政治因素而來台的所謂『藏僧』品行良莠不齊有關聯以外,還與不少中文讀物望文生義地胡亂闡釋西藏佛教有相當關聯。反觀國際社會,就鮮少聽聞藏傳佛教僧人假借宗教名義騙財騙色之事;這顯然與他們對西藏佛教的了解程度較深有直接的關聯性。」

達瓦才仁在這兩段文字中將喇嘛性侵的責任推給「中文世界的學者不懂密宗,望文生義曲解密教」,也推給「早期來台良莠不齊的『藏僧』」,言下之意是:在台灣的學者都不懂藏密的真實義,誤解了密宗,以及早期流亡來台的喇嘛個人修行不好,還沒修到上師資格就敢實修雙身法。更重要的論點是:他認為西方學者比較瞭解「藏傳佛教」,所以西方很少發生喇嘛雙修性侵的事件。

　　張董事長很嚴正地指出，歐美國家如加拿大、美國、澳洲、蘇格蘭、德國、瑞士……，從假藏傳佛教一開始傳進西方，就陸陸續續有大批的受害女性，前仆後繼出來指控她們成為喇嘛雙修的工具，是喇嘛的性奴隸，這一方面本會已經印行了許多的譯文，並將持續地報導下去，歡迎社會大眾索取。而這些被指控的喇嘛不乏大名鼎鼎的《西藏生死書》作者索甲仁波切、第一世卡盧仁波切、十七世噶瑪巴聽列泰耶多傑……。[38]

　　而德國圖賓根大學印度學及宗教學學者馮・葛拉森那波教授（Helmut von Glasenapp,1891–1963）也早在一開始，就在其研究中清楚指陳：「大部分佛教徒不承認西藏坦特羅佛教」，因為「大部分的佛教徒認為金剛乘佛教的性交修行是偽佛教，不是佛教」。[39]

　　上述研究論點，很清楚告訴讀者，**在假藏傳佛教傳佈到世界**

---

[38]　參見 YouTube： http://www.youtube.com/watch?v=sj4ALQejBlM& feature=related（擷取日期：2014/2/23）

　　參見 真心新聞網：寧死也要揭發　歐洲明妃不容藏傳佛教喇嘛逍遙於性交修行　http://enlighten.org.tw/trueheart/241

[39]　Das Vajrayana ...... stieß aber namentlich in seiner erotisierten Form auf heftigen Widerstand ...... Da es von den überwältigenden Mehrheit des Buddhisten als eine Verfälschung der wahren Buddhalehre abgelehnt wird

　　參見：Helmut von Glasenapp, *Die fünf Weltreligionen*, München 1996, p. 136.

各地之前，就已經不被大乘及小乘佛法承認是 釋迦牟尼佛的教法。同時，**假藏傳佛教的性交修行也不是 釋迦佛所傳下來的法，而是源自印度教的性力崇拜，並融合了藏地本身的苯教而成**，這也是西方學者早已研究指陳的。而正覺教育基金會的研究結果也證明西方學者的說法正確，因為假藏傳佛教雙身法的樂空雙運只是意識境界，在佛教三乘菩提的實證中都予以破斥而教導應該遠離。

德國學者馮・葛拉森那波的研究很明白指出：「藏傳佛教性交修行，不是佛教」，張董事長因此表示：達瓦才仁的說法正好與事實相反，正是公然欺矇台灣社會的謊言，只是欲蓋彌彰的拙劣手法。**在歐美國家不僅明妃們現身指控藏密喇嘛的雙修性侵，學者們也早已研究指出藏密的本質是雙身修法，根本就不為正統佛教所承認。**

張董事長呼籲達瓦才仁修正錯誤的論點，才能符合他自己說的：「**向台灣民眾介紹西藏佛教的真諦，揭露那些詐欺行為是最直接的因應之道**」以及「**如果相關部門能相應輔導宣傳，必將有助於這類傷害台灣信眾和西藏佛教的行為繼續發生**」；如此才不會每次謊言都被拆穿，時間久了、次數多了，再也沒有人會相信達賴喇嘛西藏宗教基金會董事長或發言人的說詞了！

第8篇 信仰假藏傳佛教密宗的危機系列報導

一、法王即是「法亡」的危機

〔真心新聞網採訪組台北報導〕

正覺教育基金會董事長張公僕表示，假藏傳佛教密宗有所謂的「法王」的稱號。然而一個凡夫怎可冠上「法王」這個稱號？假藏傳佛教密宗流傳到現在，有些教派已經名存實亡；仍有實力繼續活躍的只有四個教派，每個教派都有大小「法王」若干名，既然號稱是在佛教正「法」中稱「王」，要如何分辨誰才是真正的「法王」？以及此「法王」稱號所代表的意涵為何？因為假藏傳佛教密宗乃是冒用了佛經中對佛的尊稱而高推自己為「法王」，所以對自己的教義全面違背佛教教主所說教義的事實，並沒有辦法自圓其說，更無法向大眾解釋清楚。

「法王」真正的意涵是什麼？張董事長表示，在 釋迦牟尼佛的時代，「法王」即是 佛陀。意思是說，能夠在「法」中稱「王」的，只有佛陀才當之無愧；即使是十地以上的大菩薩乃至等覺位、妙覺位的大菩薩們，最多也只能稱為「法王子」。假藏傳佛教密宗四個教派自稱的「法王」，都是那些凡夫的老喇嘛所「找出來」的，不是自己有足夠智慧宣示他的法王身分；一旦宣告諸方，正式舉

行「坐床」典禮，同時也廣收了大眾的供養以後，一個「一無所知」的小孩子，忽然間就變成「法王」了。這類「法王」從小開始的教育，其所學、所行都離不開他們的基本教義，也就是「無上瑜伽」男女上床合修的雙身法；既然身爲「法王」，那麼就要領眾修行，法王的所學就是「無上瑜伽」男女雙身法，故假藏傳佛教密宗的大小喇嘛的所學、所行，皆以「無上瑜伽」男女雙身法爲最重要的核心，其他的修行方法雖非可有可無，卻都是爲了最後男女上床合修的雙身法而作的準備。

假藏傳佛教密宗中被稱爲「法王」的人，眞的有「法王」的實質與內涵嗎？在 佛陀入滅後，有資格稱「法王」的，最少也要有「十地」以上的證量，如果假藏傳佛教密宗其中任何一位「法王」，眞的有「十地」以上證量的話，勢必帶動與提升整個假藏傳佛教密宗的佛法證量，必然也會影響正統佛教的法師居士們大幅度提升佛法證量；但是事實上，一千多年來，這些「法王」們都修學「無上瑜伽」男女雙身法，然而這種世間男女性愛藝術，根本與佛法扯不上關係，連聲聞法中的初果證量都沒有，更別說是佛菩提道中的明心及悟後進修的證量了。

張董事長表示，依據佛經的記載，在一個太陽系的小世界裡，如果能有一個「初地（含）以上」菩薩來領眾，已經就足夠了；當

這樣一位地上菩薩住持此世界時，能夠追隨他，已經是眾生之福。而假藏傳佛教密宗自封的「法王」滿坑滿谷，若深究之，皆乃「濫竽充數」之輩，此地的眾生因為擇法眼尚未開啟，看見是遠來的喇嘛，沒有分辨真善知識的能力，所以盲目追隨，其結果不是失財就是失身，或者是人財兩失，根本得不到一點佛法上的增益。若是大家全面地盲目追隨喇嘛們，結果就是正統佛教的正法流傳將會逐漸滅亡於這些假冒的「法王」之手，又會把古天竺正統佛教滅亡於藏傳喇嘛教的歷史重演一遍；所以假藏傳佛教的「法王」都具有導致正統佛教「法亡」的毒素，那麼學術界公認的古天竺「密教興而佛教亡」的慘痛故事，將會在台灣佛教中重新上演。然而台灣佛教各大山頭的大法師們，對此似乎完全不在意，甚至有人至今仍與假藏傳佛教的假法王們繼續暗通款曲，一點都不憂慮佛教正法的滅亡，看來我們正覺似乎有一些越俎代庖呢！

二、密宗的成佛即是「沉淪」的危機

〔真心新聞網採訪組台北報導〕

正覺教育基金會董事長張公僕先生表示，假藏傳佛教密宗有「即身成佛」的論調。原因來自於假藏傳佛教密宗的基本教義是「無上瑜伽」男女雙身法，強調男女行淫當中，運用性交技巧可以長時間住在性高潮中不射精，漸漸導致遍身都有淫樂時，說為

證得第四喜；就把能夠覺知遍身都有樂觸的境界說為佛法中的「正遍知」，與佛法中證得一切種智的遍知第八識中一切功能差別的智慧扭曲為這種外道閨房技藝的境界，根本不是正統佛教中所說的「正遍知」。喇嘛教不懂「正遍知」的真正義理，被密宗的古今祖師們誤導了，就將這種遍身都能知覺性交樂觸的境界說之為「即身成佛」的境界。

但這種性交遍身樂觸的感覺，並不是假藏傳佛教密宗所獨有的，只要已經成家的男女，懂得方便善巧，都會有這樣的男女性交的經驗；然而假藏傳佛教密宗卻將這種男女淫樂的世俗行為，美化說成是佛法的修行。這種方法已經使得歐美性開放地區的各階層人士趨之若鶩，原因無他，乃是隨順世間人的私欲喜好而施設了「性交即可成佛」的謬論，滿足了西洋人嚮往東方哲學而又可以不必離欲的心性。但這種遍身樂觸的感覺，只不過是身體的覺觸與意識、身識等心領受的境界，經由男、女性器官的接觸為「緣」而出「生」了樂觸，只是因緣所生法，終歸斷滅而非宇宙萬有終極的實相真理；這種「遍身樂觸」的覺受，乃是「緣生」與「緣滅」之法，與「成佛」根本扯不上關係，連聲聞解脫道中的初果都證不到，更別說是菩薩道中的實證。

如果相信了假藏傳佛教密宗，將這種世間男女淫樂藝術說為

修行，則終其一生沉淪於男女性愛中，因為「無上瑜伽」男女雙身修法，必須每天男女合體；換句話說，修「無上瑜伽」男女雙身法的喇嘛，必須終生與女人廝混雜交，否則就稱不上「修行」；把這種「無上瑜伽」男女雙身修法，冠上「即身成佛」的虛妄想像而努力實修，只會讓人越來越墮落，越來越往下「沉淪」。

　　張董事長說明，佛教的法門有解脫生死輪迴的甘露門，即是聲聞人所修的解脫道，可以使人證得初果至四果乃至辟支佛果；更有成就佛道的甘露門，可以使人實證菩薩道的五十二個位階，最後乃至成佛，這是 釋迦牟尼佛在人間示現成佛的最大宗旨。反觀假藏傳佛教密宗，其本質是喇嘛教，源自於印度婆羅門教的性力派邪說，根本不是佛教；但為了獲得佛教徒廣大金錢供養的資源，幾十年前開始宣稱是藏傳「佛教」，這是冒用佛教的名稱，讓人們生起了誤解，以為那是佛教的另一個宗派。但假藏傳佛教密宗的基本教義就是「無上瑜伽」男女雙身法，說句不客氣的話，這類一輩子都在男女「性器官」用心的人，能寄望他們在佛法修行中有什麼成就？修行乃是心靈的提升，如果一輩子都被性欲束縛，只能向下「沉淪」，永遠與佛法的實證絕緣；假藏傳佛教密宗的喇嘛們到年老時，不但無法「即身成佛」，還免不了「地獄之門」向他們招手。

真心告訴您

三、密宗灌頂即是「被性侵」的危機

〔真心新聞網採訪組台北報導〕

正覺教育基金會董事長張公僕先生表示，假藏傳佛教密宗的「灌頂」一詞，藉著新聞媒體的報導，大家都聽過，但是真正知道「灌頂」內容的人並不多。一般來說，假藏傳佛教密宗對外公開的「灌頂」乃是「結緣灌頂」，就是眾所皆知，由仁波切來摸摸頭、收受紅包供養。如此接受「結緣灌頂」的大有人在，但這些人只能算是形式上進入假藏傳佛教密宗的門，尚不知真正「灌頂」的內涵。

無上瑜伽的「灌頂」分成四級，除了生起次第的初灌外，尚有二灌、三灌乃至最後的「第四灌頂」；從最初的灌頂開始，就由喇嘛先觀想自己頭頂有佛父、佛母性交享樂而流下分泌物，灌入喇嘛的頭頂而循著喇嘛的中脈往下流動，來到喇嘛的性器官，然後從喇嘛的尿道流出而灌入接受灌頂的信徒腦門裡；喇嘛們為信徒摸頂的意思，就是把觀想出來的佛父、佛母淫液灌入密宗信徒的頂門中。這不是我們欲加之罪，而是密宗大師宗喀巴的《密宗道次第廣論》中明文教導的初灌之法，也是許多喇嘛們奉行不渝的初灌時的灌頂法。到了「第三智慧灌頂」，這些接受「祕密灌頂」的弟子，必須服食上師和明妃性交後從下體所流出的「甘露」，或

50

服食事先以這種「甘露」所製成的「甘露丸」，也就是食用喇嘛與女信徒行淫產生所謂的「男精、女血」，然後接受上師所賜予的明妃，在喇嘛現場指導下，與明妃合體實修雙身法的樂空雙運，這時才算是第三灌的灌頂完成。

所以，假藏傳佛教密宗的「灌頂」，從一開始就完全在男女的性愛上著眼，根本與智慧無關；因為假藏傳佛教密宗的基本教義就是「無上瑜伽」男女雙身法，說得白一點，「灌頂」＝「無上瑜伽男女雙身法」＝「雌雄等至（喇嘛與女信徒同時住在性高潮中）」。這些就是假藏傳佛教密宗人士的修學內涵，換句話說，假藏傳佛教密宗的上師、法王、活佛、仁波切、達賴喇嘛上台說法，都只是一個表面的模式；如果要進入密法的實修，總離不開「灌頂」而後合修雙身法；一開始是用觀想的，後來就要提起真刀實槍上場，愛滋病或性病就不免上身了。

假藏傳佛教密宗的所修、所學，完全離不開男女的性愛關係，與佛法追求脫離三界境界的智慧完完全全扯不上關係。雖然幾乎佛教中所有的名相，在假藏傳佛教密宗的《密續》典籍中都可以看得到，但是，其實質內容卻全部走了樣。這證明假藏傳佛教密宗全然不是佛教，因為假藏傳佛教密宗是佛教的「仿冒品」、「山寨版」，表面上看起來有那麼一點像，其實是道道地地的「附佛外

道」，根本不是佛教。佛教的所說、所修、所證是講求出離三界境界與內心的淨化，而假藏傳佛教密宗則是追求男女的淫慾高潮，終其一生離不開異性的性器官，每天都是滿腦子的淫慾念頭，臨終之時，必定帶著慾火進入暗無天日的「慾火地獄」。那麼，接受藏傳假佛教灌頂的女信徒們，遲早都不免會被要求作第二、第三灌頂，最後都要與喇嘛上床合修雙身法；所以接受密宗灌頂的人，都不免會有被性侵的危險。

四、修「無上瑜伽」即有「性交失貞」的危機

〔真心新聞網採訪組台北報導〕

正覺教育基金會董事長張公僕先生表示，假藏傳佛教密宗最終極的修行法門是「無上瑜伽」譚崔法門，意思是說，修了這個法門就可以和無上的解脫相應。但是深究「無上瑜伽」所謂「無上相應」的內涵，卻是男女雙身的性交法；換句話說，「無上瑜伽」即是以男女「性器官」的交合而求得淫樂，作為修行法門。

張董事長進一步表示，以「性器官」的相交互入作為修行，乃是假藏傳佛教密宗的基本教義，也是密宗以往炫耀於正統佛教而宣稱為獨特之處；進入假藏傳佛教密宗的法門，最初的持咒、觀想，都只是前置作業，都不是他們真正的目的，只是藉這些方法把信徒漸漸潛移默化而逐漸轉入實修雙身法的手段；假藏佛

教密宗的大、小喇嘛們所期待的，就是每天都能和年輕貌美的女信徒合修「無上瑜伽」男女雙身法；也就是說，他們所期待的就是與許多不同的年輕女信徒「性交」。

假藏傳佛教密宗認爲修「無上瑜伽」男女雙身法，只要在性行爲中不洩露精液，就可以在行淫中常保樂觸而「成佛」，因此假藏傳佛教密宗就自行施設了行淫中只要不洩精，就不犯「三昧耶戒」的戒條。也因爲如此，喇嘛們爲了要修習「無上瑜伽」，就必須誘騙年輕貌美的女信徒，如果誘騙不成，就以慈悲度其證悟空性爲名，進行強制性交，以致於經常有婦女被喇嘛誘惑或強姦的「性侵」事件發生。事實上，喇嘛們貪求行淫的高潮樂觸，也同樣地會洩露精液，而他們又都沒有能力以陽具吸回膀胱中，爲了不犯三昧耶戒，就逼迫女信徒呑食精液，美其名爲加持女信徒而賜給女信徒飲受「白菩提」。

假藏傳佛教密宗乃道道地地的喇嘛教，本質是婆羅門外道性力派的邪教，其基本教義與修行法門的根本，就是「無上瑜伽」男女雙身法；從達賴喇嘛到所有大小喇嘛們，全都以此法門作爲他們修行的終極目標，也作爲終生奉行不渝而要每天求取的境界。所以，以雙身法說是爲信徒「消災解厄」，或說是幫助女信徒「即身成佛」，都只是依著邪教教義而作的「性侵」藉口罷了。而

這種將「無上瑜伽」男女雙身法說為修行法門，乃是假藏傳佛教密宗獨有的招牌，真正的佛教中根本沒有這種邪門方法，而且 釋迦牟尼佛還說這是會使人死後下墮地獄的惡法，應該趕快斷絕及遠離。只有依附在佛教中的假藏傳佛教密宗外道，才會將此種「邪思與邪行」當作是佛法的修行。如果有假藏傳佛教密宗的上師要傳「無上瑜伽」時，女信徒可得要明哲保身才是，否則不免失財又失身。

五、信「三昧耶戒」即有下墮的危機

〔真心新聞網採訪組台北報導〕

正覺教育基金會董事長張公僕先生表示，假藏傳佛教密宗施設了「三昧耶戒」；此戒的內容是說，修學了「無上瑜伽」男女雙身法，領受了第三灌而與「明妃」有實際的「性接觸」後，就要天天與女性的密宗同修交合；若是女信徒領受了第三灌頂而與喇嘛上師交合以後，就得天天與喇嘛上師或男性的密宗同修交合；總之就是要天天與異性同修之一或多人合修雙身法，必須每天獲得遍身大樂，否則就是犯了「三昧耶戒」，死後要下墮密宗祖師自己施設的「金剛地獄」。達賴喇嘛還解釋了：修行「無上瑜伽」男女雙身法時，不准洩露精液，如果不慎洩露了，若有能力將洩露

的精液吸回膀胱，也不算是違犯「三昧耶戒」[40]，但是達賴喇嘛自己也沒有這種功夫，卻都在暗地裡實修雙身法；而現代的密宗喇嘛們則是另設方便法，當他們與女信徒合修而射精以後，就要求女信徒吃下肚去，說是加持女信徒「白菩提」，會使女信徒快速「成佛」。

假藏傳佛教密宗的基本教義即是這種「無上瑜伽」男女雙身法，其基本戒條「三昧耶戒」也與男女的性行為有關，規定受了密灌中的三昧耶戒以後，應該每天實行雙身法、求快樂的覺受；這完全不是佛教的戒律，佛法中的戒律是約束修行者的身、口、意行，要讓身、口、意行清淨；而假藏傳佛教反而是放縱性欲，冒充為佛教的修行法門，無形中讓淫慾念頭越來越沉重，未來只有一直沉淪下去，想回頭都難。

張董事長表示，密宗「三昧耶戒」有如一條無形的繩子，綁住了修學「無上瑜伽」男女雙身法的喇嘛與信徒們，他們必須天天無止盡地造作新的淫慾業；想回頭時，又怕死後被打入「金剛地獄」，於是「三昧耶戒」變成了假藏傳佛教密宗喇嘛們對異性信徒施加淫行的共業戒條。這就是假藏傳佛教密宗處心積慮之處，讓已受密灌而修學「無上瑜伽」男女雙身法的人，一旦不慎搭上

---

[40] 參見 理和記錄，〈達賴喇嘛和中國佛教訪問團之答問〉，達香寺法訊《利生》月刊 27 期版 2，1998.1 出刊。

了賊船，就用這條「三昧耶戒」約束修學者回不了頭。

　　然而，假藏傳佛教密宗是道道地地的喇嘛教，自始至終都是外道，根本就不是佛教。而他們的祖師自設的金剛地獄事實上也不存在，所以他們自己所施設的「三昧耶戒」，根本不符合三界法界中的因果律，完全沒有因果上的拘束力。而且又不是 佛陀所制定的戒條，三界中也沒有「三昧耶戒」這個戒條，更沒有「金剛地獄」；如果有婦女朋友不慎受騙上當，走上男女雙身法的路途，如今有意想回頭的話，可以完全不必考慮「三昧耶戒」與「金剛地獄」，因為這些都是騙人的，只是用來恐嚇密宗信徒的話，都不必當真！

第9篇 六字大明咒系列報導

一、「俺矇你把你哄」荒謬的內涵

〔真心新聞網採訪組台北報導〕

根據網路上普通的解釋，所謂「六字大明咒」中文的「譯音」是「唵嘛呢叭咪吽」六字；梵文原音則是 oṃ maṇi padme hūṃ。可以拆解分析如下：

oṃ 字梵文只是個低沉音，用於咒語之前表示尊敬、祝願等等；maṇi，義爲寶珠；padme，則是蓮花；hūṃ 字，用於咒語或有神力之音節。[41]

字面上的直譯，此咒由似乎是對「寶珠、蓮花」的讚歎，然而密教中人認爲眞言含有深奧祕密的語句，咒語向來都有外、內、祕密、極祕密的四種涵意，讚歎佛菩薩本誓之德只是此咒語外層字面的意思，它尚有內在的涵意，必須**由密宗上師向弟子詮釋**；其內在的意義，就是假藏傳佛教以印度教性力派（雙身法）爲根源，於是就將其修雙身法認爲得以成佛的邪謬教義，順理成章的將寶珠、蓮花二物隱喻爲男女性器官了。這是密教裡修學無上瑜

---

[41] 參見 http://tw.knowledge.yahoo.com/question/question?qid=16120 92707844（擷取日期：2014/2/27）

參見 http://blog.udn.com/hgz88888/5790682（擷取日期：2014/2/27）

伽的常識，國內外學者從上一個世紀就開始密集的論述它；其實假藏傳佛教中有太多經續與論書，例如最早出現的無上瑜伽三部密續之一的《如意輪無上總持續》，就明白地解說寶珠與蓮花就是男女性器的象徵，喻爲男性的寶珠輪（龜頭）、與女性的大寶蓮華（陰戶）。

到了上個世紀八〇年代，六字眞言又有更深的學術化研究。例如代表性的兩篇論文，一篇是趙櫓的〈**藏傳佛教六字眞言考釋**〉；趙櫓認爲，六字眞言原是古印度的一句祝禱詞，被婆羅門和印度教繼承下來，更爲密教（佛教密宗）所吸取，其原意是「紅蓮花上的寶珠」，爲「女性生殖器」和「陰蒂」的象徵，這一點和傳統大多數人的認知是一致的。另一篇是多識喇嘛針對趙櫓的觀點，撰寫的〈駁所謂「六字眞言考釋」的荒唐言論〉。多識喇嘛則站在對辯的立場以維護自宗，否定了趙文提出的說法。這兩篇文章在學術界產生了很大迴響。

正覺教育基金會張董事長表示，從兩篇論文的爭論來看，六字眞言的來源與眞義，以當今的學術研究，表面上似乎有兩種全然不同的理解與結論，但是較合乎情理的是，此六字咒語有外表（字面）與內在（象徵）兩面義蘊：對社會大眾的傳教上，當然要取正向讚歎、表面易懂的說詞；而實質上，對已接受無上瑜伽灌

頂的信徒而言，暗中灌注了密教最高修證（無上瑜伽）的心法，令持誦者不知不覺地在音聲中成就了（口業）的意淫，作爲日後正修雙身法的準備。

　　至於多識喇嘛引證立論的根據，仍依密教體系中表層的教義，並未（也不想）述及內在的意義，與諸藏密古德所說不符，亦與其祖師宗喀巴所說相違，只是用來混淆視聽，不欲無上瑜伽雙身法的祕密爲大眾知悉；再者，西藏密教一向是素行不良，自古以來挾宗教之名，行性侵之實，所在多有，並非如傳統大乘佛法之端正清淨，故密宗每每引起正法行者及正統佛教學者的質疑與揭發，自古皆然。更何況，古今密教各派祖師的著作中，到處可見以「寶珠」與「蓮花」作爲「男女性器官」的正解，用以教授男女雙修法，這是古今密教的大師與學人們心知肚明、約定俗成的常識，多識喇嘛的狡辯只會成爲「此地無銀三百兩」。

　　外國媒體曾經訪問一位最有資格詮釋其內涵的假藏傳佛教自家人——14歲即成爲「佛母」的基米雅現身作證，她說：「……藏密的咒語繁多，有的來源於苯教。比如六字眞言，嗡嘛呢叭咪吽，按密理，它包括佛部、寶部、蓮花部、金剛部，具整悲、樂爲一體，是涅槃之通途。其實，『嗡』爲語首，『吽』爲語尾，『嘛呢』意爲如意之寶，『叭咪』意爲蓮花之純潔。而蓮花，

在印度教裡明確地代表女性生殖器,這一最常使用的咒語的真實含義就可想而知。……」[42]

　　若依基米雅的解說,六字真言的密意就是:「純美的女人生殖器啊,如意之寶!」或者是「將如意寶(陽具)放在蓮花(女陰)中。」誦唸六字大明咒,就等於說:「來!(我們)做愛吧!」簡單明瞭無遮無飾,這才是密宗裡的自家人實話實說。

　　張董事長指出,古人面對這個並非由 釋迦牟尼佛所傳下的「大瞑咒」,還是有其處理的智慧和幽默。雖然早在宋朝時,梵僧天息災就譯出了《大乘莊嚴寶王經》,但漢人卻少行此六字大明咒,仍以〈楞嚴咒〉、〈往生咒〉等傳統經咒為主;對於 觀世音菩薩的信仰,則持誦〈大悲咒〉或〈般若心咒〉為主;並且漢傳佛教弟子持咒,是誦經之餘附帶的誦咒,而非以持咒而成就男女雙身法作準備。然而假藏傳佛教持咒不僅是主修方法之一,並且還賦予特別的意義與功用,僅一句「唵嘛呢叭咪吽」,就能把它說得天花亂墜:可消災延壽、驅邪避難、所求如意等等,特別是作為未來修男女雙身法的前行工作。故古人李繼鼎、佟世思等人就曾先後嘲諷:

　　「永樂初,嘗遣使迎天竺真僧來京,號大寶法王,居靈谷

寺，頗著靈異，謂之神通。教人念唵嘛呢叭咪吽，於是信者晝夜念之。時翰林侍讀李繼鼎笑曰：『若彼既有神通，當通中國語，何以待譯者而後知？且其所謂唵嘛呢叭咪吽云者，乃云**「俺把你哄」**也，人不悟耳。』」

「佛經中『唵嘛呢叭彌吽』，云是六字眞言，傳自西域。有謂，唵嘛呢叭彌吽，蓋**「俺那裡把你哄」**也，此於六字本意，即不必其然，然余謂如此說佛語，轉覺音義明順。」[43]

這些雖是中國士大夫一些譏諷笑鬧的言語，卻也切中了它的實質，戲而不謔。今人也多有用六字大明咒的諧音各作文章，反應出不同層面的觀察和思惟。例如知名作家林清玄在他的書中、演講中常趣引：

「唵嘛呢叭咪吽」不妨唸作「*Oh, Money pay me home!*」，頗有創意，但又何嘗不點破了那些籌辦、主持各種灌頂法會的法王、仁波切心中念念所繫，就是信徒們奉上驚人的「供養金」？[44]

然而，對於錢財的貪求還不是其人唯一所圖，反而是色欲猴急的喇嘛，「唵嘛呢叭咪吽」在其心中的作意應該是**「俺麻利的把妳哄**（上床）」。

---

[43] 同上註。

[44] 參見 http://blog.sina.com.cn/s/blog_504f2efd0100cng0.html （擷取日期：2014/2/27）

至於那些迷信假藏傳佛教，心甘情願被喇嘛誤導，與之合修雙身法的信女們，心中口中應該誦道：「**我那裡陪你鬪**」。

至於那些妻女被騙財騙色，可憐被戴綠帽的家中男人——密宗女信徒的丈夫們，他們心底的哀怨、憤怒和泣訴卻是：「**我的 honey 被你哄**」。

張董事長總結，鑑於其咒內容的荒謬，與其說是「六字大明咒」，不如說為「六字大淫咒」，它假借 觀世音菩薩的大慈大悲與聖潔名號，以偽善的包裝，誤導眾生虔心持誦，以至於最後終於墮入假藏傳佛教雙身修法的陷阱，用心邪惡，不如說是「六字大瞑咒」。這種邪淫的用心，荒謬的內容，無所不用其極的行銷，目的就是要麻醉大眾，漸進式地造成「**上師傳、弟子唱、早晚哄上床**」，可謂其用心可鄙，手段可怖。張董事長呼籲：六字大明咒應該正名為「**六字大淫咒**」；「唵嘛呢叭咪吽」應該正其音譯為「**俺矇你把你哄**」，明白箇中密意，就別再盲目跟著鬼吼亂唱了。

二、「俺矇你把你哄」無稽的來源

〔真心新聞網採訪組台北報導〕

自從假藏傳佛教大舉入侵寶島台灣，加上刻意的行銷手段，「六字大明咒」這一類的邪法惡咒開始流行，甚且被配上婉轉悅耳的旋律任人傳唱；大眾不明就裡，一時「唵嘛呢唄咪吽」的唱誦聲竟水銀瀉地般竄入大街小巷，不禁引起識者的普遍關心。

關於六字大明咒的起源與流傳，正覺教育基金會董事長張公僕先生引述藏族學者索南才讓的說法：「它（密教）從吐蕃贊普拉脫脫日年贊時期傳入西藏，七世紀隨著藏文的創制，有關經典如《寶篋經》、《佛說大乘莊嚴寶王經心要六字大明陀羅經》等陸續翻譯過來。」

「也就是說，六字真言在西藏，是從拉脫脫日年贊時代（394–513）的『傳說』開始，以『天降寶物』的方式，宣告了『佛法』直接由上而下的進入藏地。……卻又說他『不懂其意』」。[45]

張董事長指出，這樣藏族學者索南才讓的明確考證與敘述，正表示所謂「六字真言」的大明咒，它的來源其實是「天曉得」；

---

[45] 參見 http://books.enlighten.org.tw/data/book/cover/20130112001334f.pdf

它的出現是十分可疑，猶如密宗喇嘛們預先寫好的經咒、密續，藏在岩堆中，然後假稱夢見空行母或空行勇父指示，再去事先預藏的岩堆中取出來，就開始大量宣揚了，都同樣是令人無從生信的，只有文盲而資訊不發達的舊西藏時代才會有人相信，即使現代的新西藏知識分子也都不信的。

　　張董事長指出，從密教史來看，拉脫脫日年贊普在位期間，印度密教仍在事續與行續（陀羅尼與持明藏）階段，傳入吐蕃（舊西藏）的只是一些懺悔法、持咒法、供養法、修行次第；並且是在密教與苯教的傳說附會中被解說、誇飾、接受並流傳的神祕信仰，包括「從天而降」六字眞言。張董事長更指出，漢文世界中「六字大明咒」唯一所從出的所謂《佛說大乘莊嚴寶王經》，早被學術界列爲「疑似偽經」，正覺教育基金會出版的結緣書小冊子**《俺矇你把你哄》**，作者正玄教授更檢列出其中疑義[46]，明列八點一一比對經教義理，指出其謬誤及悖理違教的事實，更可以證明「六字眞言」的無稽。有興趣的讀者可以索取閱讀[47]，避免被騙。

　　張董事長闡析，到了七世紀松贊干布統一青藏高原各部落，

---

[46] 同上註。

[47] 編案：歡迎讀者親至正覺同修會各地講堂免費索閱，或函索（敬請附 10 元回郵）：佛教正覺同修會 103 台北市承德路 3 段 277 號 9 樓。
網站閱覽下載：
http://books.enlighten.org.tw/data/book/cover/20130112001334f.pdf

建立「吐蕃王朝」之後，才正式神道設教，託言「觀世音菩薩」為本尊而行供養、誦咒。一面為這些天書「解密」，一面開始「造神」、「現瑞」，用愚民政策為後來假藏傳佛教自設的觀音信仰與密法傳播鋪路。例如「在《佛說大乘莊嚴寶王經》中，將觀世音菩薩抬高到宇宙創造者、主宰者的程度。」而這樣的說法已經遠遠違背了佛法的基本義理。又如張董事長更引述索南才讓〈二十世紀西藏密教研究綜述〉書中的資料：「《西藏王臣記》記載，藏王松贊干布曾在格熱地方的橫道上，親眼目睹六字真言顯現。他通過淨身祈禱，看見從天然六字真言放射出五色彩虹，輝映到對面岩石出現的觀音、救度佛母、馬頭金剛等佛、菩薩像上，各像放射光明照到六字真言上。從此，六字真言逐漸被藏人所接受。……」

　　張董事長表示，除此之外松贊干布還被塑造為觀音菩薩的化身，他所迎娶的尼泊爾赤尊公主則被認為是綠度母的化身，文成公主則為白度母的化身，造神運動到達高峰。根據假藏傳佛教《度母本源記》所載，綠度母是觀世音菩薩見眾生難以救度，左眼流下的一滴眼淚，而右眼流下了一滴眼淚則化為白度母，綠度母與白度母均被視為觀世音菩薩的化身。這種人為的編造很顯然「巧妙」結合了與假藏傳佛教系出同源的尼泊爾「度母」崇拜和來自

中土的觀世音信仰，一面可以遮掩藍藍綠綠的鬼魅身影，一面又要借用大唐文成公主的尊貴形象幫它漂白。於是乎，王室一家人都成了「觀世音菩薩」的化身，政治和信仰也高明「巧妙」完成連線，鞏固了政權統治。[48]

　　張董事長表示，如此一來，「度母」就又被轉換成號稱以「六字大明咒」為咒心的所謂「四臂白觀音」，而她的造型是：「四臂的手，前兩隻合十胸前，抱著一顆如意寶珠，代表能滿足所有眾生的要求。另外的兩隻是：右手持一串水晶念珠，代表不停地救度眾生。左手持一朵蓮花，代表清淨的心，沒有瑕疵。觀世音的左邊肩膀披上一塊鹿皮，是代表慈悲及純正的心，而頭頂上戴著的五方佛冠是代表五方的智慧，其它所穿著的綢緞及瓔珞都是代表莊嚴的報身相，而雙腿雙盤的金剛坐姿是代表穩固禪定的境界。總括以上六種裝飾代表六度萬行的成就。」[49]

　　張董事長提示，密宗對佛法的修證都是以具體的形象來代表，譬如樂空雙運代表成佛，壇城裡放上十二樣供物代表十二因緣，放上六種供品代表六波羅蜜多……等；這類「一表千里」的

---

[48]　參見　維基百科：http://zh.wikipedia.org/zh-hant/%E8%A7%80%E4%B8%96%E9%9F%B3%E8%8F%A9%E8%96%A9#.E5.9C.A8.E8.A5.BF.E8.97.8F（擷取日期：2014/2/27）

[49]　參見　http://www.siddham.org/yuan1/sutra/sutra_guanyin_six.html（擷取日期：2014/2/27）

取代佛法實證的現象，在密宗裡處處可見，已是罄竹難書，這個四臂觀音的造型與代表，更是具體的例子。然而善相慈悲的 觀音菩薩不會以眾生的皮作爲衣飾！會肩披鹿皮的定是羅刹鬼神所化現的。在大乘佛法中，觀世音菩薩是大慈大悲的代表，雖然有「三十二應遍塵刹」的普門示現，但是所謂「四臂觀音」卻出自於假藏傳佛教所刻意編造。

張董事長進一步解析，四臂女神的形象多出於印度神話，尤其是「性力派」中；他們認爲，女神的活動力構成了宇宙能量，是宇宙的本源，如附會雪山神女及其化身時母、難近母、辯才天女、吉祥天女都是著名的性力來源的產品，而這些化身恰都正是四臂的造型；而在假藏傳佛教神話中，則將 觀世音菩薩悲淚所化現的女性菩薩，稱作「多羅母」、「多羅佛母」、「度母」、「救度佛母」；在假藏傳佛教所有教派，都對於多羅菩薩極爲崇信。

張董事長說，將性力派的四臂女神造型及其象徵，和中國的觀音崇拜、西藏的度母功能等結合起來；合理的推測可知，「四臂觀音」就這樣被塑造出來，明著修「佛法」的棧道，而暗地裡度「性力派」雙身法的陳倉了。

由於松贊干布的刻意炒作，和吐蕃歷代諸王的傳承與長期的推廣，以致衍成：「六字眞言廣泛傳播開來，以致成爲藏區普及

率最高的佛號，作爲祈福禳災，療理百病，積累功德的良藥和精神支柱，婦孺皆知，誦持不忘。……它僅非簡單的咒語，而是內容十分豐富，具有深刻哲理，被看成是一切經典的根源。」[50] 這樣的說法和錯誤認知。這期間，印度後期密教（亦稱坦特羅佛教，現今譯爲譚崔佛教）持續傳入西藏，因此對坦特羅密教法義核心是什麼，提供更清楚的證據；尤其是「無上瑜伽雙身法」後來居上，含攝了一切密法並成爲最上乘，作爲梵文世界中最早的三部密續之一的〈如意輪無上總持續〉中，六字眞言隱藏的密意也就一目了然而被公然顯揚了。

張董事長總結，從「六字眞言」的發展軌跡看來，持誦「六字大明咒」其實就是信眾不明就裡地在修持坦特羅密教的陀羅尼，在用性力派的通關密語召喚邪神淫鬼。董事長呼籲大眾，像這種來源無稽，作用詭密的咒語，可謂「**天知道、人矯造、鬼神湊熱鬧**」，持誦它非但不能致福證果，反而會斷人法身慧命，引人招禍下墮，千萬別再迷信而傻傻地修持了。

三、「俺矇你把你哄」濫誇的功德

---

[50]　參見 ttp://books.enlighten.org.tw/data/book/cover/20130112001334 f.pdf

〔真心新聞網採訪組台北報導〕

相傳於七世紀由松贊干布王所著的《嘛呢寶訓集》（或稱《嘛呢全集》），這是第一部有系統闡述六字眞言的藏文專著，書中對密宗自己定義的「觀世音菩薩」及其明咒，作了深入探討和細緻分析。書中認爲：

「唵」字代表佛部心法，念誦此字時，自己與佛的身、語、意成爲一體；「嘛呢」意爲如意寶，表示寶心部，念此二字時，能隨願獲得成就；「叭咪」蓮花之義，表示蓮花部心，比喻佛法純潔無瑕；「吽」表示金剛心部。

而這「六字眞言」展開分析，可以與六身、六部、六部之母、空行母、般若六度、六種煩惱、五種智慧、無量眾生、六長淨、六道輪迴、六道眾生之生門、六眾生事、淨障、祈禱、加持、戒律、三摩地（耶）、灌頂、歸依、菩薩心、法性、見修等名詞聯繫起來解釋。若從生理學或生命科學角度解釋，六字又分別代表人體的六大器官，通過修鍊，能夠提高人體生理機能，祛病強身，開發各器官功能，延年益壽。[51]

正覺教育基金會董事長張公僕先生指出，這種全面引申的詮釋方式，就像國人修學五術者，常把陰陽五行的觀念，於各個面

---

[51] 同上註。

向作同步擴展的演繹，終致天地萬物無所不包，實屬「一表千里」了。董事長更指出，假藏傳佛教更誇張的是，他們的「六字大明咒」不但在世間法中包天包地，甚至出世間法也盡入其網羅，「唵嘛呢叭咪吽」六個字簡直無所不能，甚至不必努力及正確修行，不必發起實相智慧，只要唸唸咒就可以成佛了？！實乃可笑與令人錯愕，但在假藏傳佛教弘傳的舊西藏地區，這就是無知福薄大眾所虔信者。

繼《嘛呢寶訓集》以後，藏族喇嘛、學者用藏文撰寫了大量有關六字大明咒的有關論著，但很少有突破前人觀點者。到了二十一世紀的今天，由於藏傳佛教不肯放棄政治上統治權的首領流亡海外，不得不放棄過去的固步自封，為了生活只好進入世界舞台軋上一腳，因應洋人對神秘西藏的幻想；這時為了弘傳及取得大量錢財的生存需要，又有不少藏傳佛教人士，當然要捧出這個他們壓箱底的「六字真言法寶」為作宣傳。

譬如當今的十四世達賴喇嘛[52]曾說：

六字大明咒持誦必有效驗，但汝頌時應思其意，其妙樂殊

---

[52] 參見 維基百科：
http://zh.wikipedia.org/wiki/%E7%AC%AC%E5%8D%81%E5%9B%9B%E4%B8%96%E8%BE%BE%E8%B5%96%E5%96%87%E5%98%9B （擷取日期：2014/2/27）

無量。

Om 字乃汝帶業之身言意，亦爲諸佛無垢之身言意；…四音指其徑：

Mani 乃爲寶飾，示其法：…無私悟，無私憫，無私善。Pad-me 乃爲蓮花，智也。…清淨圓滿乃智、法所爲，hum 乃圓滿也。…是以六字眞言爲智法圓滿之徑，修持汝帶業之身言意，乃至諸佛無垢之身言意……[53]

張董事長指出，達賴畢竟是動見觀瞻、檯面上的人物，雖然欲將「六字大明咒」的持誦功德吹噓托大，但也只是在理上籠統虛晃一招，不敢吹牛太過，因爲事實俱在眼前：全民皆誦六字大明咒的西藏流亡政府和其人民，最後還是落得流亡異鄉的下場，此咒之「效驗」可見一斑。

而在假藏傳佛教中的另一位大活佛，曾經組織自衛隊反對外國勢力進入西藏，而被十三世達賴囚禁 6 年，藏東類烏齊地區的攝政金剛上師諾那呼圖克圖則表示

「六字眞言」爲觀音菩薩微妙心印，有無量無邊不可思議

---

[53] 參見 維基百科：
http://zh.wikipedia.org/zh-tw/%E5%85%AD%E5%AD%97%E7%9C%9F%E8%A8%80#.E5.8D.81.E5.9B.9B.E4.B8.96.E9.81.94.E8.B3.B4.E7.9A.84.E8.A7.A3.E8.AA.AA（擷取日期：2014/2/27）

功德，爲十方諸佛所贊歎。若書六字大明，如同書三藏法寶。如誦六字大明，三世業障悉得清淨，了脫生死，究竟成就；且能斷無明、開智慧、降魔、治病、增富、救貧、消災、延壽、救百千難苦，摧滅貪嗔癡，閉塞輪迴路，歷代眷屬俱得超生，腹腸諸蟲，亦得證果；又具無量三昧法門，日日得具足六波羅密功德。一切金剛護法、天龍八部，無不歡喜擁護。欲生何佛土，均如願成就。[54]

　　這位呼圖克圖還表示，不但持誦書寫與觀想等才有功德，只要此眞言著於身，觸於手，耳有所聞，目有所見，或藏於家中，或書於門上，或展旗揚幡；凡沾此法味者，任何眾生，亦得生死解脫之因，同證菩提道果之德。逢凶化吉，遇難呈祥。凡未成佛，求壽，求子，求福，求權，求消滅一切地水火風空災難危險，以及一切所求，無不如摩尼寶珠，各滿其願。總而言之，六字眞言之功德，就是佛之智慧來講，亦窮劫難盡。若以現在藏經上所載之功德來講，亦要講 3 年方能講完。

　　張董事長不禁揶揄，不愧是鬼打牆似的鬼話；如果是這麼殊勝，這位金剛上師倒眞的不妨花 3 年的功夫講講看，把六字眞言的功德一股腦兒倒出來，那眞不知能「利益」多少眾生，功德無

---

[54] 同上註。

量啊！他自己也就不用在地牢裡被關了 3 年，最後只好裝死脫逃。

還有一位 Gen 仁波切說：「當持誦『Om』時，其加持你達到布施（Generosity）的圓滿境界；『Ma』助你修練禪定（Pure ethics）的圓滿境界；『Ni』則是忍辱的圓滿境界。『Päd』助你精進（Perseverances），『Me』助你專致（Concentration），『Hum』助你般若（Wisdom）。」[55]

並因此提問：「還有什麼比持誦六字眞言並達到六度波羅蜜多更有義意的呢？」然而他對信徒們卻還是要求應該以實物的錢財供養他，不是以誦持六字大明咒來布施給他。[56]

張董事長指出，菩薩於三大阿僧祇劫之中，身體力行六度萬行猶未盡圓滿，然而藏傳「佛教」口誦「六字大明咒」便一切都圓滿了，如果這樣子也算是「佛法」，豈非顢頇得可以，這也是一表千里的具體事例。

又有一位 Karma Thubten Trinley，他認爲「六字眞言是有助免墮六度輪迴的六大音節，……其中，『唵』助免墮天道，『嘛』助免墮阿修羅道，『呢』助免墮人道，『叭』助免墮畜生道，『咪』助免墮餓鬼道，『吽』助免墮地獄道。」[57] 張董事長質疑：持誦

---

[55] 同上註。
[56] 同上註。
[57] 同上註。

了「六字眞言」之後，三界六道都「免墮」了，那麼眾生捨報之後都到哪兒去了呢？難不成「萬修萬人去」，人人都誦誦此咒就成佛了嗎？那麼爲何舊西藏到處皆是持誦著六字大明咒的乞丐充斥於街路？他們成佛了嗎？

還有人殷勤製作表解，把「唵嘛呢叭咪吽」六字逐一較量其持誦功德。以及從唸一遍或至七遍的敬業滅罪功德，次第增勝到持千萬遍則能圓證三身佛果，而得成就的不可思議功德統統列表論述，任供點選。[58] 而最狂熱、最「周延」的，大概要屬噶舉派的網站上，將持六字大明咒的「眞實」功德利益所作的鋪述，甚至在遮滅邪魔、消除疾病、清遣障苦、閉六趣門、清淨障習、恢復違誓、摧伏五毒、總集歸依、拔惡趣苦、具足諸戒、起四無量、積集大乘、圓滿六度、獲深灌頂、總禱一切、獲佛莊嚴、得諸加持、一切悉地、空行加持、清淨佛母、現五智慧、清淨成佛、任運度化等方面，也是逐字逐音的較量「六字大明咒」的持誦功德。張董事長表示，假藏傳佛教在宣傳上可眞是大費功夫，挖空心思的欺騙世間，牛皮吹得太大，有智慧的人只要看一看現實的西藏世界，便知其虛詞欺世之處。但是背後的用意則是，要求學密的大眾把所有修行時間花在誦咒上面，就沒有時間學習眞正的佛法

---

58 參見 http://www.buda.idv.tw/LZDMZ1.htm （擷取日期：2014/2/27）

而不會有智慧辨別密宗的荒唐理路了。

張董事長指出，噶舉派不但爭著要和達賴爭誰是觀世音的化身，更想要搶當「六字大明咒」的代言人；甚至編造故事，將大寶法王噶瑪巴的出生與六字大明咒聯結在一起。譬如他們說：公元 1340 年出生的（元順帝至元六年）第四世噶瑪巴桑培多傑（編案：另有乳貝多傑譯名），當他住於母胎時，就可聽見他在念誦大明咒，他的身體經常擺出一些奇特的姿勢使得他的母親覺得搖晃不平穩。當他一出胎時就身放異香結金剛跏趺坐並且持誦六字大明咒「嗡瑪尼貝美吽！」[59]

還有，公元 1604 年（明神宗萬曆三十二年），當第十世噶瑪巴秋英多傑誕生後，這名小嬰孩朝東南西北四方各走了一步，正如 釋迦牟尼佛出生時一樣。當他在中央結跏趺坐下後說道：「嗡瑪尼貝美吽啥！我悲憫人生所受的苦痛，因為我是噶瑪巴！」然後開始念誦觀音以及般若波羅蜜多咒。公元 1798 年（清嘉慶三年），第十四世噶瑪巴德丘多傑，當他出生時，德丘多傑拭著自己的臉說道：「嗡瑪尼貝美吽啥！阿阿噫噫嗚嗚」（註：即藏文字母的母音，即十二母音咒。）[60]

---

[59] 參見 http://darkno50.myweb.hinet.net/karmapa/kamapa/index1.htm （擷取日期：2014/2/27）

[60] 同上註。

　　公元 1924 年，當第十六世噶瑪巴炯立佩多傑（編案：另有讓瓊利佩多傑譯名）尚未降世時，人們就可以聽到從母胎傳來的六字眞言的持咒聲。當炯立佩多傑出生後，他走了七步，說道：「母親，母親！我就要入世！」噶瑪巴沐浴的淨水彈指間變成牛奶。[61] 張董事長指出，這些故事都編造得很美、很神聖，但是這些故事裡的主人卻同樣都是沒有智慧的人，因爲連聲聞初果人斷我見的智慧都沒有；至於菩薩們證得第八識如來藏而出生的般若智慧，就更加付諸闕如了。他們爲大寶法王噶瑪巴造神，爲六字大明咒吹噓，很明顯地一再套用 世尊出世繞行七步，指天指地拈偈示現的故事。這在早年民智未開的藏地，尚可以愚弄呼攏文盲的善良百姓；可是在科技昌明資訊開通的今日新西藏和開放的國際世界，還說這些神話，反而是自曝其短了。可別忘了，十六世大寶法王與十四世達賴喇嘛，二個人根本是貌合神離，這些事情連西方的學者都行之於文章中，豈不成了二位「觀世音」互相看不順眼？請達賴與噶瑪巴都別再瞎扯了吧！

　　第十六世噶瑪巴過世之後，這位持誦大明咒的代言人，他的「轉世身」非但沒有再讓淨水變牛奶，還一分爲二，分裂成兩位互不相讓的「第十七世大寶法王」，互相鬥來鬥去。其中的一位鄔

---

[61] 同上註。

金欽列多傑，雖然以難民的身分，接受印度政府的政治庇護，2011年還因涉嫌走私財寶、於寺廟中私藏金庫等罪名，觸犯了印度法律，所以六字大明咒的消障滅罪功德，成了空話一場；另一位聽列泰耶多傑前一陣子才來台灣斂財，舉辦法會竟連種種「結緣品」都標價販售，正是不如法「稗販如來」的現行犯；還在網站上被其自己人指為「若受聽列泰耶多傑的灌頂，則視為犯了三昧耶戒的十四根本戒。」這又是二位「觀音」化身在對幹，為了錢財、權位、名聲等裡子，連面子也不要了。董事長表示，如此違法犯紀、假藏傳佛教內外都不容的人，和與他緊密連結的所謂「六字大明咒」，都只是「**天也包、地也包、謊話終出包**」濫誇的功德，一場笑鬧。[62]

四、「俺矇你把你哄」難堪的效驗

〔真心新聞網採訪組台北報導〕

正覺教育基金會董事長張公僕先生表示，社會大眾僅是明白了「六字大瞑咒」來源的無稽、內容的荒誕、功德的濫誇，就會棄捨遠離此等邪淫的惡咒。但這仍是不夠的，因為六字大明咒正是一個能召喚鬼神的邪咒，若有親友、鄰舍、同事等誤持了這等

---

[62] 參見 http://www.karmapa-taiwan.com/activity.php?parent_id=2&level=2&p_id=STGjQa（擷取日期：2014/2/27）

邪咒，很有可能與鬼神發生種種感應，還自以為得到佛菩薩加持而沾沾自喜；不但當事人受害，牽連所及甚至整個社會的平安，也會因之而受到擾動。

張董事長引述藏傳密法中最資深的「佛母」基米雅女士的發言證實：「**藏密的咒語繁多，有的來源於苯教。比如**（藏密）**六字真言，唵‧嘛呢‧叭咪‧吽。**」又說：「『嘛呢』意為如意之寶，『叭咪』意為蓮花之純潔。而蓮花，在印度教裡明確地代表女性生殖器；把這個咒語破譯出來就是『純美的女人生殖器啊，如意之寶啊！』」[63] 表達了印度教性力崇拜的根本內容。這證明了「六字大明咒」是印度教性力派信仰傳入西藏，融合了當地原本的苯教的若干儀式，並竊取佛教名相，所創出新的密教，頂替冒充為藏傳的「佛教」，在這幾十年中開始自稱「藏傳佛教」，不再使用以前的喇嘛教名稱，以求獲得佛教徒的認同、支持、供養。

張董事長表示，對於坦特羅佛教的教史，及教義的辯論、辨正，基金會已多所發表，現在僅就「六字大明咒」來看：印度教和苯教都是對於鬼神的崇拜和信仰，因此，從它們而產生的「六字大暝咒」，當然是召喚鬼神並向它們祭獻供養，然後向它們提出

---

[63] 參見 http://books.enlighten.org.tw/data/book/cover/20130112001334f.pdf

各種欲求；在假藏傳佛教的各種唐卡、圖像上不難看出，假藏傳佛教中許多所謂「菩薩」、「天女」、「明王」、「本尊」，其造型設色都是多頭多臂、藍藍綠綠的，眼神邪惡，相貌多瞋，這一點和印度教，尤其是性力派中的許多主神完全一模一樣；例如它們之中許多「金剛」、「護法神」、「大力明王」，多是獸首人身，青面獠牙、身披獸皮、頸掛骷髏、手握刀叉、口飲人血，在血海中奔來殺去；這樣的造型，和假藏傳佛教在跳金剛舞時所戴的面具一致，多半是由印度教中所轉借之兇神惡煞，再加上托始於苯教事奉的鬼神靈。

張董事長指出，無怪乎有人盲目持誦「六字大明咒」之後，發生種種不適或是令人不悅的後遺症。董事長舉例：譬如有網友在網路上發露，他每晚持誦「六字大明咒」20 分鐘後入睡，都會有女人入夢，強力勾起淫慾，以致在其本人朦朧間誤犯手淫不止；更有學密多年的人士作證，當他精進學密法，越學疑惑越多：「**甚至當我專一持誦六字大明咒：嗡，嘛，尼，叭，咪，吽，經常感應藍色的、綠色的空行母來，一來就要與我性交雙修。當時真疑惑啊，這樣是學佛法嗎？**」

多人站出來以自身為例作了見證，可見持誦「六字大明咒」會導致淫神色鬼、夜叉、羅剎、修羅近身騷擾，而且不僅是單一

案例。[64]

　　張董事長嚴正地指斥，持誦「六字大明咒」，非但不能救人，甚且不能自救；不能自救也就算了，更嚴重的是，再以它來害人。董事長回溯：2008 年 3 月，一位由尼泊爾入境的假藏傳佛教貝瑪千貝仁波切，性侵女信徒，二人行淫過程中呻吟不斷地從手機傳播出去，以致被其丈夫從手機聽到而當場捉姦在床。這位被號稱「美聲仁波切」的貝瑪，還因為灌製包含「六字大明咒」的 CD，得過金鐘獎的喇嘛，理應是持誦「六字大明咒」的高手；結果非但自己不能清淨，反而污穢地淫人妻女，既破戒又身犯法律，足見喇嘛持六字大明咒，不是為了救度眾生，乃是為了自身的淫慾而荼毒眾生的，六字大明咒反而增盛了他的邪淫。[65]

---

[64] 參見 http://blog.udn.com/hgz88888/5862904
（擷取日期：2014/2/28）
[65] 參見 TVBS 2008.3.12：
〈活佛嗓音渾厚 網友：藏咒誦唱巨星〉
http://news.tvbs.com.tw/entry/162989
〈活佛女尼婚外情 夫撞見蒐證提告〉
http://news.tvbs.com.tw/entry/162990
〈活佛女尼婚外情 夫撞見蒐證提告〉
http://news.tvbs.com.tw/entry/163014
參見《蘋果日報》2008 年.3.12
〈活佛搞女尼 捉姦在床 夫怒：弘法？都搞到床上去了〉
http://www.appledaily.com.tw/appledaily/article/headline/20080312/3034531
1/%E6%B4%BB%E4%BD%9B%E6%90%9E%E5%A5%B3%E5%B0%B

　　張董事長更沈痛地指出，非但假藏傳佛教以此毒害民眾，就是一般人也有樣學樣，學了「六字大明咒」，以此來禍害眾生。例如 2010 年 10 月 30 日《蘋果日報》報導，某一市場郭姓攤販於該年 1 月間，結識迷信鬼神的女保險業務員，竟向被害人謊稱有女鬼跑進她下體，並要幫她「把鬼捉出來」改運；被害人信以為真，郭男遂當場在附近天橋上作法，嘴唸「勒令」、「唵嘛呢叭咪吽」，手則在女子胸前、下體揮舞、假裝畫符，作勢捉出「鬼」來，放入紅包袋內，騙稱已捉到女鬼。接著郭男要女子跨越一處石頭旁小水窪，被害人沒照著作，卻突然全身無法動彈，郭男藉機再說女鬼又跑進被害人身體，須用他手指插入其下體才能趕鬼，否則被害人會變植物人，被害人驚恐之餘任由郭男上下其手；說巧不巧該女子被性侵後，身體竟又恢復動彈。董事長警告大眾，莫以為自己「鐵齒」不信鬼神因果，胡亂玩邪弄咒，這個「六字大明咒」已被淫神色鬼兜護促狹，持誦此咒正是召呼此等淫邪惡鬼，由此新聞可見一斑。[66]

　　持誦所謂「六字大明咒」的結果，都指向非正當的男女淫慾，

C%E6%8D%89%E5%A7%A6%E5%9C%A8%E5%BA%8A（擷取日期：2014/2/28）

[66] 參見 http://www.appledaily.com.tw/appledaily/article/headline/20101030/32924523（擷取日期：2014/2/28）

第 10 篇 非佛法的藏傳佛教「四歸依」系列報導

一、悖離聖教 僭位三寶

〔真心新聞網採訪組台北報導〕

有些初學佛的人，聽聞到假藏傳佛教有所謂「四歸依」，就會疑惑：這與自己所受的佛法「三歸依」有何不同？也有誤入假藏傳佛教門者，會洋洋自得於自己所受四歸依較為殊勝，高超於傳統佛教的三歸依。

對於這一類的疑惑和誤解，正覺教育基金會董事長張公僕先生提出說明和辨正，他首先解說，所謂的「四歸依」是篡襲了佛法中三歸依「歸依佛、歸依法、歸依僧」的內容，再私自添增所謂「歸依上師」一項，並把上師置於四者最前面、最重要的地位，也就是上師的地位比佛法僧三寶更高。

正覺教育基金會董事長張公僕指出，在法義上這樣的妄自施設其實是不如法的，因為這樣的「四歸依」是「經典不載」，又「違背聖教」。密宗喇嘛教的四歸依在經典中是找不到任何依據的，受持佛、法、僧的三歸，本身就是一種戒，而假藏傳佛教自行加入「歸依上師」，已經是「非戒取戒」，違背了佛教教義的主張，也

真心告訴您

違反了教主 釋迦牟尼佛所施設的「三歸依戒」。何況《大莊嚴論經》卷6有偈說：

> 決定一切智　以憐愍我故
> 是以說三歸　不說有第四
> 為於三有故　而說三歸依
> 若當第四者　我則無歸依[67]

可見 釋迦世尊分明垂示說三歸依，不說有什麼「第四歸依」。何況 世尊早有「依法不依人」的教示，因此不該另設歸依上師，因為上師只是僧眾中的一分子，不該高推於僧眾之上；歸依僧，是歸依正統佛法中的和合僧眾全體，而不只是上師個人。這些都說明了假藏傳佛教的「四歸依」，是與經典不符而違背聖教的，也顯示密宗上師們不懂三歸的真正意義，此是第一個不如法的地方。

「四歸依」第二個不如法的地方，是它在知見上「高推上師，顛倒是非」。張董事長析論，密宗人士妄自認定上師是「三寶的總聚體和現實代表」，又說上師是「三寶的具體人間代表」，因此竟把「歸依金剛上師」列為四歸依之首，但古今所有密宗的金剛上師都是未斷我見，也未證真如的凡夫，這分明已犯了高推上師的過失。不但如此，假藏傳佛教還顛倒說理，說是「不依止上師引

---

[67]《大莊嚴論經》卷6，《大正藏》冊4，頁292，中14-17。

84

導，不知有佛，不從上師教誨傳承，則無法入佛、成佛。」「過去諸佛皆由上師教授，而得信解行證。上師乃救度眾生之導師，而更在三寶之上，因此歸依金剛上師其實就是歸依三寶。」「上師之身即為僧，上師之口即為法，上師之意即為佛。」這樣的說法，在佛法中是混淆正見顛倒是非的說法，已經完全是外道的知見和作為。[68]

事實上，縱使上師真的有佛法上的實證，也只是僧眾中之一分子，不能代表全體僧眾。假藏傳佛教這樣群體共同主張，其實是陷害所有上師共同抵制佛、法、僧三寶；有智慧的上師們如果不想被這種錯誤主張所陷害，應該遠離「上師高於三寶」的大邪見。

張董事長更指出，在態度上假藏傳佛教的「四歸依」是「僭位三寶，於佛不敬」，這也是不如法的。假藏傳佛教高推其傳法上師的功德，把佛法三歸依中所沒有的「歸依上師」，列於三寶之前而稱「四歸依」，根本已是妄自尊大，僭位托高。佛具備十大名號，故名「**世尊**」：意為世間最尊貴的人，例如其中「**無上士**」名號，是因為佛的一切智德圓滿，福慧具足，**於人中無有過者；一切眾生中，佛陀至高無上**，故號「**無上士**」，怎可將還在凡夫位而不具

---

[68] 參見 http://blog.ifeng.com/article/2242150.html
（擷取日期：2014/2/28）

解脫德又不具般若德的凡夫喇嘛上師置於佛前？唯有依附佛法的外道凡夫不知佛、不禮佛，才敢自高而妄置於佛前；因此藏密將上師置於佛前，正好自曝其必是外道凡夫無疑。

張董事長還指出，所謂「四歸依」在理路上更是不如法的「頭上安頭」，佛法的三歸依是歸依佛、法、僧三寶，已經包括了「僧」眾；如果認為上師也是僧寶，則另設歸依上師條款，即成為疊床架屋另外歸依上師。如今密宗既然在僧寶之外還需要歸依上師，那也就是說「上師不是僧寶」，如此一來，歸依上師就是歸依外道，歸依上師者已經不是佛教徒了。如此簡單的理證關係，被洗腦的喇嘛教教徒充耳不聞，充眼不見，完全盲從，竟沒去查察發現所謂「四歸依」根本於理上就是邏輯不通。[69]

張董事長總結，正受「三歸依」是認同佛法、跨入正統佛門的第一步；而假藏傳佛教的「四歸依」反而是「意違佛教、行遠佛門」的肇端，學人於此不可不察，更不可不慎；否則一不小心聽信妄言，親近假藏傳佛教接受其「四歸依」，誤學外道枉費心神事小，被惡知識誤導，斷喪法身慧命才冤枉；更若非戒取戒，因四歸依而受密宗上師挾制，被騙財騙色，乃至顛倒知見扭曲矯造，以致於毀法、破僧、謗佛，闖向地獄之門，那麼未來世就萬劫不

---

[69] 參見 http://www.mxzjnet.org/bbs/viewthread.php?tid=1520&extra=page%3D1（擷取日期：2014/2/28）

復了。勸請學人務要認清是非虛實，堅定正受三歸依，瞭解所謂「四歸依」的種種不如法，揚棄並且隨緣為人破斥之，救人遠離四歸歸依，也是「積陰功」裡的一件大功德。

二、胡攀亂扯的假藏傳佛教「四歸依」

〔真心新聞網採訪組台北報導〕

假藏傳佛教人士篡竊佛教，曲解佛教法義早已是常態，目的不外達成他們將外道法攙入佛門，藉此騙取佛教徒供養錢財與色身的意圖。因此，假藏傳佛教為了淡化歸依三寶，以免佛教徒依三乘菩提等真正佛法修學，便將焦點移轉至上師個人的身上，將信眾求法的誠心誤導至盲從上師，故意李代桃僵地以「四歸依」來模糊「三歸依」，甚至把它歸攝在藉名杜撰的「四加行」之下，明目張膽地篡改佛法，張揚邪說誤導學人。

正覺教育基金會董事長張公僕先生指出，假藏傳佛教假借佛法的四加行名相，自行杜撰的「四加行」說為：「歸依大禮拜法、金剛薩埵法、獻曼達法、上師相應法。」其中「歸依大禮拜法」即是他們的「四歸依」，很明顯的是以導向「上師相應法」為其設定的目標，以後才能在信徒絕對信受上師的情況下傳授雙身法而不懷疑，所以四歸依並不是佛法中的歸依三寶。

張董事長表示，真正的「四加行」是佛經中的「煖、頂、忍、

世第一」四者，一般狹義是指三乘見道前所歷經的加行位，廣義則遍於佛菩提道各階位前，地地轉進增上所經歷的四種加行位；就大乘法來說，爲求能入大乘別教眞見道位，必須先修這四加行圓滿，以伏、除「能、所」二取，然後一旦證悟自心藏識，成就七住位不退菩薩的功德時就不會退轉，因此佛法中特別強調此一階段的四加行；這和假藏傳佛教假借佛法名相杜撰「四加行」來包裹自設的「四歸依」，誤導其信眾強力盲從凡夫上師，何啻南轅北轍？[70]

又頗有假藏傳佛教人士常謂：「佛陀亦說過和『三歸依』類似的，是『四歸法』，即佛、法、僧、戒，而成不壞信。」更嗆聲言：「有需要的朋友，不妨檢視一下，如果師父說歸依的內容是佛、法、僧或加上戒，那就是佛所說，稱爲『四歸依』。」以此攀扯假藏傳佛教的「四歸依」和漢傳佛教「三歸依」精神上是一致的。

甚且還敢故意曲解 佛陀教示說：「這些人（眞正佛教護法者）不但自己錯解了 佛陀講授『四依四不依』的原意，對依止善知識（其實是指他們的上師惡知識）持不以爲然的態度，更以此誤導他人。」並謂「『密乘』教授，可說是『既依法，亦依人』。不過此處之『人』，是指『三寶總集體』之眞正『上師』。」顛倒黑白指鹿爲

---

[70] 參見 http://www.lama.com.tw/content/11_say/main2.htm
（擷取日期：2014/2/28）

馬至於此，怎不令人搖頭嘆息。[71]

　　張董事長也為此提出辯證，佛教中所說的對「佛、法、僧、戒」的淨信，叫作「四不壞信」或是「四不壞淨」，它並不等同於假藏傳佛教的「四歸依」。「不壞」是指不退失的意思。也就是對「佛、法、僧（包括四雙八輩在內聖者的僧團）、戒」四種堅固的信心。它也是證入聲聞初果須陀洹的四個判斷條件。

　　《雜阿含經》卷 30：「尊者阿難語尊者舍利弗：「斷四法、成就四法，如來、應、等正覺記說彼人得須陀洹。不墮惡趣法，決定向三菩提，七有天人往生，究竟苦邊。何等為四？謂聖弟子於佛不信住，則已斷已知，成就於佛不壞淨；於法、僧不信惡戒，彼則已斷已知，成就法、僧不壞淨及聖戒成就。如是四法斷、四法成就，如來、應、等正覺所知所見，記說彼人得須陀洹。不墮惡趣法，決定正向三菩提，七有天人往生，究竟苦邊。」」[72]

---

[71] 參見 http://www.lama.com.tw/content/edu/data.aspx?id=915
參見 http://cbs.ntu.edu.tw/wiki/pmwiki.php/Main/%E4%B8%89%E7%9A%88%E4%BE%9D%E8%80%8C%E9%9D%9E%E5%9B%9B%E7%9A%88%E4%BE%9D
參見 http://www.buddhanet.idv.tw/bodhi/safe/safe2/safe_2_21.htm
（擷取日期：2014/2/28）
[72] 《雜阿含經》卷 30，《大正藏》冊 2，頁 215，下 9–19。

　　張董事長指出，佛弟子受三歸依，歸依於佛、法、僧三寶，到達信念不動搖的地步，名之爲三種不毀壞的淨信：「佛不壞淨」、「法不壞淨」、「僧不壞淨」，這三不壞淨是代表內心對佛法僧三寶信心的具足後，自然還要表現於外在的行爲上，因此必然會體現於戒的持守，而完成四不壞淨；因此要能在解脫道上證果，其基礎在於正受三歸依與五戒。董事長更指出，假藏傳佛教的「四歸依」不但與四不壞淨不是同一回事，甚至是背道而馳的；因爲歸依密宗凡夫的上師，本身即是對佛法僧三寶淨信的破壞；更何況假藏傳佛教爲了挾制信眾盲從上師，而自己發明的「三昧耶戒」，正是違背佛戒的「非戒取戒」，連淨戒的持守也跟著破壞了，當然已經不歸依於佛戒了；如是於「佛、法、僧、戒」四者全部乖違，完全遠離解脫道的實證與功德。

　　至於「四依止」，張董事長解說，四依止是指「依法不依人」、「依義不依語」、「依智不依識」、「依了義不依不了義」等四者，不應如密宗不懂佛法的上師一般，將四依止與四歸依或四不壞信混爲一譚、淆訛不清。《大般涅槃經》中記載弟子請　佛開示，問「佛滅度後，應以何爲師？」佛就告訴眾弟子：「以戒爲師」，這個戒就是我們經常講的：攝律儀戒、攝善法戒和饒益有情戒等「三聚淨戒」，也就是菩薩戒，它是所有戒律的精神所在。然而想要作

到以戒爲師來修學佛法時，爲免誤入岐路，必須要有一個依止的對象，因此 釋迦牟尼佛開示四依法，要我們依照這四點去作正確的分辨，而不是盲從所有的僧寶。

張董事長表示，這也正好可拿來檢驗假藏傳佛教的「四歸依」，可以發現，「四歸依」正好是「依人（上師）不依法」，也是要信徒「依語（上師所言）不依義（佛法正說）」、「依識（假藏傳佛教祖師的戒禁取見）不依智（佛開示的智慧）」、「依不了義（於自心眞如以外別求上師法）不依了義（不依自心如來第八識）」，因此假藏傳佛教不提「四依止」便罷，堅持要提起四依止時卻剛好自曝其短，自現其敗闕。

張董事長譬喻說，就像給小狗戴上項圈，還說是要幫狗兒恢復自由；若見狗兒起疑心，便拿主人常戴的珍珠項鍊虛晃一下，以眞晃假、復以假亂眞來騙小狗入彀，繼續接受主人的繫縛。假藏傳佛教以「四歸依」籠罩信徒說是能致解脫，也是一樣荒謬；若遇信徒質疑，則盜用名相近似的「四加行」、「四不壞信」、「四依止」名目，大玩數字類比遊戲來胡攀亂扯，讓初入密宗假佛門而不懂佛法的信徒誤信，也大多可以成功；但若遇到眞懂佛法的人，密宗這種瞞天過海的說法，非但不能自圓其說，反而讓人看穿其戲論的本質。因此，張董事長呼籲佛教徒開始學佛時，一開始就要有智慧判斷選擇，應歸依佛、法、僧三寶，遠離假藏傳佛

教邪謬的「四歸依」，千萬別盲從密宗上師的言語，應該回歸三乘菩提經典中的聖教。

三、藏傳佛教到底是幾歸依？

〔真心新聞網採訪組台北報導〕

假藏傳佛教人士明明知道其自行杜撰的「四歸依」，在佛法上確實不如法，面對各方質疑又總想自圓其說，於是多方提出辯解；怎奈法義本身謬誤，欲辯詞窮，處處捉襟見肘，說詞顛倒、自語相違，從否認有「四歸依」，到更有「六歸依」、「七歸依」，最後又歸結為「唯一歸依」，真是既說不清楚又講不明白。

首先是有假藏傳佛教人士，在網路上詭辯否認：「很多人中流行一種錯誤的說法，就是藏傳佛教是四歸依，在歸依三寶之外多了一個歸依上師，這種說法嚴重曲解了藏傳佛教的教義。」然後自行歸納，說假藏傳佛教是「四歸依」的人概有三種：

第一種是不明藏傳佛教教理教義，見信徒念誦歸依頌時，在三寶之前先念誦歸依上師，因此想當然地「誤解」藏傳佛教的歸依是「四歸依」。

第二種是漢語不通達的藏族人，見「漢族佛教徒都說四歸依」，也隨順著說四歸依。

第三種是「一小撮別有用心的人」，刻意鼓吹藏傳佛教有四歸

依，想以此來證明藏傳佛教不是純正佛教，以「達到混淆是非的卑鄙目的」。[73]

正覺教育基金會董事長張公僕先生指出，大眾都可以很明顯的看出，以上假藏傳佛教人士的第一種說法是「作賊的不許別人喊他是賊」，第二種說法是「作賊的人還要裝無辜」，第三種說法正是標準的「作賊的人大喊捉賊」；反正是竊盜佛法賊性不改，卻又藏頭縮腦敢作不敢當的宵小行徑，沒什麼值得辯正的。董事長甚至表示：樂見假藏傳佛教否定自己有「四歸依」的施設，最好能夠堅持到底，回歸正統佛法「三歸依」正教導，不要再作混淆視聽誤導眾生的謬說，才是正理。

偏偏假藏傳佛教的謊話兜不住，總是會四下露餡。假藏傳佛教人士玩兩面手法，另外在網路上大言不慚：「皈依的時候同時皈依三寶　三根本！在密宗三根本與三寶是同等重要的！在皈依時必須同時加入三根本！並不是在修法的時候！我們在『皈依時』必須把身口意同時奉獻給三寶三根本！至於三根本是什麼？三根本就是『上師、本尊、空行』上師是密宗最重要的一環！」這樣一來就不只是「三歸依」「四歸依」而是「五歸依」、「六歸依」，甚至再把所謂「護法」從「空行」裡面分出來，就變

成是「七歸依」了，愈說愈亂莫衷一是。[74]

　　張董事長表示，社會大眾沒時間去瞭解所謂「三根本」的具體內涵是什麼，也不需深究假藏傳佛教自稱他們能成就些什麼阿里不達，只消看「空行」、「護法」這些名相，就知道這是與鬼神感應的法門，並且是與男女雙修法有關的門道；以男女雙修當作是「根本」法，這種邪法有什麼好「歸依」的？董事長分析，若是學人誤信假藏傳佛教的「四歸依」，即使心中有疑而不隨人盲修瞎練，則彼將會以「本尊觀想」和「上師相應」諸法箝制修行人的言論思想，又有其上師以「三昧耶戒」、下「金剛地獄」的重話要脅修行人，學人到時則叫苦已晚、回頭也難。

　　最可怕的是，假藏傳佛教最終的歸依乃是「一歸依」，假藏傳佛教人士編造：「所謂『一歸依』外相上是『歸依上師』，實際內涵乃是『歸依自性』，因上師與佛法僧實屬一體，所以亦是最上乘之歸依。」還說這「確實是修密成就唯一之根本。」張董事長直指，狐狸尾巴露出來了，繞了半天，藏密說的歸依三寶原來都是假的；因此，假藏傳佛教的「四歸依」是「三虛一實」，所謂佛法

---

[74] 參見 http://tw.knowledge.yahoo.com/question/question?qid=150702030
1624（擷取日期：2014/2/28）
參見 http://tw.knowledge.yahoo.com/question/question?qid=1507082
006715（擷取日期：2014/2/28）

僧三寶都是拿來作幌子的，身外的上師才是你的自性，集佛、法、僧三位於一體，獨一無二，唯他獨尊而非 佛陀說的「唯我獨尊」，到頭來只是歸依凡夫上師罷了。這種「四歸依」成了密宗信徒的穿鼻銅環，用來圈住信徒鼻子，卻完全與解脫相違，也根本無法依之修成佛道，修到最後的結果就是與上師成就一樣的果位——外道凡夫。因為從古至今所有的密教上師們，從佛護、清辨、安惠到蓮花生、阿底峽、宗喀巴、歷代達賴喇嘛、古今所有喇嘛們，全都沒有斷我見，更沒有證第八識真如心，全都因為迷信盲從密宗的最高上師歸依所致。

張董事長指出，大眾可以現前觀見，本來清楚明白的佛法三歸依，假藏傳佛教卻另外妄立一個「四歸依」，非但違反佛教正知見，竟還硬拗說理，把它從「零」（堅決否認）說到「多」（任意引申），再從「多」歸結為「一」（邪謬知見），卻又不知若要說為「一」的時候，本應是歸依自性佛第八識真如，喇嘛們卻又極力否定第八識真如；真是愈說愈糊塗，愈辯愈荒唐，像這樣戲論的「佛法」，怎麼可以作為「歸依」的軌範標準？大眾千萬不要再迷信「四歸依」更勝於「三歸依」！因此張董事長呼籲大眾要認清：「四歸依」在內容上不同於「三歸依」，因為藏傳佛教本質上就不是佛教，而是印度教的性力派教義滲入佛教後的雜種產物。

第11篇 藏人自焚
——達賴喇嘛的活人獻祭

〔真心新聞網採訪組台北報導〕

從 2008 年以來，中國四川省的藏人自焚的事件攫取了全球媒體的目光，不斷加以報導。2012 年 4 月 7 日台灣壹電視專訪播出〈達賴談西藏：中國 12 億人民 有權知道真相〉的評論；同月 22 日，《聯合報》一連三天連載〈川藏衝突親歷記〉描述中國軍隊與藏族民眾的緊張關係。

正覺教育基金會張公僕董事長先生表示，藏族僧人的自焚事件，有其歷史根源，其內在原因之一，是舊西藏中，僅佔總人口 2%的喇嘛階級失去統治廣大農奴的既得利益之後，舊西藏時期可以奴役 98%人民的政教特權不再，[75] 因而對中國極端不滿。這包括達賴喇嘛以「精神領袖」之尊，放任或暗中指使自家子弟自焚；許多評論家甚至合理懷疑其人的消極作法，成為變相鼓吹失意喇嘛自殺的原因之一；正反雙方你來我往，掀起國際議題。

張董事長表示，上面所述的政治層面因素，在〈全球 70 億民眾有權知道歷代達賴喇嘛高壓統治西藏的真相！〉[76] 一文中，已

---

[75] Colin Goldner, *Dalai Lama – Fall eines Gottkönigs*, Alibri Verlag, 1999; überarb. u. erw. Aufl., 2008.
[76] 真心新聞網：http://www.enlighten.org.tw/trueheart/218

有相關報導，讀者可以網站下載閱讀。但是大眾不瞭解的另一個內在原因，則是普遍存在於假藏傳佛教寺院中的戀童性侵事件。即使是宗教地位甚高、年輕的二世卡盧，也曾經自拍〈卡盧仁波切的自白〉（Confessions of Kalu Rinpoche）[77]，在影片中現身說法曾經遭受性侵的經歷。他的現身說法顯示，喇嘛們從小出家，未必出於虔誠信仰，更多是因為家境問題而被送入寺院；新進的小小喇嘛年幼力弱，往往成為資深喇嘛的雞姦對象，受到性侵害。

而日本《時代週報》前總編輯、美國《太平洋新聞社》前副主編島津洋一（Yoichi Shimatsu）也撰寫了〈藏人自焚抗議 違背佛教倫常〉（Tibetan Suicide Protests Violate Buddhist Ethics）一文，勇敢報導出真相，揭發**雞姦是喇嘛自焚的內在因素**。這篇刊登於2011 年 10 月 5 日《新美國媒體》〈New America Media〉的新聞稿，報導了 2011 年中國四川省阿壩縣格爾登寺（Kirti）的喇嘛自焚事件。自焚者大多是年輕喇嘛，追究其根源，係普遍存在藏人寺廟內的男童雞姦，導致受害者從小心理抑鬱及自卑；受害的年輕喇嘛因而容易受到操控與唆使，轉變以後自願成為自焚者。[78]

報導中說，阿壩縣的刑警告訴島津洋一，2008 年西藏暴動後

---

[77] 參見 http://youtu.be/z5Ka3bEN1rs（擷取日期：2014/3/29）
[78] 參見 http://newamericamedia.org/2011/10/tibetan-suicide-protests-violate-buddhist-ethics.php（擷取日期：2014/2/28）

警方搜查格爾登寺，不但搜出大量步槍、彈藥，還搜出色情 DVD 寶庫，使得中國政府官員震驚不已。在 2011 年的第一起自焚案中，中國警方逮捕了 3 名年齡較大的藏人喇嘛，原因是他們鼓勵新進僧侶自焚。報導說，如果他們鼓吹受害人自殺死亡的罪名成立，將被判處謀殺罪。

島津洋一在報導中分析：公權力介入鼓吹宗教狂熱的自殺案，是世界各國都支持的道德行為。最早是在公元四世紀時，由北非希波的奧古斯丁主教所制定。當時整個社會籠罩在羅馬帝國崩潰的悲情中，諾斯底教的主教（Gnostic bishops）鼓吹自殺，以期從這個物質世界解脫；因為他們的宇宙觀認為，物質世界是禁錮自由靈魂的監獄。儘管奧古斯丁倡導政教分離，但他仍然要求羅馬官員逮捕犯罪的高級神職人員，因為那些宗教自殺者實際上不是自願的，也是不法的。

正覺教育基金會張董事長表示，島津洋一的分析報導，允為中肯，不僅為大眾說明藏人自焚的內在因素，也提出合宜的解決之道：正統佛教八正道教導人們清淨自心、行止合宜、遵守道德倫常，能夠正面積極影響這個日趨混亂的世界；以及達賴喇嘛不應該再默許自焚，使自殺成為值得稱許之道；相反的，他應該教導年輕藏人、佛教團體如何活，而不是去死。

　　張董事長說，藏人寺廟中的同性性侵害本來是可以避免的，例如教導喇嘛們認識正統佛教教義開示的五陰虛妄、有受皆假，讓他們具備正確知見、甚或進一步觀行，昇華性需求、減輕我所執。然而，假藏傳佛教的本質原本就是根源於譚崔的性交修行，表面教導空性，實際上，無上瑜伽教法卻不斷加強學人執著五陰，認定五陰眞實有，又教導其信眾對五欲、我所增強執著，導致喇嘛們無力遠離五欲而特別增強了性欲；甚至積極爲未來的雙修作準備，因而使喇嘛廟中的喇嘛們，在沒有明妃的情況下蔚爲戀童風氣，乃至成爲傳統。喇嘛廟中的年輕無勢喇嘛們在這樣痛苦的情況下成長，心理狀態並不健康、生不如死，一遇不如意事就很容易被鼓吹自焚，誤以爲自焚是爲正法犧牲，死後可以獲得解脫。

　　同樣的，年輕藏僧自焚，本來也是可以避免的，喇嘛大老們應該曉以大義——佛弟子不可自殺，就能約束年輕喇嘛的自焚行爲。然而自稱是「大慈大悲觀世音菩薩轉世」的達賴喇嘛，在中國政府指控其唆使喇嘛自焚的情況下，卻無憐憫之心，並不積極出聲制止、採取有效的作爲，反而坐視自家子弟自焚，無怪乎被懷疑變相鼓勵自殺。

　　張董事長分析，觀察達賴喇嘛的心態及行徑，無異於一般世俗政客。他利用了自殺議題，製造國際輿論，謀取外國的支持而

施壓於中國政府，企圖恢復政教合一的統治特權，或是獲得返回西藏繼續掌控新西藏的假藏傳佛教；達賴喇嘛此一作爲，無異於將**年輕喇嘛作爲祭品**，換取他個人的政治利益，成爲喇嘛自殺事件實際上的受益者。

這種事情，達賴喇嘛的作爲與不作爲，其實有前例可循；當年幕斯塘西藏游擊隊，在美國 CIA 的支持下，從事偷襲西藏的工作，達賴喇嘛對此默不作聲；然而在失去美國 CIA 的支持後，達賴喇嘛即寫了一封信，要求游擊隊解散；多名游擊隊隊員因此而當場自殺。如此數十年前的慘劇歷歷在目，足以爲證。

爲了個人利益，達賴喇嘛不肯大慈大悲開示弟子眾：應嚴禁藏族喇嘛破壞 佛陀不自毀人身道器的戒律，藏人的未來不需要激烈自殘。達賴不能也不肯以佛法智慧，將藏胞導向合宜的解決之道；其中原因，未嘗不是因爲假藏傳佛教是崇拜鬼神的原始信仰，以假冒佛菩薩的鬼神意旨作爲一切依歸；而這些假冒佛菩薩的龍鬼蛇神只是欲界裡的低級眾生，本不具備佛法智慧而不能引導人們走向正道。

達賴喇嘛以假藏傳佛教精神領袖之尊，坐視喇嘛投火自焚，如同實際上將弟子火供給鬼神，比 2011 年那 3 名唆使新進僧侶自焚而遭逮捕的資深喇嘛，有過之而無不及。達賴喇嘛的罪惡，合

乎他自己在〈達賴談西藏：中國 12 億人民有權知道真相〉訪談中的形容：「是**惡魔，是納粹**」！年輕一代的喇嘛—如卡盧二世—早已看到並痛心於假藏傳佛教不同體系間的權力鬥爭、雞姦惡習，不斷發出改革假藏傳佛教的聲音；反觀達賴喇嘛卻仍舊沈湎在昔日政教合一的統治特權中，想要成就自己的復辟美夢。

　　張董事長呼籲國內媒體本於新聞人求真、求是、求實的精神，於報導藏人喇嘛自焚的新聞之前，應該先瞭解、探討背後的真正原因，才能避免似是而非、隨風起浪、火上加油，也避免成全達賴喇嘛的惡行，與他一起成就擾亂世界的共業。

第12篇 還要為達賴喇嘛祝壽嗎？

〔真心新聞網採訪組台北報導〕

在台灣潛跡噤聲許久的假藏傳佛教團體，近日竟又大張旗鼓，在捷運車廂內高調刊登車廂廣告，於 2012 年 7 月 6 日達賴喇嘛 77 歲生日時，在全台多地舉辦所謂「2012 淨韻三千觀音和平祈福晚會」為達賴祈福祝壽。正覺教育基金會董事長張公僕先生對此表示，這樣的「法會」名不符實，對於此時此地信仰密宗的國人也沒有「佛法」或祈福上的實質意義，名為「**法會**」亦不符實情；假藏傳佛教人士或有其逕自舉辦的理由，然而社會大眾更有從其他面向瞭解真相，以及不予理會的自由。[79]

張董事長表示，假藏傳佛教所謂的佛法並非佛法，其所謂的「法會」並無佛教中「法」的實質，各地同時所辦的「法會」名不符實；真心新聞網早已多次報導，達賴及其所領導的「藏傳佛教」，法義荒誕不經，作略匪夷所思，乃是索隱行怪之宗教，本質並非佛教竟冒篡之；而假藏傳佛教所說教義，完全悖離三乘菩提之真實義理，誤導眾生極為嚴重，令諸學人久修而無所證，並且漸入歧途，沈溺於三界有漏有為法中；必將導致永世輪迴、乃至

---

[79] 參見 http://blog.xuite.net/cute961112/twblog?st=c&p=1&w=4981958
（擷取日期：2014/2/28）

墮落三塗，貽害學人極爲嚴重，並無佛教「佛、法、僧」三寶所謂的「法」。[80]

　　張董事長指出，由於喇嘛教（假藏傳佛教），是以男女淫慾的雙身法，作爲最根本的教義，因此迭迭引生喇嘛在實修中與女信徒發生性醜聞，乃至種種宗教性侵不一而足，具載於國內及世界各大媒體。作爲一個受人矚目的宗教領導人，達賴喇嘛對此不僅不加以譴責，還在他所寫的著作中，公開的鼓勵喇嘛與密宗信徒性交修行，譬如在他所寫的《修行的第一堂課》這本書中，就寫到：「就算是兩性相交或一般所謂的性交，也不會減損這個人的純淨行爲。」[81] 又在他的另一本著作《達賴生死書》中，也寫到：「可以在修行之道上運用性交，以性交做爲強大意識專注的方法，然後顯現出本有的澄明心。」[82] 白紙黑字，證據確鑿，沒有辦法抵賴。[83]

---

[80] 正覺教育基金會／藏傳佛教真相：概說藏傳佛教（藏密、密宗）
http://foundation.enlighten.org.tw/fact/history/1

[81] 達賴喇嘛著，丁乃竺譯，《修行的第一堂課》，先覺（台北），2003.5 初版 7 刷，頁 178。

[82] 達賴喇嘛著，丁乃竺譯，《達賴生死書》，天下雜誌（台北），2004.12.20 第一版 12 刷，頁 157。

[83] 參見 http://foundation.enlighten.org.tw/trueheart/31
參見 http://foundation.enlighten.org.tw/fact/people/2
參見 http://blog.xuite.net/kc4580455923/wretch/149363599

　　張董事長更指出，達賴不但公開讚歎貪欲淫觸之法，用以取代離欲的正統佛法修行，更有甚者，《修行的第一堂課》這本書中還說到：「這樣的修行者不但能夠將肉和美酒做為心靈用途，甚至能將人類的糞便和尿做為靈性的用途。」[84] 難怪密宗喇嘛每次在修法的時候都會用象肉、馬肉、豬肉、狗肉甚至用人肉來祭祀，也會用糞、尿、腦髓、經血、精液等不清淨的東西所製做的甘露丸來祭祀。張董事長表示，從以上所簡述看來，便知達賴非但稱不上什麼「淨韻三千」，反而證明他代表了「垢穢無量」。[85]

　　說到「和平」就更是諷刺，張董事長指出，根據達賴喇嘛自己的官方網站上，其生平「大事紀錄年表」所記載，自達賴坐床開始，西藏就陷入騷亂不安，政變及大地震接連而至；少年時代更以二戰期間納粹潛匿戰犯奧地利人哈勒（Heinrich Harrer）為師友。達賴親政後不久拉薩又發生糧荒、通貨膨脹，接著暴動發生，中國大軍入藏，達賴背棄西藏人民叛逃出境，並撕毀自己派員簽訂的「解放西藏的十七點協議」，開始流亡。[86]

　　參見 http://blog.xuite.net/kc4580455923/wretch/149360475
　　（擷取日期：2014/3/7）

[84] 達賴喇嘛著，丁乃竺譯，《修行的第一堂課》，先覺（台北），2003.5 初版 7 刷，頁 178。

[85] 參見 http://foundation.enlighten.org.tw/fact/people/2

[86] 參見 http://www.dalailamaworld.com/topic.php?t=193

其後更勾結 CIA 在美國訓練藏人，並派遣他們返回西藏進行
游擊戰，武裝藏人並直接參與顛覆西藏，並為了遂其西藏獨立的
野心，不惜以種種政治手腕在國際間製造猜疑和不安。[87]

張董事長更指出，達賴更多造惡或是偽善的地方已是處處敗
露，國際媒體更迭有報導：諸如對藏人「雄天護法神」信仰者的
藉機血腥打壓以排除異己，以及陰謀刺殺鄰國不丹國王，企圖顛
覆不丹政權以期控制在自己手裡，作為達賴「流亡政府」活動的
基地；與日本的沙林毒氣首腦殺人魔麻原彰晃保持深厚密切的師
徒關係，並提及彼邪教法義來源為西藏密宗，以及為麻原邪教向
日本政府背書，影響日本政府誤判而給予麻原邪教合法的認證等
等。都顯現出達賴邪惡、毒害、動亂、反和平的一面。[88]

張董事長話鋒轉至近年來西藏地區多次發生喇嘛自焚的慘痛
事件，自焚者年齡最小的僅 16 歲，最大的不過 20 多歲，大多在

（擷取日期：2014/2/28）

[87] 參見 http://big5.gmw.cn/g2b/int.gmw.cn/2012-06/21/content_4391
768.htm（擷取日期：2014/2/28）

[88] 眞心新聞網：藏傳佛教達賴偽善 外國媒體多有報導、藏傳佛教中舔著
血哭耗子的貓
http://foundation.enlighten.org.tw/trueheart/72
http://foundation.enlighten.org.tw/trueheart/110
參見 YouTube：http://www.youtube.com/watch?v=0-vI5fs8EUI&
feature=channel_page（擷取日期：2014/2/28）

高呼「祈願達賴喇嘛長久住世」、「西藏獨立」等口號後自焚。而
曾任達賴喇嘛私人祕書的格爾登活佛,居然鼓吹自焚者是「民族
英雄」、「自由鬥士」。達賴本人雖然否認煽動鼓勵,卻在接受採訪
中讚歎「自焚者的民族勇氣是十分了不起的」,還說「由於不知
道怎麼界定錯誤,所以也不能說這是錯誤的」。這種對社會安
定、生命價值抱持如此模稜曖昧態度的人,還怎麼寄望這樣的人
心中有和平,除了煽惑動亂更遑論帶來和平了,諾貝爾和平獎真
是頒錯人了。[89]

　　因此,針對假藏傳佛教廣告海報上,特意以魏碑體書法放大
的「觀音」兩字,張董事長指出,假藏傳佛教一向詭稱「達賴喇
嘛是觀世音菩薩的化身」,張董事長勸請大家反思:號稱西藏政教
領袖的達賴,當年統治西藏時,何曾對其藏地子民示現觀音般的
慈悲?依據現今可查證的史料顯示,舊西藏的法律、審判權、警
察、軍隊,全都操在當時的黃教格魯派手中——也就是達賴喇嘛

---

[89]　參見 http://www.hkfront.org/20111019ch.htm(擷取日期:2014/3/9)
　　　參見 YouTube:http://www.youtube.com/watch?v=q1x3V4oqy4A
　　　(擷取日期:2014/3/14)
　　　參見 維基百科:http://zh.wikipedia.org/zh-tw/%E7%AC%AC%E5%
　　　8D%81%E5%9B%9B%E4%B8%96%E8%BE%BE%E8%B5%96%E5%96%
　　　87%E5%98%9B%C2%B7%E4%B8%B9%E5%A2%9E%E5%98%89%E6%8
　　　E%AA#.E8.87.AA.E7.84.9A(擷取日期:2014/3/7)

這一派擁有舊西藏地區所有生殺予奪的大權。在達賴統治下的喇嘛階級對百姓的高壓統治，只著眼在自身的統治利益，完全不見所謂「觀音」或是其他佛弟子的「慈悲」；他們視農奴為可買賣的物品，要罰就罰，要殺就殺。甚至史料上清楚的記載著：當年為了幫達賴「祝壽」，要取人的腦、血腸、手……，作為法會祭品，完全是血淋淋的霸凌事實與屠劊作為，哪有 觀音菩薩絲毫的「慈悲」可言？也由此可以證明：為達賴祝壽是眾生的悲哀與苦難。如此瞭解真相之後，民主自由的此時此地，還要為那個專制與奴役農奴的象徵人物祝壽嗎？[90]

　　張董事長表示：又根據史料顯示，歷代達賴喇嘛其實無壽可祝，反而是多有短壽中夭，可能死於政治鬥爭、甚至死因曖昧不明。因此，達賴若硬要說是菩薩化身，他就只能說是「自身難保」的「泥菩薩」。何況這位第十四世達賴，甚至連江山王位都難保，落得自身奔亡海外，民眾流離失所，還要四處募款、詐取供養。張董事長指出，像這樣薄福寡恩的失意政客、落魄王公、被類似抓鬮認證又錯修外道邪法，以生滅的意識心為實相的「活佛」，探究其佛法的修為時，其實只是連我見都未斷的凡夫，反而像個「活

---

[90] 真心新聞網：全球 70 億民眾有權知道歷代達賴喇嘛高壓統治西藏的真相！

http://foundation.enlighten.org.tw/trueheart/218

寶」，但絕對不會是 觀音菩薩的代言人。[91]

所以張董事長指出，這樣的凡夫假菩薩是沒有祈福的能力與功德的。舉辦所謂「晚會」只不過是像在八八風災後，來台作秀一般搜刮供養錢財，或是像在日本 311 地震海嘯之後，作一場國際表演一樣。就在 2012 年的 6 月 20 日，達賴在英國著名學府倫敦政經學院（LSE）主辦的〈對抗不容異己：道德與世界挑戰〉講座上發表演說，就親口對一千名該學院的師生說：「改變需要行動，祈禱不會帶來和平」。張董事長說，達賴所謂的「改變需要行動」，不外是暗中挑唆更激烈的對抗罷了。既然達賴認為祈禱不會帶來和平，可見他的祈福都只是作秀擺爛，連自己都不相信有感應或效驗，那還辦什麼「和平祈福晚會」？[92]

張董事長表示，如今見所謂「2012 淨韻三千觀音和平祈福晚會」，實際上剖析起來，卻只是一場「2012 垢穢無量泥菩薩動亂擺爛晚會」，儘管假藏傳佛教人士，樂於群魔狂舞閉門自 HIGH，但是對於台灣本地正信佛教徒來說，卻是個毫無意義的舉措，任何人都沒有參加的必要。孔老夫子尚且曾說：「非其鬼而祭之，諂

---

[91] 真心新聞網：常禮觀音大慈大悲 莫信達賴薄福寡慧
http://foundation.enlighten.org.tw/trueheart/54

[92] 參見 http://www.bbc.co.uk/zhongwen/simp/world/2012/06/120620_
dalai_lse_china.shtml（擷取日期：2014/2/28）

也」;假藏傳佛教信徒若是要為達賴祝壽,應該勸其別再鼓吹邪淫的教義,勸其阻止喇嘛們再與女信徒合修雙身法;如今假藏傳佛教不此之圖,跑到台灣來給達賴「祝壽」,若有人盲目赴會豈不是「非其祖而拜之,諂也」?更何況假藏傳佛教舉辦「祝壽晚會」的目的,只是打算藉著達賴的國際虛名和諾貝爾獎光環,測試還能否重新凝聚衰散的士氣,來苟延其在台灣的殘喘,打算再一次打帶跑,撈一些台灣迷信之徒參加祈福法會供養金的油水。因此,張董事長最後仍不忘提醒地對社會大眾反問一聲:「還要為達賴祝壽嗎?」

第 13 篇　在歐洲批判文化之下偽善政客無所遁形———從達賴喇嘛奧地利之行談起

〔真心新聞網採訪組台北報導〕

2012 年 5 月 17 日至 26 日達賴喇嘛訪奧地利，很罕見的以長達 11 天的行程，走訪克拉根福（Klagenfurt）、薩爾茲堡（Salzburg）、維也納（Wien）三大城市。奧地利各大媒體爭相報導，達賴喇嘛也善用媒體力量，撻伐中國壓迫導致藏僧自焚抗議，大聲疾呼「藏族需要你的支持」。

在這一波達賴訪問奧地利掀起的媒體熱之中，不乏奧地利人因為不明白藏僧自焚的真相和舊西藏農奴制度的歷史，因而錯誤地支持達賴喇嘛，但是從奧地利總理海因茲・費雪（Heinz Fischer）的婉拒會見達賴，同時媒體也引用中國官方說法的平衡報導，以及讀者對新聞的相關迴響，在在可見奧地利有智之士的批判性思考已經顯露出來了。

此外，德國媒體也關注達賴的訪奧議題：第一電視台（Das Erste）在達賴結束訪奧之行不久，隨即在 6 月 7 日播出〈達賴喇嘛與中情局〉（Der Dalai Lama und die CIA），專題報導〈鮮為人知的西藏歷史，以及這位諾貝爾和平獎得主的真實面到底是什

麼？〉而德國的揭密專家，也是心理學家的科林・戈登納（Colin Goldner）更在達賴訪問期間，於 5 月 18 日在奧地利維也納大學以〈達賴喇嘛微笑的背後〉（Hinter dem Lächeln des Dalai Lama）為題，向維也納大學的莘莘學子揭露達賴喇嘛的眞實面目。

　　根據觀察，達賴喇嘛此次訪問奧地利，成功地運用了藏僧自焚事件謀取自身的政治利益，並將之推爲國際議題的策略，促使國際人士的視聽觀察，聚焦在中藏關係以及西藏的未來，期盼歐洲民眾產生移情作用，將關愛轉移到達賴喇嘛的身上；雖然奧地利媒體及民眾同情藏人，但並沒有放棄他們的批判能力。奧地利 ORF 電台便在新聞報導中，訪問中國駐奧大使史明德，大使先生指出許多事實，例如：今日達賴喇嘛要求的自治領域擴大到青海、甘肅、四川、雲南四省，函蓋四分之一的中國幅員，遠遠超過 1965 年協議的「西藏自治區」領域，根本是錯誤的主張；又，舊西藏直到 1959 年達賴逃亡印度之前，民眾平均壽命只有 35 歲，而今日已提高到 67 歲；以及多位自焚藏僧係出自某些特定寺院，乃是刻意演出的結果。[93]

---

[93] 參見 奧地利《信使報》（Kurier）2012.5.21〈達賴喇嘛：中國批評奧地利〉（Dalai Lama: China Kritisiert Österreich）
http://kurier.at/nachrichten/4496885-dalai-lama-china-kritisiert-oesterreich.php（擷取日期：2014/3/1）

真心告訴您

奧地利大報《新聞報》（Die Presse）訪問西藏流亡政府總理洛桑桑給（Lobsang Sangay），提出的三個問題直指核心：

「您是一國的領導，而這個國家沒有主權、並不存在、不受其他國家正式承認？」

「可是中國不也建設西藏、促進經濟、發展地方？」

「對於歐盟有什麼期待？您認為歐盟會提供國際援助嗎？」

相對於報導標題〈西藏衝突不利於中國形象〉，記者對洛桑桑給的提問卻從國家主權的角度、中國建設西藏的現狀、國際關係的事實切入，問題本身已經為讀者提出不同的觀察層面，以及批判思考的方向。[94]

在達賴喇嘛訪奧結束前數日，奧地利《新聞報》（Die Presse）專訪英國布理斯托大學佛教研究中心教授保羅‧威廉斯（Paul Williams），刊出題為〈佛教無希望〉（Der Buddhismus ist hoffnungslos）的報導。威廉斯教授自 1960 年進入假藏傳佛教，於 1990 年再度回到天主教信仰。修學了 30 年假藏傳佛教的他，在

---

[94] 參見 奧地利《新聞報》（Die Presse）2012.5.25〈洛桑桑給：西藏衝突不利於中國形象〉（Sangay: „Tibet-Konflikt ist schlecht für Chinas Image"）http://diepresse.com/home/panorama/welt/761021/Sangay_TibetKonflikt-ist-schlecht-fuer-Chinas-Image?_vl_backlink=/home/panorama/welt/index.do（擷取日期：2014/3/1）

這篇專訪中直言:「達賴喇嘛唯一念茲在茲的,只有藏族以及他的宗教如何的繼續生存。在他訪問、對著西方人微笑的背後,始終只有一點:『這個情勢、這些人,如何用來解決藏族的事?』也因此他在不同場合說不同的事(譯註:指迎合對方、說對方想聽的話)。達賴喇嘛並不在意西方,他在意的只有西藏。」換言之,歐洲人已經愈來愈洞悉達賴喇嘛在西方的一切作為,只是想要利益他自己罷了。他高談自由、人權、民主,甚至說他相信神的愛,其實是投西方人之所好,說西方人喜聽的話,藉此取得歐美人士的好感及支持。他從來不曾真正想要利益西方人,看似付出的表面底下,暗藏著個人的政治目的以及權力慾望。[95]

在這些新聞報導中,讀者迴響動輒多達五、六百則;讀者的迴響貼文固然有著「藏人是天使、漢人是壞人」的情緒性二分法,但其中有更多理性的批判質疑指向歷史真相的真知灼見:

「**達賴喇嘛:封建制度、神權政治、權力**。達賴喇嘛統治下的西藏,是一個封建的神權制度,極少數人統治、奴役了廣大民眾。無怪乎納粹分子很好奇的想要找出他們如何摧毀藏族

[95] 參見 奧地利《新聞報》(Die Presse)2012.5.24〈佛教無希望〉(Der Buddhismus ist hoffnungslos)
http://diepresse.com/home/panorama/religion/760700/Paul-Williams_Der-Buddhismus-ist-hoffnungslos?from=suche.intern.portal
(擷取日期:2014/3/1)

民眾的意志，加以奴役、剝削。（中略）達賴喇嘛是這群封建菁英的領頭羊。而接下來，宗教教義、敵視女性、同性戀也是不能不提及的。（譯註：指性交修行對明妃的身心剝削、藏僧之間的雞姦文化）」[96]

「**此時他突然想要民主了——這是從什麼時候開始的？到目前為止，他只在意在西藏的權力（特別是他自己的！）**我認為達賴喇嘛是一個國族主義者更甚於是一個佛教徒。說他是第幾世某某喇嘛的轉世，他既缺少智慧也不明智；吵鬧、抗議、自焚的不是藏人，而是僧人、女尼，而且是因為達賴喇嘛的明確同意、甚至鼓勵。只要他說一句話，他們就會放棄中止這一切！沒有一個虔誠的佛教徒、甚至佛教僧人會從事這些行為，他們應該**遠離塵世**，而不是投入國族主義。達賴喇嘛想要的只是自己的權力，這使得他與中國的對談總是失敗。我們本地的虔信佛教徒只是成為灰燼。」[97]

---

[96] 讀者迴響：2012.5.28，暱名 gedankenflosse。新聞報導：奧地利《標準報》（Der Standard）2012.5.26〈洛桑桑蓋：有些藏人看到我就開始哭〉（"Manche Tibeter haben zu weinen begonnen, als sie mich sahe n"）
參見 http://derstandard.at/plink/1336698011906?sap=2&_pid=26275251#pid26275251（擷取日期：2014/3/1）

[97] 讀者迴響：2012.5.22，暱名：Sternchen 100。新聞報導：奧地利《標準報》（Der Standard）2012.5.22〈達賴喇嘛：中國屬於人民，不屬於政黨〉（"China gehört dem Volk, nicht der Partei"）

　　相對於 2002 年達賴訪問奧地利時，奧地利媒體批判與探討了假藏傳佛教，以及所謂時輪密法的真相；此次奧地利媒體受到藏僧自焚議題的影響，批判力相對地減弱，確實可以說達賴喇嘛利用自家僧人自焚事件以創造國際政治空間的策略相當成功，可謂有效的政治手段；然而也可以看出，運作自焚議題的成功策略的同時，奧地利媒體與民眾仍然發出批判的質疑聲音，顯見歐洲人士的獨立思考、理性批判精神相當深厚，已經深植在他們的文化底蘊之中。反過來說，想要突破歐洲人的批判思考精神、引發歐洲人士對達賴的支持、達成政治復辟的目標，達賴喇嘛勢必需要精心設計、製造議題、運用策略，綜觀此次的達賴訪奧之行、奧媒報導、讀者迴響，都清楚顯示出達賴喇嘛極度地善於政治圖謀、工於心計。

　　儘管達賴喇嘛在美國的金錢援助、特定媒體的推波助瀾之下，成功塑造和平使者、政治受難的形象，但是歐洲人士心中的批判，卻不斷藉新聞媒體發出質疑之聲，揭露達賴隱藏在面具下的真貌；以德國為例，此次達賴喇嘛的訪歐之行雖沒有包含德國，但德國媒體、有智之士卻在這段期間發出猛烈的批判力。尤其德

國 15 年來，首度製作電視專輯〈達賴喇嘛與中情局〉(Der Dalai Lama und die CIA)[98]向全國播送達賴接受美國祕密金援、訓練藏人使用軍火、成立游擊隊抗爭的史實。影片中訪問曾任西藏反抗軍隊員的索南旺秋（Sonam Wangchuk），他明確表示殺掉愈多中國人愈好，這並不違犯佛戒。

然而按照佛教戒律，達賴喇嘛根本不該涉入軍火與暗殺，但事實上他與 CIA 密切地合作，不但緊密而且頻繁；不論對 CIA 或是達賴，這些地下游擊隊的活動，只是合謀雙方政治上的利益，對西藏人民毫無實質幫助；而且達賴喇嘛深知這些事實是大部分西方人所不喜、所厭惡的行為，因而故意隱瞞。但是如今真相大白，最後歐洲人仍然看清了他的面目，確知好戰、好殺、好鬥都是達賴喇嘛整體形象的一部分。而德國的揭密專家科林‧戈登納，更在達賴訪問奧地利期間，進入奧地利首善之都的維也納大學，向年輕人揭示達賴喇嘛、假藏傳佛教不是人們表面所看到的那樣，說明在〈達賴喇嘛微笑的背後〉(Hinter dem Lächeln des Dalai Lama)[99]隱藏著不為人知的企圖及真相。

---

[98] 影片網址：http://daserste.ndr.de/panorama/archiv/2012/dalailama111.html（擷取日期：2014/3/1）

[99] 參見 YouTube：http://www.youtube.com/watch?v=SDuqayOx2Nw&feature=youtu.be（擷取日期：2014/3/1）

　　綜合上述觀察，達賴喇嘛慣用的雙面手法、政治策略，勢必愈來愈難通過歐洲民眾的理性批判；因此，爲了達成引發同情、支持達賴的目的，他愈加地濫用自由、人權的灰色地帶，但這也必然愈加地反過來觸動歐洲文化中的敏銳思考力、觀察力、批判力。這種文化批判力將使達賴喇嘛欺瞞得了世人一時，欺瞞不了一世；又由於這種文化批判力，將使知道喇嘛教眞相的歐洲人不斷向外發聲，揭露假藏傳佛教、達賴喇嘛的眞相，從另一個角度證明**假藏傳佛教是僞佛教、達賴喇嘛不是佛弟子**的眞實面貌。

　　我們樂見愈來愈多的西方人從達賴喇嘛的光環中走出來，從他的言行判斷他的心態，再從他的心態明瞭他是一個有著深沈政治權力慾望的凡人。他的作爲已經遠離佛弟子應有的慈悲，也徹底違背了佛教出家人不涉入政治、不涉入暴力、不組織軍隊的戒律，一切只從他自己的利益出發，帶給藏人、漢人、西方人無數的災難及恐懼。所幸他的僞面具已經無法持續一手遮天了，西方文化中的批判力將使得他無所遁形，再也無法玩弄西方人於股掌，作爲他政治復辟、權力野心的一顆棋子。

第14篇 達賴喇嘛與中情局系列報導

一、德國第一電視台與南德日報 引發歐美媒體批判潮

〔真心新聞網採訪組台北報導〕

2012 年 6 月 7 日德國第一電視台（ARD）〈全景〉節目（Panaroma）播出〈達賴喇嘛與中情局〉（Der Dalai Lama und die CIA），6 月 8 日德國第一大報《南德日報》（Süddeutsche Zeitung）報導〈神聖的假象〉（Heiliger Schein），揭露第十四世達賴喇嘛在冷戰期間接受美國中央情報局的巨資援助、訓練藏人游擊隊**武力**，受命於中情局，而對中國西藏與印度邊界地區，以武裝游擊隊進行游擊戰的歷史事實。這兩樁報導引發德國及歐洲媒體跟進，紛紛報導達賴喇嘛**和平面具下的暴力真相**，質疑他為人言行不一——達賴喇嘛一向標榜和平，卻進行武力抗爭；他所隱匿的美國與西藏之間的**金錢、武力**合作內情，遠遠大於他所對外承認的。因而引起罕見的媒體批判潮。[100]

引爆德國及歐洲媒體達賴批判潮的德國〈全景〉節目，明白

---

[100] 參見 http://daserste.ndr.de/panorama/archiv/2012/dalailama111.html
YouTube：http://www.youtube.com/watch?v=qmL9CDIo8QI
（擷取日期：2014/3/1）

在官網表示他們製作〈達賴喇嘛與中情局〉影片的目的：

「和平、非暴力——這是達賴喇嘛帶給世人的西藏印象；然而，那卻是美化過的形象。為了獨立，藏人有 20 年以上的時間也使用武器暴力：美國中情局暗中支持西藏游擊隊；而達賴喇嘛也從美國中情局的口袋拿錢。『全景』關注這段不為人們所喜愛的西藏歷史，並且質疑：到底哪個是達賴喇嘛這位諾貝爾和平獎得主的真正形象？」[101]

該節目在影片中說明：「第十四世達賴喇嘛……代表和平、非暴力，也因此獲得諾貝爾和平獎。這個形象，沒有人想去撼動；但這個形象，也跟武裝抗爭、殺戮中國人完全不合——然而，這確實是達賴喇嘛的另一面：他曾經長期與美國中央情報局合作，獲得巨金、武器、訓練，進行西藏抗爭活動。……達賴喇嘛知道：這段歷史是他的歐洲朋友所不愛聽的；但，這的確是他整體形象中的一部分。」[102]

而在〈全景〉播出〈達賴喇嘛與中情局〉的第 2 天，德國第一大報《南德日報》在頭版最上方刊登醒目預告，並在第三版以長標題〈神聖的假象——和平主義的最高代表達賴喇嘛，對於中情局在西藏推動的事，所知的遠大於所承認的；這位神君現在身陷

---

[101] 參見 http://daserste.ndr.de/panorama/archiv/2012/dalailama111.html
[102] 參見 YouTube：http://www.youtube.com/watch?v=qmL9CDIo8QI

武裝暴力的陰影中〉(Heiliger Schein – Der Dalai Lama, höchster Repräsentant des reinen Pazifismus, wusste wohl doch mehr vom Treiben der CIA in Tibet, als er bisher zugegeben hat. Nun fallen gewaltige Schatten auf den Gottkönig〉，由 3 位記者聯合報導，詳細揭露達賴和平背後更有**武力**的雙面眞相。[103]

德國第一電視台與《南德日報》聯袂報導達賴眞面目，立刻引起媒體批判潮，並且快速吹向歐洲各國。義大利的《共和國報》(La Republica)、羅馬《信差報》(Il Messaggero) 等幾家大報均相繼報導達賴與中情局的關係。荷蘭的《電訊報》(Telegraaf) 也報導：〈達賴喇嘛的神聖假象——諾貝爾獎得主是中情局間諜、西藏游擊隊的領導人〉(Dalai lama schijnheilig– Nobelprijswinnaar was CIA-agent en guerrillaleider)。

這波媒體批判潮所揭露的 CIA 與達賴的合作關係，早爲印度藏人社區所耳語，也在網路上廣爲流傳，並非新聞。此次從德國吹起批判達賴的新聞風，是由於美國中情局前特工的女兒麗莎‧凱西 (Lisa Cathey) 製作的〈中情局在西藏〉(CIA in Tibet) 紀錄片即將在幾個月後問世。她在片中訪問了 30 名以上的前中情局幹員以及西藏前游擊隊員，訪談紀錄達 100 小時以上 (部分訪談內容

---

[103] 參見 http://www.trimondi.de/Lamaismus/Krieg-4-CIA.htm

已經在她的官網 Kefiblog〔kefiblog.com〕公布），資料明確顯示：達賴喇嘛—藏人的最高領導者—對於美國中情局資助藏人進行武裝抗爭，所知的內情遠遠多於他所對外承認的，並非如先前達賴所宣稱：他對這些事所知不多。這種為人言行不一的雙面面貌，令歐洲人感到震驚：原來達賴在人前是唾棄暴力的諾貝爾和平獎得主，卻是**長年支持武裝暴力、擾亂和平**的幕後推手。

正覺教育基金會董事長張公僕先生表示，達賴喇嘛接受美國中央情報局資助、訓練游擊隊員，確實並非新聞。1951 年中國進入西藏之後，美國政府密切關注西藏態勢，直到確認：「西藏的形勢正在向著符合美國利益的方向發展」，決定由中央情報局在西藏實施 NSC5412 計畫——「祕密援助地下反共抵抗力量」計畫，以削弱中國共產黨的勢力。美國中情局在五〇及六〇年代，每年資助流亡藏人 170 萬美金，並空投各式輕重武器予游擊隊從事武裝抗爭；此外，每年捐助達賴個人18萬美金以換取達賴喇嘛的支持。直到尼克森總統與新中國建交，方才中止「援藏抗中」計畫；達賴喇嘛頓然失去援助來源之後，不得不轉向所謂的中間路線，不情願地讓游擊隊員放下武器。

張董事長進一步表示，達賴喇嘛利用諾貝爾和平獎的光環炫惑世人，然而「水能載舟，亦能覆舟」，這個沒有和平實質的和平

獎假光環，正是令世人識破他雙面面目的主因。此番從德國一路延燒到歐洲各大報的議題熱，批判、報導達賴喇嘛是美國中情局與西藏合作的幕後推手，正是明證。達賴喇嘛與美國中情局的關係雖然早在媒體與網路流傳，並非新聞，但是德國第一電視台、《南德日報》，以重量級媒體身分聯袂報導，令達賴喇嘛的**暴力真面目**更加廣為人知、深入人心，著實功不可沒。張董事長並期待麗莎·凱西的紀錄片〈中情局在西藏〉順利完成、早日問世，幫助世人認清達賴喇嘛的真面貌。[104]

---

[104] 德國第一電視台，2012.6.7〈達賴喇嘛與中情局〉(Der Dalai Lama und die CIA)

影片網址：http://daserste.ndr.de/panorama/archiv/2012/dalailama 111.html

西藏叛亂始末：美國中情局導演達賴逃亡

http://xz.people.com.cn/n/2012/0326/c138901-16876053-1.html

（擷取日期：2014/3/1）

二、德國、奧地利媒體報導摘錄

〔真心新聞網採訪組台北報導〕

2012年6月德國第一電視台（ARD）與《南德日報》（Süddeutsche Zeitung），陸續引發歐洲媒體揭露第十四世達賴喇嘛與美國中情局的關係，各大媒體以頭條報導達賴喇嘛收受金援、游擊武裝叛亂的歷史真相，質疑他外現**和平**、內懷**暴力**，歐洲媒體的批判潮綿延不斷，延燒了一星期之久。摘錄德語區各大媒體報導如下：

2012年6月8日《德國金融時報》（Financial Times Deutschland）網路版：

【終身污點——達賴喇嘛親近美國中情局（Flecken auf den Lebenslauf：Der Dalai Lama und die Nähe zur CIA）

「達賴喇嘛是智慧與**溫和**的化身，然而他所知道的美國中情局支持西藏武力抗爭的內情，遠遠超過他所對外承認的。他本人甚至也接受中情局的金援。

幾十年來，達賴喇嘛—藏人的精神領袖—精心照料他在世人面前的道德形象；但這個**和平形象**如今有著崩毀的危險。因為美國一部新紀錄片『中情局在西藏』（CIA in Tibet）顯示：這位位高望重的藏人顯然對於中情局支持西藏**武力抗爭**的內情，所知遠比所對外承認的還要多。

真心告訴您

這部紀錄片的製作人麗莎・凱西（Lisa Cathey）訪問了一名中情局退休幹員，他說明了 1964 年與達賴喇嘛會面的情形。這部紀錄片一共訪談了 30 名中情局人員，將在幾個月之後問世；但已有部分內容刊登在 Kefiblog.com。根據《南德日報》（Süddeutsche Zeitung）以及電視「全景」節目（Panaroma）的報導，美國政府的檔案資料在在證實了這位諾貝爾和平獎得主與中情局的關係，比他所對外承認的還更親密。

中國政府對於此次達賴喇嘛與中情局關係所掀起的批判熱潮，理應甚感適意。全球對這位位高望重藏人的崇拜熱情，早令北京感到如坐針氈。

各路新聞記者投入幾年前解密的美國政府檔案，那些資料還沒有任何媒體使用過。1951–1965 年達賴喇嘛與美國政府合議執行西藏計畫；一開始是由達賴喇嘛的代表透過美國駐印度大使館、美國加爾各達領事館投石問路，達賴喇嘛的一個兄弟也直接走訪過美國政府，而這些接洽都明確**提出軍事援助的要求**。根據《南德日報》報導，達賴喇嘛最晚在 1958 年時，就已經獲知中情局訓練藏人游擊隊的軍事計畫。這是這位宗教領導者在一年前接受訪問時，向女記者說的。

這些都不是新題材。而眾所周知的還有：尼克森政府與中

國建交之後，中情局就在七〇年代初期中止了對藏人的軍事援助。另外，1990 年代已有不少書籍、影片披露達賴喇嘛與中情局的合作關係。達賴喇嘛 1991 年出版的自傳述及他的幾個兄弟與中情局接觸的事，他說：『我的兄弟們認爲不讓我知道那些資訊，是明智之舉。』

1998 年，西藏流亡政府的發言人向美國《紐約時報》（The New York Times）坦承，他們在六〇年代，每年從中情局取得 170 萬美金，用來訓練游擊隊、從事軍事活動；但是有關達賴喇嘛本人每年獲得 18 萬美金資助的報導，他則予以駁斥。然而《南德日報》從中情局的檔案中發現，那些匯款是作爲『達賴喇嘛的現金資助』。」】

2012年6月8日《南德日報》（Süddeutsche Zeitung）刊印版：

【**神聖的假象——和平主義的最高代表達賴喇嘛，對於中情局在西藏推動的事，所知的遠大於所承認的；這位神王現在身陷武裝暴力的陰影中**（Heiliger Schein – Der Dalai Lama, höchster Repräsentant des reinen Pazifismus, wusste wohl doch mehr vom Treiben der CIA in Tibet, als er bisher zugegeben hat. Nun fallen gewaltige Schatten auf den Gottkönig）

「達賴喇嘛這位可望不可及的道德最高權威，面對與中情

局的關係，如今也難以自我辯駁。……他一面接受無恥中情局（dreckige CIA）的金錢援助、進行游擊戰，一面使用軟性形象的達賴大使館進行無暴力抗爭，這在過去及現在都是極大的矛盾衝突。諾貝爾**和平獎得主**、**西藏游擊隊**、**美國中情局**——這三者聽起來就好像**教宗**、**他的女人**、**他的保時捷**一樣怪。但有時候這個世界就是這麼怪。」

「雖然沒有證據顯示達賴喇嘛說謊，但他也從來沒有說出全部實情。他的角色是不透明的，他處理這個議題的態度似乎是不坦率的。**真相在開悟者身上不應該是複數。**」

「信徒尊他爲『神君』、『大悲之佛』、『智慧的海洋』、『白蓮之主』、『至高無上的上師』、『滿他願的珍寶』……雖然達賴說過，願意『爲了任何一個人，成爲他所希望的其他眾生（譯註：指投胎轉世爲昆蟲、畜生等)』，但除了北京之外，世上大概沒有人想要他成爲冷戰時期美國中情局的一顆棋子。他跟中情局的直接關係，與他的高道德威望一點也不相稱。」】

2012年6月10日德國《法蘭克福廣訊報》(Frankfurter Allgemeine Zeitung) 網路版：

【達賴─藍波─美國前中情局人員在紀錄片中透露，和平聖像達賴喇嘛是武力對抗中國的推手 (Dalai – Rambo─Der Dalai

Lama, Ikone des Pazifismus, habe durchaus, so plaudern pensionierte CIA-Leute in einem Dokumentarfilm, auf bewaffneten Widerstand gegen Chinesen gesetzt）

「雙劍理論不僅存在於基督教，也存在佛教（譯註：假藏傳佛教）傳統中。世俗的劍與心靈的劍必須同時作用，才能讓世界回到井然有序的狀態：也就是從共產主義解脫出來。……早年的達賴喇嘛，也要求美國中情局給予援助，……在〈中情局在西藏〉（CIA in Tibet）這部紀錄片中，中情局的退休官員或在高爾夫球場上、或倚在沙發中，敘述著往事……。今天可以確定的是：**和平**聖像達賴喇嘛—或許有某種程度的不願意—接受美國援助，進行**武力抗爭**。1971 年，印度軍中的西藏特種部隊獲得這位宗教領袖的首肯，在接近今日孟加拉國的地方進行武裝抗爭；一年後，**達賴喇嘛以貴賓身分出席印度的軍事慶典，參與抗爭的藏人在典禮中獲頒英勇勳章**。……他的兩個兄弟是接洽中情局的人員，對西藏游擊隊的細節知之甚詳。達賴喇嘛在自傳中說：『我的兄弟們認爲不讓我知道那些資訊，是明智之舉。』這又是一個針對想要循著暴力蛛絲馬跡追問他雙劍年代政策的一個既聰明又不失祥和的自我回答。」】

2012 年 6 月 9 日德國雜誌《明鏡週刊》網路版（Spiegel

Online）：

【西藏的中情局教官——世界屋脊的窘境（CIA-Ausbilder in Tibet：Dilemma auf dem Dach der Welt）

「這幾乎是為人所淡忘的一章藏族史：五〇、六〇年代美國中情局組織了農民、僧人、遊民，施予武裝訓練（對抗中國）。一部紀錄片喚醒了人們對高山游擊隊及達賴窘境的記憶。……

達賴喇嘛不曾明確對中情局的支援說一個不字

上千名藏族游擊隊員稍後從喜馬拉雅的半自治區木斯塘（Mustang）發動多次襲擊。藏人及中國軍人的死亡人數並不清楚，確定的是：達賴喇嘛不曾對武裝暴力公開說不，雖然也不曾公開贊成。1967 年，中情局開始撤銷行動計畫；1974 年達賴喇嘛向殘餘的游擊隊員喊話，讓他們放下武器。

從那時起，達賴支持所謂的『中間路線』：不要武力、不要西藏獨立，但要求宗教及文化自治擴張到原西藏自治區以外的鄰近省分（譯註：包含四川等約佔整個中國的 1/4 面積的省分）。年輕的流亡藏人對此有異議，他們準備像他們的父親、祖父一樣，拿起武器抗爭。

『神王身陷陰影中』？或許並不盡然。1993 年，達賴喇嘛接受美國《紐約時報》（The New York Times）訪談時，批評中情局行動（CIA-Aktion）『不很健康』，因為它純是出於政治考

量，而非出於對藏族的『真正悲憫』。……」】

2012年6月11日奧地利《新聞報》（Die Presse）網路版：

「達賴喇嘛既非藍波、耶穌，也不是騙子」（Der Dalai Lama ist weder Rambo noch Jesus, und auch kein Betrüger）

2012年6月13日奧地利《標準報》（Der Standard）網路版：

「達賴喇嘛名列中情局資助名單」（Dalai Lama auf CIA-Gehaltliste）

以上是我們摘錄並中譯德國媒體有關〈達賴與中情局〉的新聞報導。值得一提的是，仍有部分歐洲媒體面對歷史證據，仍然基於背後的特定因素，無法持平報導。其中德國《明鏡週刊》有如達賴喇嘛的御用媒體，十年來歌頌讚揚不遺餘力；在這一次批判潮中，它的「批判」聲音中依然試著為達賴說話，企圖緩和媒體披露史實——「達賴是偽君子」的確切證據。至於還沈浸在達賴喇嘛訪奧地利（5月17–26日）旋風的奧國媒體，雖然隨後追上這波新聞潮，但其中《新聞報》報導達賴喇嘛接受美國中情局資助、訓練游擊隊的同時，也試著用「反邏輯」來緩和網友發出的「達賴喇嘛是騙子」的批判聲：英國 BBC 的紀錄片早在九○年代就已揭露中情局計畫，這不是新聞，所以表面上達賴也沒有騙人。

達賴喇嘛與中情局的合作誠然不是新聞，但這樁「舊聞」之

所以在 2012 年 6 月一躍成為歐洲各大媒體的「頭版新聞」，很大一個原因是：達賴喇嘛是以唾棄暴力、鼓吹仁愛的**和平形象**，深深影響歐美人心的佛教代表人，這個身分對歐美人士而言，本來是代表了絕對的和平、絕對的非暴力，而如今這個形象卻在他與美國中情局、藏人游擊隊的**暴力**歷史真相還原中，徹底自我顛覆。這種信受達賴和平表象→發現歷史真相→顛覆既有印象所帶來的失望的過程，震盪了歐洲媒體。

正覺教育基金會董事長張公僕先生表示，儘管歐洲部分媒體惑於達賴的諾貝爾和平光環、懼於假藏傳佛教的龐大政治勢力，依然不免試圖迴避昭然若揭的歷史證據，但他們能秉持新聞人精神，報導達賴喇嘛藉美國中情局、西藏游擊隊進行**暴力叛亂**的歷史事實，仍然值得讚歎——因為，歷史經得起檢驗，愈多歷史事實曝光，愈顯示達賴喇嘛**違反佛戒**的**好戰本質**，證實達賴喇嘛不是佛教徒、假藏傳佛教是偽佛法。[105]

---

[105] 本篇報導參考資料：

1.《德國金融時報》（Financial Times Deutschland）網路版，2012.6.8〈終身污點——達賴喇嘛親近美國中情局〉"Flecken auf den Lebenslauf：Der Dalai Lama und die Nähe zur CIA"
http://www.ftd.de/politik/international/:flecken-auf-den-lebenslauf-der-dalai-lama-und-die-naehe-zur-cia/70047817.html
編案：《德國金融時報》報導已移除，報導內容可參考下列網址轉載內容：http://www.iivs.de/~iivs01311/Lamaismus/Krieg-4-CIA.htm

三、語焉不詳或知之甚詳──達賴喇嘛可

2. 德國《南德日報》（Süddeutsche Zeitung）刊印版，2012.6.8〈神聖的假象──和平主義的最高代表達賴喇嘛，對於中情局在西藏推動的事，所知的遠大於所承認的；這位神王現在身陷武裝暴力的陰影中〉"Heiliger Schein – Der Dalai Lama, höchster Repräsentant des reinen Pazifismus, wusste wohl doch mehr vom Treiben der CIA in Tibet, als er bisher zugegeben hat. Nun fallen gewaltige Schatten auf den Gottkönig"
http://www.trimondi.de/Lamaismus/Krieg-4-CIA.htm

3. 德國《法蘭克福廣訊報》（Frankfurter Allgemeine Zeitung）網路版，2012.6.10〈達賴–藍波─美國前中情局人員在紀錄片中透露，和平聖像達賴喇嘛是武力對抗中國的推手〉"Dalai – Rambo─Der Dalai Lama, Ikone des Pazifismus, habe durchaus, so plaudern pensionierte CIA-Leute in einem Dokumentarfilm, auf bewaffneten Widerstand gegen Chinesen gesetzt."
http://www.faz.net/aktuell/feuilleton/tibet-dalai-rambo-11780210.html

4. 德國雜誌《明鏡週刊》網路版（Spiegel Online），2012.6.9〈西藏的中情局教官──世界屋脊的窘境〉"CIA-Ausbilder in Tibet：Dilemma auf dem Dach der Welt"
http://www.spiegel.de/politik/ausland/dokumentation-cia-bildete-widerstandk aempfer-in-tibet-aus-a-837756.html

奧地利《新聞報》（Die Presse）網路版，2012.6.11〈達賴喇嘛既非藍波、耶穌，也不是騙子〉"Der Dalai-Lama ist weder Rambo noch Jesus, und auch kein Betrüger"
http://diepresse.com/home/meinung/marginalien/764856/Der-DalaiLama-ist-weder-Rambo-noch-Jesus-und-auch-kein-Betrueger

奧地利《標準報》（Der Standard）網路版，2012.6.13〈達賴喇嘛名列中情局資助名單〉"Dalai Lama auf CIA-Gehaltliste"
http://derstandard.at/1338559537799/Dalai-Lama-auf-CIA-Gehaltliste
（擷取日期：2014/3/1）

真心告訴您

以自外於暴力殺戮的責任嗎？

〔真心新聞網採訪組台北報導〕

在西洋人前大談**愛**與**和平**的第十四世達賴喇嘛，在 2012 年 6 月 7 日德國第一電視台〈全景〉節目播出的《達賴喇嘛與中情局》（Der Dalai Lama und die CIA）的記者會片段中，面對媒體詢問美國中情局與西藏游擊隊的問題時，氣虛語短了起來，節目旁白評論道：「他沒有否認，但卻避重就輕。」很顯然的，達賴喇嘛以迂迴的方式迴避了正面回答。肩負流亡藏人最高政治領導人責任的他，對於西藏組織游擊隊的暴力抗爭、血腥殺戮是否真如他在 1991 年自傳中敘述的「我的兄弟們認為不讓我知道那些資訊，是明智之舉」那樣的完全不知情呢？[106]

《達賴喇嘛與中情局》片中播出了一幀達賴喇嘛與西藏游擊隊的合照，他們正在執行護送達賴喇嘛逃出西藏的計畫，其中有兩位正是受過美國中情局訓練的游擊戰士。現任自由記者、《日本時代週刊》（Japan Times Weekly）前總編輯島津洋一（Yoichi Shimatsu）說：

「游擊隊活動是得到德蘭薩拉流亡政府同意的，因此也才會在後來收編納入印度軍隊，成為『特別邊防軍』（Special

---

[106] 參見 YouTube：http://www.youtube.com/watch?v=qmL9CDIo8QI。

Frontier Forces, SFF），也就是眾所周知的『西藏部隊』。中情局策劃、支援、進行游擊隊計畫的時候，美國政府高級官員會將每一道重要決定知會德蘭薩拉政府，並取得同意。在我的噶瑪巴影片（譯註：紀錄片「噶瑪巴的飛行」"Flight of the Karmapa"）中，我曾拍攝波卡拉旅館（譯註：位於尼泊爾）的正面，那裏正是中情局與西藏流亡政府開會、討論游擊隊戰爭計畫的地點。身為流亡政府的領導人，達賴喇嘛對所有決定負有直接責任。」[107]

此外，四水六崗衛教軍（Chushi Gangdrung）（亦稱「木斯塘康巴游擊隊」）的故事也提供了文獻證據，說明第十四世達賴喇嘛對於藏族的游擊軍事活動知之甚詳：

「1957 年，許多來自我們家鄉西藏首都拉薩東邊地區的解放戰士聚集在一起。康巴藏人（Khampas）認識到，有必要結集大家的力量反對共產中國的入侵。

為了避免引起中國人注意我們的行動，也避免不同群體的解放戰士面對面相遇，來自理塘（Lithang）的貢波札西（Andruk Gonpo Tashi）（游擊隊總領導）以及其他領導人都以進供朝佛到拉

---

[107] 更多原始文獻請參見西方多傑雄天學會網站：http://www.western shugdensociety.org/（擷取日期：2014/3/1）
參見 Trimondi〈達賴喇嘛與中情局〉http://www.trimondi.de/Lama ismus/Krieg-4-CIA.htm（擷取日期：2014/3/1）

薩的方式作爲掩護；在西藏政府的同意下，四水六崗衛教軍（Chushi Gangdrug）爲尊貴的十四世達賴喇嘛準備今日著名的黃金帝位慶典。這些領導人請求尊貴的達賴喇嘛在時輪灌頂中爲他們祈福，尊貴的達賴喇嘛慈藹的應允了；而金巴嘉措（Amdo Jimpa Gyatso）早先也作過類似的請求，因此這兩個群體就在 1957 年的第二次時輪祈福時，建立合作關係。康巴人舉行了盛大的上師長壽法（譯註：Tenshuk，祈求上師法輪常轉無礙並且長壽的法會），祝賀尊貴的達賴喇嘛長命百歲；新黃金帝位上的上師長壽法供品，象徵著任命尊貴的達賴喇嘛成爲全西藏的統治者、以及他的存在是神聖尊貴任。」[108]

　　時輪灌頂在達賴口中向來對外宣稱是消災祈福的和平法會，曾幾何時顯露眞相，搖身一變成爲祝福康巴游擊隊大開殺戒、暴力殺戮的加持法會？事實上，**以暴力、殺戮、爭戰來解決問題、矛盾，一直是假藏傳佛教的內在本質**；《時輪密續》更是充滿了戰爭殺戮、置敵於死的暴力內容，它最後的結局是敘述香巴拉王國出兵攻打並占領了整個地球，所以納粹黨人、法西斯分子、布爾

[108] 參見 http://www.chushigangdrug.ch/pdf/geschichte.pdf
參見 Trimondi〈達賴喇嘛與中情局〉
http://www.trimondi.de/Lamaismus/Krieg-4-CIA.htm
（擷取日期：2014/3/1）

什維克人、新法西斯、新納粹、日本邪教頭子麻原彰晃都引用《時輪密續》的內容，來作爲血腥好戰政策的指導與藍圖，學習它的玄密內容及「聖戰士」授職儀式。

達賴喇嘛在美國中情局的西藏游擊隊計畫中，自始至終都扮演著重要的核心角色，美國與流亡藏人游擊隊之間，任何決定都經過他的同意之後才付諸行動。一直到 1974 年中情局完全中止對西藏游擊隊的援助，達賴喇嘛急忙與游擊隊劃清界限，但康巴游擊隊拒絕繳械，達賴喇嘛沒辦法，只好親自口錄了一卷錄音帶，派人帶到木斯塘，播放給游擊隊，下令要求他們一定要聽從 CIA 的要求，最後游擊隊戰士痛苦哭嚎，當場有許多人自殺身亡（比照軍人戰敗自戕），游擊隊內還發生了內鬨，互相開戰，死了許多人，足以證明達賴喇嘛就是游擊隊的背後操控者；這些都是達賴喇嘛所極力隱瞞，不願讓西方知道的醜聞。此後面對外界的詢問時，他不是將責任歸給他的兄弟們，就是語焉不詳、敷衍帶過。

對此，正覺教育基金會董事長張公僕先生表示，達賴喇嘛**雙面人的性格**已經有愈來愈多的書籍、紀錄片披露，從這一次美國中情局前特工的女兒麗莎‧凱西（Lisa Cathy）所拍的專業紀錄片《中情局在西藏》（CIA in Tibet），引發德國電視媒體、平面媒體的批判熱，並且延燒到歐洲各國來看，已經預示達賴喇嘛的**僞神聖光環**、**假和平主義**將在愈來愈多歷史證據的強力聚光燈下，披

露殆盡。正如〈全景〉節目結語所說:「達賴喇嘛知道,這段歷史是他的歐洲朋友所不愛聽的,但這的確是屬於他整體形象的一部分。」這意味著,愛戴他和平形象的歐洲人已經明瞭達賴喇嘛的企圖、手段;實事求是、有一分證據說一分話的歐洲人士,將從歷史實情中打破他的假面具,唾棄他的**假和平、假民主、假仁愛、假包容**。[109]

---

[109] 參見 Trimondi〈達賴喇嘛與中情局〉

http://www.trimondi.de/Lamaismus/Krieg-4-CIA.htm

德國第一電視台 2012.6.7〈達賴喇嘛與中情局〉(Der Dalai Lama und die CIA)(擷取日期:2014/3/1)

影片網址:http://daserste.ndr.de/panorama/archiv/2012/dalailama 111.html(擷取日期:2014/3/1)

第15篇 達賴裝無辜反而不打自招

〔真心新聞網採訪組台北報導〕

由於正覺教育基金會率先大聲疾呼，現今台灣社會各界，尤其是佛教界本身，都已普遍覺察假藏傳佛教理論及其修行方式的邪惡偏差，紛紛開始加以指正撻伐，不願再與之同流合污。又因為本基金會所揭露者皆為事實，假藏傳佛教無力回應之餘，除了坐視其門庭的萎縮與冷落之外，供養金的日漸減少，只好層層上報其大本營——達蘭薩（沙）拉的流亡老巢。對台灣藏傳假佛教推廣的情況，作為藏傳假佛教的領頭羊，達賴本人是知道的。

於是，透過刻意的安排，在其出版的新書《虛空的聖者——達蘭莎拉訪聖記實》中，有套好招數的問答，讓達賴來應答「（台灣）最近有『特定的組織』散播對藏傳佛教不利的言論。」達賴回答的原文是這樣的：「事實上，在過去的兩千五百年裡，從一開始時在佛教團體中就有人否認大乘佛教的存在，即使是龍樹菩薩時也有一些佛教團體否認大乘佛教，認為大乘佛教並非佛所傳授（大乘非佛說），現在還是一樣存在著。在南傳佛教界有些人並不接受大乘佛教為佛所宣說，他們也否認密乘中的男女雙運這些是真佛教，認為是受到印度奢那教（Hindu Tantrayana）

的影響，所以在台灣這些團體會這麼想是很有可能的。」[110]

　　正覺教育基金會董事長張公僕先生表示，從達賴這一段話中可以看出，達賴雖然表面裝無辜而其內心早有盤算。張董事長首先指出，達賴故意將非佛教的假藏傳佛教與佛教史攀扯，不知其居心何在？大眾不禁要問，佛教史的發展「干卿底事」？張董事長譬喻，這就像一位遊民乞丐遇到警察向他盤查身分，他卻居然大數皇室族譜，妄想矇混身分躋身貴冑；但佛教是佛教，喇嘛教是喇嘛教，完全是兩碼事，從教史、教義、歸依、儀軌、戒相、修持、果證……等內容的完全不同，不容他混淆。

　　至於達賴故作哀兵姿態，推諉及夤緣所謂的「大乘非佛說」，則更是刻意模糊其安身的立場。董事長分析，假藏傳佛教不是佛教，喇嘛教的法義與佛教南轅北轍；即使連人天善法都說不上了，自稱是「大乘佛教」，只是喇嘛教騙取善良佛教信徒供養的手段罷了！讚歎、弘揚大乘固然與他們無關，即使是否定大乘也不關假藏傳佛教底事，達賴在此分明是要趁亂來越俎代庖。張董事長作個譬喻：就像是看到人家宮廷皇子們內鬥，有乞丐趁亂在門口排隊久了，便自以為有機會奪嫡自僭，真是荒唐可笑。假藏傳佛教本來就不在佛教當中，本來連否定都多餘，如今達賴居然以假藏

---

[110] 許斐莉著，《虛空的聖者——達蘭莎拉訪聖記實》，四塊玉文化（台北），2012.7 初版，頁 59。

傳佛教自身「非佛法」、其教義「非佛說」的背景下，來反證自己
也是被否定的「大乘」，這不是正論，而是趁火打劫的戲論。

　　張董事長指出，事實上假藏傳佛教在其弘傳順勢的時候，總
是對大乘持否定態度而說自己不是一般的大乘佛法，反而高唱自
己是所謂「金剛乘」，更殊勝於大乘佛法；並且說不論是「小乘佛
教」，還是「大乘佛教」，都不過是修習其「金剛乘」的前方便，
顯然不認為自己屬於大乘佛教。如今見其假佛法在台灣弘傳的因
緣氣數將盡，便又突然改稱自己是「大乘佛教」了，變臉跟翻書
一樣快，有何信用可言？更何況「二乘（小乘）」和「大乘」只是
佛法中「解脫道」和「佛菩提道」的殊途，完全沒有「南傳」和
「北傳」的互相否定和對立。董事長指出，這正是達賴和其喇嘛
教之附佛教外道集團，為了分化攪亂佛教，冀求取得自己在佛教
中容身的縫隙，故意製造的矛盾和對立，可謂「居心叵測」。

　　張董事長更引用《伊索寓言》中蝙蝠的故事來說明：「鳥與
野獸宣戰，雙方各有勝負。蝙蝠總是以張翅、斂翅的方式依附
強盛的一方，一會兒張翅說自己是鳥類，一會兒又斂翅辯稱自
己是鼠輩。當鳥類和獸類宣告停戰和平時，交戰雙方終於明白
了蝙蝠的欺騙行為。因此，雙方都裁定牠為奸詐稱罪，並把牠
趕出日光之外。從此以後，蝙蝠總是躲藏在黑暗的地方，只是

在晚上才獨自飛出來。」張董事長表示，「蝙蝠」的兩面取巧的騎牆行為，正是假藏傳佛教這種依附佛教、寄生於佛教影子下，忽然說自己是大乘，忽然又說自己不是大乘，見不得陽光而在陰暗中存身的「宗教」最好寫照。[111]

達賴話說多了，狐狸尾巴自然露出，譬如他自承：「他們[112]也否認密乘中的男女雙修這些是真佛教，認為是受到印度奢那教（Hindu Tantrayana）的影響，所以在台灣這些團體這麼想是很有可能的。」張董事長表示，假藏傳佛教是否受到印度奢那教的影響，辨明其間法義乃是稍後的話題，至於台灣的佛教團體所關心，乃至於整個社會所關心的焦點，不是誰影響誰，而是藏傳假佛教的教義中，到底有沒有所謂男上師與女信徒合修的「雙身法」，而「雙身法」是不是佛教教主 釋迦牟尼佛所說的？如今藉著達賴的親口言說，為大家「證明」的是，假藏傳佛教的確有男女雙身法，而且他想證明與公告天下：「藏傳佛教的雙身法是真佛教，是大乘佛教。」卻自始至終不是佛教教主 釋迦牟尼佛傳下來的，而藏傳假佛教甚至因為 釋迦佛沒有傳授雙身法，往往說 釋迦佛的證量太低。張董事長表示，至此達賴堂供昭昭，假藏傳佛

---

[111] 參見 http://tw.knowledge.yahoo.com/question/question?qid=10070323 07854（擷取日期：2014/3/2）

[112] 意指南傳的佛教僧侶。

教有沒有雙身法已經是鐵案難翻，就等台灣社會大眾來對佛教清理門戶而作宣判了。

第16篇 側觀藏胞連續自焚事件系列報導

一、達賴喇嘛「慈悲心在哪裡？」

〔真心新聞網採訪組台北報導〕

對於連續發生中的藏胞和年輕喇嘛自焚事件，號稱為藏胞宗教領袖的達賴喇嘛表現之「淡定」令人驚心咋舌。他對《印度教徒報》的採訪者說：「現實情況是如果我說些正面的話，中國會立即譴責我；如果我說些負面的話，那麼自焚者的家屬們會非常哀傷。他們已犧牲了他們自己的性命。這不是容易的事。所以我不願造成某種印象說這件事是錯誤的。因此最好是保持中立。」[113]

正覺教育基金會董事長張公僕先生表示，達賴喇嘛這樣的發言已然充分地顯示了其心態的扭曲，和另有詭詐的圖謀，更不是一位號稱自己是佛門出家人所應為者。達賴在此用含糊的語意混淆了人們的價值觀念，他對「正面」和「負面」的設定根本是一種刻意的顛倒；張董事長反問，若是高調讚揚集體自焚，製造社會的對立和人群的恐慌，能將它說成這是有「正面」意義的嗎？又如果躬身撫卹傷亡和家屬，勸令節哀化解冤怨，讓被刻意煽動

---

[113] 參見 http://chinadigitaltimes.net/2012/07/dalai-lama-neutral-self-immolations/（擷取日期：2014/3/2）

起來的激情回復和平與理性，又怎會是「負面」的呢？達賴扭曲的說詞非但是在家屬傷口上灑鹽，更是在自焚的殘軀餘燼上澆油，顯示了其人內心並非佛門出家人的本質。

達賴所說的「所以我不願造成某種印象說這件事是錯誤的」，更是一句詭辯的遁詞，因為他壓根不想面對這些亂象指陳那是錯誤，甚至毋寧說某種程度上他樂見亂象的發生和持續（他所暗示的話就是「這件事某種印象是正確的、所以大家繼續搞吧」）。張董事長表示，在此之前，我們便在〈真心新聞網〉上刊登出多篇文章，指出達賴及其政教野心集團的目的，根本就是在利用這一連串的自焚事件，鼓動無知迷信的信徒繼續自焚的行為，作一場又一場人體的活祭；不只是我們，全世界有識的學人亦是義憤填膺，例如美國波士頓大學宗教學者斯提芬·普羅特勞，在美國有線電視新聞網（CNN）信仰部落格的定期撰文中嚴正質疑達賴的態度和發言，他說：「為什麼不『創造某種印象』說殺人是錯的？為什麼不利用他巨大的道德和精神資源的寶庫來譴責這種以人類獻祭的儀式呢？」[114]

---

[114] 參見 CNN 2012.7.12 日 by Stephen Prothero：〈我的看法：達賴喇嘛應譴責藏人自焚行為〉（My Take: Dalai Lama should condemn Tibetan self-immolations）
http://religion.blogs.cnn.com/2012/07/12/my-take-dalai-lama-should-condemn-tibetan-self-immolations/（擷取日期：2014/3/2）

真心告訴您

在《波士頓環球報》一篇重要的有關自殺的文章中，珍妮佛・米歇爾・亥克特提到自殺會招致新的自殺事件。「自殺的最佳預測之一是瞭解自殺。」她寫道，「意思就是說每一起自殺事件可能是一宗延遲的他殺案。」而自焚事件就是如此。張董事長指出，對於那些盲目愚忠於達賴的年輕自焚者來說，達賴若是能及時指斥輕賤生命的不智，並明確反對自焚，明白告知：「自殺的行為違反了佛陀的戒律！」勸令莫再作此害己損他的愚行，則自我傷害的事件是可以停止的。所以斯提芬・普羅特勞也呼籲，達賴喇嘛不只是諾貝爾和平獎的得主，他也（讓人以為）是個愛好和平的人，在這個危機中，正是他開始表現得像個愛好和平者的時候了。但是由於達賴一直以模糊的態度逃避，卻說是「因此最好是保持中立」，這不禁讓斯提芬・普羅特勞忍不住質疑：「佛教（一般西方人常誤認假藏傳佛教為佛教）也有強烈的慈悲心倫理。那在這事件中，**慈悲心在哪裡呢？**」[115]

---

[115] 同上註。

二、所羅門王廷下的悍婦

〔真心新聞網採訪組台北報導〕

　　近年來，迷信達賴的藏胞自焚事件，死亡者至少已累計達47名，迄未有停歇跡象；僅以2012年8月統計，據中廣新聞網報導，8月6日至13日，一週內就有5名藏胞自焚；扣除例假日後，幾乎可說是每日皆有一起。20年來，世人對這一類的自焚事件，似乎漸漸因西藏地區的發生太過頻繁，覺得背後可能有某一種外來力量策動而顯得開始麻木了；於是藏胞自焚事件的背後策動者，今年採取更強烈的方式，在一週之內以幾乎每天都有人自焚的手法進行，期待因此激起西方社會的大力關注，強逼中國政府對達賴的政治主張讓步。但是達賴集團顯然沒有獲得預期的效果，即使是同胞身分的台灣藍色、綠色媒體，對幾乎每天的藏胞自焚事件，同樣都是輕描淡寫地簡單報導就過去了。[116]

[116] 《自由時報》2012.8.15〈四川2藏人自焚　警民衝突又傳1死〉
http://tw.news.yahoo.com/%E5%9B%9B%E5%B7%9D2%E8%97%8F%E4%BA%BA%E8%87%AA%E7%84%9A-%E8%AD%A6%E6%B0%91%E8%A1%9D%E7%AA%81%E5%8F%88%E5%82%B31%E6%AD%BB-204040776.html
《中廣新聞網》2012.8.6〈四川阿壩藏族自治區又傳男子自焚〉
http://tw.news.yahoo.com/%E5%9B%9B%E5%B7%9D%E9%98%BF%E5%A3%A9%E8%97%8F%E6%97%8F%E8%87%AA%E6%B2%BB%E5

真心告訴您

　　正覺教育基金會董事長張公僕先生指出，情勢顯示：失控的並不是被抗議的中國政府當局，也不是當地的社會秩序，反而是錯估形勢作出冷血反應的達賴和他的流亡集團；媒體也指出，許多人記得當圖登諾布 Ngodup 於公元 1998 年，在印度新德里舉辦西藏難民的絕食抗議之後引火自焚，當時達賴喇嘛的評論是：「暴力，甚至對自己施暴，會衍生更多的暴力。」可是這一次，換到自己在西藏本土的同胞接二連三的為表達抗議而引火自焚時，達賴卻一再迴避評論；甚至隔洋暗地煽風點火，好像巴不得趕快

%8D%80%E5%8F%88%E5%82%B3%E7%94%B7%E5%AD%90%E8%87%AA%E7%84%9A-133111275.html
《中廣新聞網》2012.8.8〈又兩名藏胞自焚 以此抗議人數增加到 46〉
http://tw.news.yahoo.com/%E5%8F%88%E5%85%A9%E5%90%8D%E8%97%8F%E8%83%9E%E8%87%AA%E7%84%9A-%E4%BB%A5%E6%AD%A4%E6%8A%97%E8%AD%B0%E4%BA%BA%E6%95%B8%E5%A2%9E%E5%8A%A0%E5%88%B046-053540675.html
《新頭殼 new talk》2012.8.14〈四川再傳自焚 1 聲援藏人被警打死〉
http://tw.news.yahoo.com/%E5%9B%9B%E5%B7%9D%E5%86%8D%E5%82%B3%E8%87%AA%E7%84%9A-1%E8%81%B2%E6%8F%B4%E8%97%8F%E4%BA%BA%E8%A2%AB%E8%AD%A6%E6%89%93%E6%AD%BB-095919832.html
《中廣新聞網》2012.8.10〈四川阿壩又有 1 名藏人自焚〉
http://tw.news.yahoo.com/%E5%9B%9B%E5%B7%9D%E9%98%BF%E5%A3%A9%E5%8F%88%E6%9C%89-%E5%90%8D%E8%97%8F%E4%BA%BA%E8%87%AA%E7%84%9A-125107764.html
（擷取日期：2014/3/2）

「衍生更多的暴力」似的。張董事長質疑，爲什麼換了時空或是群眾，達賴就換了標準？難道尊重生命、保障人權這一類的普世價值，爲了政治權謀就可以有兩套標準嗎？[117]

張董事長指出，《妙法蓮華經》中的「三車喻」是大家耳熟能詳的，大富長者見自家大宅中火起，諸子年幼不知不覺、不驚不怖，樂著嬉戲無求出意，便以羊車、鹿車、大白牛車等逗引稚子先安全出離火宅，然後更將所有財物盡與之，這才是身爲尊親長者對自家人慈悲心的流露和善行智舉。但是如今達賴坐擁無數鉅億的資財、寺產以及源源不斷的國際募款，卻坐視自己同胞一個又一個、一次又一次地被火噬命，非但不出言勸阻，反而有意無意地讚歎他們是「勇士」，這豈非罔顧人命，竟將無辜血肉當作自己政治權謀的棋子？亦是狠狠地打了諾貝爾（獎）一巴掌。

張董事長表示，台灣的河洛話中有一句俚語：「別人的孩子——死不了（死不完）。」用來諷刺某些人對他人生命的冷漠無情與殘忍，像達賴這般無視於自己同胞的殤痛，正應驗了這句俗語，而他又號稱是慈悲的代表，完全無法令人理解。比較之下，

當事件一再發生時，西藏地方政府均及時採取滅火救人措施，第一時間將傷者送往醫院救治，維護當地社會局勢持續穩定；當地絕大多數的僧俗群眾也對自焚行為普遍予以嚴厲譴責，因為自殺本來就是違背佛教戒律的行為；然而達賴喇嘛及其政教集團卻利用以炒作悲情，謀取自身利益，稱自焚者為英雄，只管以此作為政治上權謀施壓的手段，卻完全不顧藏胞的死活，不願加以勸止。

張董事長引用基督教《舊約聖經》〈列王紀〉記載：「兩位婦人爭奪一子，都自稱自己是孩子的親生母親，所羅門王見她們各執一詞，無法分辨，便說：『既然無法分辨誰是嬰孩的母親，那就把嬰孩劈成兩半，每人各要一半吧。』其中一個婦人急忙說：『王啊、把孩子給她吧，千萬別殺孩子。』所羅門立即判斷該婦人為生母。」張董事長感嘆，為一個孩子的活命，這位母親有著寧可割捨摯愛以求孩子全命的「不忍人之心」，何況達賴縱容信眾推崇自己是「大慈大悲的觀世音菩薩化身」，自己也總是默認的時候多，竟然能坐視為數已近半百，乃至後續還不知會有多少喪生烈焰中的「子民」，象徵大慈大悲的達賴又如何能像那贊成劈嬰分子的悍婦一樣，毫無惻隱之心呢？[118]

2012 年 7 月 13 日英國《泰晤士報》一篇署名利奧‧路易斯

---

[118] 參見 http://www.babyhome.com.tw/info/c3.php?catid=3&subid=2&cid=4659（擷取日期：2014/3/2）

的報導中評論：「自焚事件的傷亡人數已經持續地增加，每一個悲慘的自焚者火焰，似乎迫切須要達賴喇嘛去解釋究竟是怎麼回事。」可是達賴卻忙著伸出指頭去指責別人，他說：「中國不要裝作沒事，應對於促使他們以死抗議的原因進行『深入研究』。」不正表明了他是在利用自焚事件獲取政治利益嗎？也許他正是自焚事件的背後策動者，因為自焚事件的最大獲利者正是達賴這個斂財騙色集團。再回來探究達賴對自焚事件的說法，真是「一推六二五」，卻忘了自己總是一再地宣稱擁有對西藏主權和自治的能力，達賴對此卻一點都不避嫌而講出上面那些話；不但如此，達賴也忽略了那些自焚的藏胞、喇嘛心理因素為何，是否純出於自願或是另有隱衷而不得不自焚？當他們身上潑滿汽油，點火自戕時，口中喊的可是「甲瓦仁波切」（達賴）的名字啊！難道達賴能自外於背後策動者的嫌疑嗎？[119]

美國波士頓大學宗教學者斯提芬‧普羅特勞，在其美國有線電視新聞網（CNN）信仰部落格中撰文所指出的：「如果達賴喇嘛能夠明確表態反對自焚，藏人一定會停止。」另一位美國專欄作家尼可拉斯‧皮爾斯撰文更直言：「如果達賴喇嘛譴責自焚的作為，這幾乎保證能在一夕之間終結此行為。」但是令人不

---

[119] 參見 http://www.theaustralian.com.au/news/world/dalai-lama-wary-over-suicide-protest/story-e6frg6ux-1226424826101
（擷取日期：2014/3/2）

解的是，達賴竟表示：「我不願造成某種印象説這件事是錯誤
的。因此最好是保持中立。」達賴這種對自焚事件明裡保持中立，
事實上卻暗示為肯定（「不願説是錯誤的」），普羅特勞甚至暗比為「對
信仰者慫恿暴力且以某種較高層次善行的名義將它正當化的
行徑」，並出重言評論：「在非常現實的意義上，**藏人的血是掌
握在他的手中。但是達賴喇嘛在這裡累積的惡業遠遠超過了這
些特定的抗議者。**」這真是對達賴在藏胞自焚事件中一針見血的
針砭。[120]

三、烈焰中的茉莉花幻影

〔真心新聞網採訪組台北報導〕

　　自2008年以來藏胞一波波的自焚抗議事件，其發生的原因和
背景或許並不單純，有自焚者個人的遭遇和心理因素、經濟因素、
社會因素、民族因素、宗教因素乃至政治因素。2012年6月29
日達賴喇嘛在義大利的米蘭説：「這些令人傷痛的事件顯然並非
基於個人的家庭問題而發生。中國當局應徹查自焚的原因，探
討是甚麼因素助長了這樣極端的行為。」這不是明知故問裝無
辜嗎？多少大火焚身的藏胞青年，都在撥點打火機的同時高喊著

[120] 參見 http://religion.blogs.cnn.com/2012/07/12/my-take-dalai-lama-should-condemn-tibetan-self-immolations/

達賴集團長年餵養的政治口號，然後在渾身烈焰中倒下？[121]

美國一位作家尼可拉斯‧皮爾斯首先作了某些政治意象的連結，撰文指出：1963 年 6 月 11 日，越南僧人釋廣德坐在西貢一個熱鬧的十字路口的角落一張長沙發椅上。當群眾開始聚集，釋廣德作了一個快速的祈禱後，劃了一根火柴，隨即放置於被汽油浸泡的僧袍上；當釋廣德的自焚殉教訊息傳播到各新聞通訊社，世界隨之而旋轉，6 月 16 日，南越屬於少數民族的天主教政府屈服於佛教徒的要求，停止對佛教徒多數民族的迫害，且授予所有宗教的（信仰）自由，一張釋廣德自焚的照片贏得 1963 年普立茲攝影新聞獎，而南越獨裁領袖吳廷琰就在這一年內被推翻。[122]

尼可拉斯‧皮爾斯分析，釋廣德的決定引火自焚，被全世界視爲當今時代所作過的政治上最有效的（而情緒上則是令人震撼的）公民抗議行動之一，但是後續的問題呢？它運作得「太好」了。自從釋廣德自焚之後，簡直有成千上萬的人將自身淋上易燃液體緊隨其後。由於許多自焚事件的發生，使得一些國際組織開始認爲自焚的數量，已經貼近流行病的比例了。[123]

---

[121] 參見 http://news.in.msn.com/international/article.aspx?cp-documentid=250216439（擷取日期：2014/3/2）

[122] 參見 http://issuu.com/thedailyreveille/docs/20120717_today_in_print page8（擷取日期：2014/3/8）

[123] 同上註。

2010 年 12 月 17 日，一名 26 歲突尼西亞青年穆罕默德・布瓦吉吉自焚，觸發境內大規模街頭示威遊行及爭取民主活動。事件導致時任總統班・阿里政權倒台，成爲阿拉伯國家中第一場因人民起義導致推翻現政權的革命。由於茉莉花是該國國花而稱這次事件爲「茉莉花革命」。其示威抗議的模式亦受一些國家的民眾所效法（如阿爾及利亞、埃及等），導致反政府的示威浪潮在一個月內席捲整個北部非洲與中東地區，終於形成一場規模空前的民眾反政府運動，如潮水般席捲整個阿拉伯世界，穩坐江山數十年之久的政治強人和獨裁者，如骨牌般接二連三地倒下。革命運動浪潮隨後波及埃及、利比亞、葉門、敘利亞、巴林等國，阿爾及利亞、約旦、沙烏地阿拉伯、伊拉克、茅利塔尼亞、阿曼、摩洛哥、科威特、黎巴嫩、蘇丹等其他阿拉伯國家乃至部分非阿拉伯國家也都受到不同程度的影響，發生了一些抗議示威活動，但大都因爲政府的讓步或示威規模不大而逐漸平息。[124]

接任達賴擔任西藏流亡政府最高行政官員「噶倫赤巴」的洛

---

[124] 參見 維基百科：
http://zh.wikipedia.org/zh-hk/2010%E2%80%932011%E5%B9%B4%E7%AA%81%E5%B0%BC%E6%96%AF%E9%AA%9A%E4%B9%B1
http://zh.wikipedia.org/wiki/%E9%98%BF%E6%8B%89%E4%BC%AF%E4%B9%8B%E6%98%A5
（擷取日期：2014/3/2）

桑森格，就曾將藏胞自焚與「茉莉花革命」作附會連結，還沾沾
自喜地大放厥詞說：「藏人自焚事件是人類自焚歷史的一部分。」
美國參議員馬侃也曾湊熱鬧，就此「預言」表示「阿拉伯之春」
運動將蔓延中國。然而，對於藏胞接二連三地自焚，曾在 2009
年出版專著《西藏：地緣政治的犧牲品》的英國布裏斯托大學政
治學博士、威斯敏斯特大學（Westminster University）教授迪比什
（Dibyesh Anand）卻曾在英國《衛報》上撰文提出警告：「國際
媒體很快就會失去興趣，重複死亡沒有新聞價值，沒有哪個強
大的外國政府對搖晃中國船感興趣。」多維新聞網也評論：「長
此以往，一部分流亡藏人將不可避免的走上恐怖主義路線，他
們原本能夠在國際上爭取到的一點支持，也將逐漸失去。」美
國德克薩斯理工大學的榮譽學院助理教授 Costica Bradatan 則注
意到 2010 年突尼西亞街頭小販的自焚引發了起義，蔓延整個阿拉
伯世界；然而幾十位藏胞的自焚並未產生多少政治效果。[125]

---

[125] http://blog.boxun.com/hero/201208/dongsai/1_1.shtml
《自由時報》2012.2.6〈美議員：阿拉伯之春將蔓延中國〉
http://www.libertytimes.com.tw/2012/new/feb/6/today-int7.htm
參見 CNN2012.7.18〈在中國，十幾歲僧侶出現自焚行為〉（Teenage monk
self-immolates in China）
http://edition.cnn.com/2012/07/18/world/asia/teen-immolation-tibet/index.ht
ml
（擷取日期：2014/3/2）

正覺教育基金會董事長張公僕先生表示，由以上的報導可知，藏胞連續自焚本身便是慘痛的生命事件，縱使有自焚者個人主觀的政治訴求，但達賴身爲這些自焚者的信仰中心，達賴同時身爲慈悲的象徵，更不能坐令慘事的再三、再四……發生和蔓延。張董事長呼籲達賴以及其流亡政府中的部分官員，應該及早發言表態勸慰及阻止藏胞生者、亡者乃至在激情中被煽動正欲作傻事者，冷靜下來停止一切傷生害命又損己不利人的自焚愚行；莫坐令西藏極端政治主張者「走上恐怖主義路線」，也莫讓達賴自己成爲西藏胞民眼前和歷史上的劊子手。

四、包裝紙終於露出「火餡」！

〔真心新聞網採訪組台北報導〕

俗話說：「紙包不住火」，何況這把火是有人蓄意點燃，暗地裡添材加油，明著又煽風助燒？又焉能不招致火舌反噬，煙嗆火燻乃至灰頭土臉？農曆新年剛過，2月28日新加坡的主要媒體《星島日報》，以顯著的版面，令人驚悚的標題寫著：〈「自焚指導書」——達賴集團的末路瘋狂〉，報導了達賴集團公開煽動境內藏胞「按計劃和步驟實施自焚」。[126]

---

[126] 參見《星島日報》2013.2.28日報導：

　　報導中指出，該「指導書」以署名「拉毛杰」的個人名義發布，表面看似單純，然而事實上此人曾連任達賴集團兩屆僞議會「議員」，現在仍在達賴集團「教育系統」任要職，因此，此舉乃爲達賴集團下達其「官方」的動員令之意圖不言可喻，彼之所以用個人名義發布，顯然是爲了方便「流亡政府」躲避世人對其公開操弄藏胞自焚的指責；報導中更評論，這份「指導書」在策劃、安排自焚這種慘無人道的行爲時，態度之冷靜，思慮之周密，令人震驚。

　　正覺教育基金會董事長張公僕先生表示，基金會一直藉由「側觀藏胞連續自焚事件」系列報導，分析披露近年來藏胞自焚事件不單純的諸般疑點，所謂的「自焚」，其「自發性」的虛僞、其「連續性」的可疑、其「激烈性」的不斷升高、其「政治性」的快速而「有效率」的傳播不安定感、擴大騷亂和對抗的氣氛，其居心之叵測，再加上達賴集團一直忽視西藏境內人權，不肯以其宗教的特殊地位呼籲停止自焚，反而高調地爲自焚者大作追悼法會，謳歌讚揚彼等爲「殉道者」，遂使自焚事件愈演愈烈，儼然成爲新的國際恐怖主義攻擊。

　　張董事長表示，俗話說：「紙包不住火」，又說：「沒有不露餡

的包子」，如今達賴集團自家的「自焚指導書」曝光，不啻正是達賴集團所蓄意點燃的「自焚之火」，其「火餡」終於冒出來了，再也無法推諉矯飾，「嘉華仁波切（達賴喇嘛）」集團偽善的外表被撕開，露出內在邪惡的實質。

據轉載的媒體報導：「自焚指導書」共分四部分：

第一部分是「思想動員」：鼓吹自焚者是「無畏的英雄」，教唆「男女英雄們」時刻準備就義。

第二部分是「自焚準備」：詳細指導自焚者如何選日子、選地點，「留下書面或錄音遺言」，「託一兩個信得過的人幫助錄像或照相非常重要」。

第三部分是「自焚口號」，教唆自焚者統一呼喊「給西藏自由，達賴喇嘛返回西藏，釋放政治犯」等，以及將這些口號製成傳單拋撒。

第四部分是「其他和平活動」。

張董事長指出，所謂「思想動員」就是精神上的「餵毒催眠」，煽動起自焚者「主觀的動機」，如同賓拉登的恐怖組織，欺騙殉道者死後可以「上天堂」；「自焚準備」則是提供「客觀的援助」，包括時空的掌控、器材配備的提供，以及事後人情喊話的鋪排等等。只不過其真正的受益者，並不是無辜的自焚者，而是為欲得到自

身利益的主事者——達賴集團自身；「自焚口號」則是由達賴集團收割自焚者的苦難和死亡，聚焦為恐怖主義攻擊的成果；而所謂「其他和平活動」則是自焚行動之外，所串演的媒體宣傳、法會追悼、聚眾造勢、鼓動對抗、政治勒索等等後續手段，最終之目的則是增進國際社會的支持而增加達賴集團手上的談判籌碼。

　　事實的發展果真如同「自焚指導書」所設計，報導中詳列：「幾乎每次自焚現場都有人在現場攝像，達賴集團甚至能在事發幾十分鐘後就拿著照片和有關個人資料進行炒作；有人在案發現場呼喊分裂主義口號，煽動、糾集社會閒散人員阻撓政府施救行動；一些自焚者「遺言」內容同「自焚指導書」完全相同。顯然「自焚指導書」的目的就是將自焚行為「規範化」、「系統化」，以便今後像流水線作業般進行操弄，達到達賴提出的讓自焚「更有效率」的目標。」張董事長指出，這十足證明達賴集團的「自焚指導書」已經不是紙上的規畫了，它已經被真實實踐，成為操作藏胞自焚事件的「攻略手冊」了。轉載之媒體又報導：「據加拿大媒體報導，達賴曾「諄諄教導」手下：「現在我們假設決定用武力來達到我們的目的，那首先我們要有槍，還要有彈藥，但誰會賣給我們呢？槍的來源有了，錢從哪來呢？就算有了錢也買好了槍，但如何運進中國呢？通過哪個國

家邊境運過去呢？過去 CIA（美國中央情報局）幫我們空投過，但那是過去了，現在絕不會了。」」這大概就是達賴集團要不斷操作自焚，並急急主動披露「自焚指導書」以求其更迅速蔓延的用心所在吧？[127]

西藏境內到處都找得到偏執無智的盲信者，或由於迷信達賴而智慧未開，或由於出家住在喇嘛廟中資訊缺乏，更由於己身所求之不遂，迄今仍將達賴喇嘛當作神聖在崇拜，殊不知高高在上的達賴集團也只是些五欲具足的凡夫，在佛法上全無絲毫實證，只爲了自身的權力與利益，根本無視於這些「教內子民」的可貴生命，反而恣意踐踏其人權、輕賤其生命，要純樸無辜的藏胞爲達賴集團的世間利益去犧牲自焚，甚至編輯手冊教唆自殺殺人，坐實了達賴集團「以百姓爲芻狗」的麻木不仁。

張董事長指出，這樣瘋狂的行徑令人髮指，就應合了希臘的著名悲劇作家 Euripides 說的：「上帝要誰滅亡，必先使其瘋狂。」

張董事長表示，達賴集團先前口口聲聲要中國政府拿出「達賴集團操弄自焚」的證據，現在這份「自焚指導書」發自其內部而曝光，無異於達賴集團操弄自焚罪行的「自供狀」，不僅印證了已經發生的多次藏胞自焚事件乃是政治性的人爲操控，也更提醒

---

[127] 參見 http://opinion.huanqiu.com/opinion_china/2013-02/3685245.html（擷取日期：2014/3/2）

世人必須看清主謀，了知其行動，才能針對這把「火源」，用慈悲智慧的水喉瞄準，澆熄其火苗而使藏胞保住生命，不再受達賴集團的操控。

報導中還指出，「自焚指導書」是給西方某些支持達賴勢力的一記響亮的耳光，因為多年來這些勢力出自遏制和分化中國的目的，把達賴塑造成「非暴力」抗爭的典範；如今隨著此番達賴集團發布的「自焚指導書」，包藏的禍心露餡了，這些努力也自然「破功」了。

達賴集團拋出「自焚指導書」，以為可以藉此對中國政府進行政治訛詐，是完全打錯了算盤。張董事長引用海外媒體《多維新聞網》的批評說，「事實上，藏人的自焚的確很少得到國際社會的支持，很難想像國際社會如何支持這種慘無人道的事情。」達賴集團企圖以「自焚指導書」催促更多自焚事件發生，以增加、乞求國際移情於達賴，但這一行為只會推動國際社會進一步認清達賴集團的凶殘和瘋狂，也使某些西方勢力在支持達賴集團時，會漸漸猶豫不前；也顯示藏胞隨著各種資訊的流通，以及教育普及而使知識普遍提升之後，越來越少藏胞迷信達賴集團，使得願意自焚的藏胞大幅度減少了，才使達賴集團不得不公開「自焚指導書」，企圖藉此公開流通而產生更多的自焚事件。這證明達賴集團如今已經走到窮途末路了，才不得不出此下策。

　　張董事長斷言，達賴集團在其劣跡昭顯，又得不償失之餘，那個「自焚指導書」成為「紙包子露出的火餡」，終將一發難收而猛烈燎燃，反噬最初「玩火自焚」的達賴集團。

五、鬼牽人命的「哲瓦在線」（上）

〔真心新聞網採訪組台北報導〕

　　2013年，印度的達賴集團策劃挑唆西藏境內藏人自焚的指導綱領「自焚指導書」，遭國外媒體曝光，教唆殺人證據確鑿，算是進一步讓國際看清了這些「偽藏傳佛教修行」心狠手辣的一面，但是在此之前，達賴集團鉤召人命的實際行動，早已在西藏境內、全中國乃至世界各地偷偷進行，有的隱匿不易為人查知，有的被揭穿了隨即被喇嘛教極力否認，例如2013年1月份曝光的「哲瓦在線」網站，引誘藏族年輕喇嘛自焚未遂事件，就是真實具體的一例。[128]

　　故事的主角叫作「土旦巴登」，家在青海省玉樹，他是家裡5個兄弟姊妹中的老大，很小時母親就過世了。14歲時，他入寺當了喇嘛教喇嘛。土旦巴登說，他最早看到藏人自焚的照片是在

---

[128] 參見《星島日報》2013.2.28日報導：
　　http://www.singtao.com/china/news_detail.asp?sid=2643200
　　（擷取日期：2014/3/2）

2010 年，當時，他的第一感覺是很驚訝，因爲以前喇嘛教裡沒有過這樣的事情，不知道爲什麼會發生？而且，自焚的照片看上去非常可怕，覺得那些自焚的人很可憐！再往後，土旦巴登聽說了在印度的流亡藏人們爲自焚者舉辦貢燈祈福儀式，他對自焚的看法發生了一些改變，開始認爲「自焚是一種有勇氣的行爲」。[129]

正覺教育基金會董事長張公僕先生表示，從這裡就可以看出，〈眞心新聞網〉早已痛陳的，達賴等流亡集團高層，非但不呼籲其本族同胞靜下心來，停止傷身害命又違背佛法戒律的自戕行爲，反而火上澆油激化情緒，把自焚者高推爲「殉道者」，爲彼等大肆舉辦「貢燈祈福法會」，將受害者塑造成英雄的假慈悲、假仁義，但其本質事實上與殉道無關，因爲與佛教的存亡無關。從「土旦巴登」的親身經歷就可看出，藏傳四大派僞佛教在達賴集團指導下，是如何的依其「自焚指導書」中的第四行動綱領—所謂「其他和平活動」的煙霧—製造了一波又一波突如其來的猛火與血腥。張董事長直斥：達賴集團等喇嘛教眞是「蛇蠍心腸，豺狼手段。」

2012 年 6 月，土旦巴登到北京，一天下午上網聊天，在一個名叫「哲瓦在線」的網站（達賴集團所屬的互聯網機構，後詳），認識

---

[129] 參見 http://mil.huanqiu.com/paper/2013-01/3577703.html
（擷取日期：2014/3/2）

了一個網名叫「卓瑪」的藏族女子；卓瑪迅速和他談起了自焚，並且把前一天剛發生在青海某地的兩名藏人自焚的照片和視頻（影片）發給了土旦巴登；隨後卓瑪又跟他講了這「兩名自焚者留下的遺囑」，那些話很煽情，讓人感覺自焚是「在爲藏傳佛教、爲達賴喇嘛、爲藏族奉獻生命，是一種大無畏的行爲」，土旦巴登看了以後一下子衝動起來，順手就把「我也想自焚」幾個字敲到了電腦上。

土旦巴登表示，一開始卓瑪似乎很乾脆，說像他這樣的菁英不能去自焚，並多次強調他必須好好活著；這讓他非常感動，覺得卓瑪人非常好，後來乾脆認她作了姊姊；不過，隨著多次網聊的欲擒故縱、煽動誘引，土旦巴登的自焚念頭非但沒有打消，反而被越燒越旺；當土旦巴登問自焚到底有沒有用時，「卓瑪」姊妹告訴他：「國際上對藏人自焚反響非常強烈，很多西方國家議會就藏人自焚向中國政府提出批評，給中國政府施加壓力。」土旦巴登想瞭解自焚在佛教上到底有沒有根據，卓瑪就說，「自焚是利他捨身，是爲了達賴喇嘛回西藏、爲了西藏民主自由而燃燒自己的身體。」[130]

張董事長指出，如今對照達賴集團僞藏傳佛教的「自焚指導

---

[130] 同上註。

書」，便可知道土旦巴登算是自投羅網的被當成了「土蛋」，成爲
其第一行動綱領「思想動員」的對象，以「冷水煮青蛙」的方式
鼓吹使他成爲「無畏的英雄」，被教唆「時刻準備就義」。而「自
焚指導書」中，第三行動綱領「自焚口號」，也在看似兩個年輕
人彼此互相關懷，高談理想的網聊情境中，悄悄地注入土旦巴登
的腦袋中；這一招是將瘋狂失控的違反佛法戒律的行爲，扭曲而
賦予了虛妄不實的殉道價值感，使被催眠受騙者繼續糊塗莽撞下
去。事情發展到此，萬事具備，只欠第二行動綱領的「自焚準備」，
也就是：詳細指導自焚者如何選日子、選地點，「留下書面或錄
音遺言」，「託一兩個信得過的人幫助錄像或照相非常重要」，張
董事長感嘆用這樣虛假的溫情，實際裡卻冷血狠戾的手段誘獵人
命來謀求達賴集團的不法利益，想起來眞是令人不寒而慄，簡直
就是預謀殺人。

　　當土旦巴登表示「沒有用，我就不自焚」後，卓瑪趕忙回復
「雖然我們沒資格對自焚說對與錯，但我們需要更多正義的力
量。」最後，土旦巴登終於發出了這樣幾個字「在北京，自焚。」
此時，「卓瑪」姊妹再沒有勸他不要這樣作，只是稱「北京查得
很嚴」。幸好土旦巴登下網回到大千世界後沒有執迷不悟，他把
想法告訴一些朋友，被朋友們的當頭棒喝喊醒了，這才制止了又
一場悲劇的上演，避免又一個年輕生命的無謂犧牲。

張董事長表示，總算是土旦巴登還能懸崖勒馬，否則後果真不堪設想，若是真的著了「卓瑪」姊妹的道而幹出傻事，非但自己一條小命不保，還要牽連親眷飽嚐家破人亡之苦，社會也付出了輕易撕裂卻難以癒合的傷痕；更重要的，是這個偽藏傳佛教達賴集團幕後傷天害理的「死亡陷阱」，就不會被揭發曝光而為世人所知了。台灣俚語形容一個人若是身不由己，糊里糊塗誤信人言，作出了不可理喻的錯謬行為，就說他是「給鬼牽去」；張董事長表示，偽藏傳佛教達賴集團幕後支持設立的「哲瓦在線」網站，正是這樣一個「鬼牽人命」陰風慘慘的鬼衙門啊！

六、鬼牽人命的「哲瓦在線」（中）

〔真心新聞網採訪組台北報導〕

當 2012 年的夏天，藏族年輕喇嘛土旦巴登被「哲瓦在線」互聯網上的「卓瑪」姊妹逗引煽惑得頭腦昏脹的時候，土旦巴登有了「如果我自焚，也不能隨隨便便自焚」的想法，卓瑪馬上給予贊同的回應，說「自焚需要勇氣，需要準備，不能盲目，一個人死也要死得有價值……」[131]

正覺教育基金會董事長張公僕先生指出，根據達賴集團藏傳

---

[131] 同上註。

僞佛教製作的煽動自焚行動綱領，所謂「自焚指導書」的計畫和步驟，這正是時機已成熟，即將展開第二部分的「自焚準備」發起攻擊的信號，卓瑪只要呈報其上級，派令行動編組人員展開實際作業，然後：「詳細指導自焚者如何選日子、選地點」，勸令「土蛋弟弟」「留下書面或錄音遺言」，再安排「託一兩個信得過的人幫助錄像或照相非常重要」，最後通知特定媒體守候，達賴集團僞藏傳佛教的「官方發言人」在記者會上就位待命，則土旦巴登就將立刻在鏡頭前化成一團火，然後直接在哀嚎中躍升爲「烈士」。[132]

　　幸好土旦巴登懸崖勒馬才沒有釀成大禍，要不然他真的會是一個「自己怎麼死的都不知道」。張董事長表示，其實卓瑪並不是一個普通流亡藏人，她的真名叫「次仁旺姆」，1998 年由青海貴德非法出境跑到印度，現在是達賴集團的互聯網機構「哲瓦在線」的主要負責人，在網上有若干網名，其主要職責就是在互聯網上對中國網民——特別是藏族網民，進行煽動蠱惑和滲透策反，通過製造謠言來引發動亂並伺機搜集中國情報；而土旦巴登當時就是她在互聯網上物色到的「土蛋」之一，這個年輕人差一點就被

[132]　參見《星島日報》2013.2.28 日報導：
http://www.singtao.com/china/news_detail.asp?sid=2643200
（擷取日期：2014/3/2）

這個新認的不懷好意的「姊姊」推進烈焰之中，爲虛假騙人的殉道聖名捨命。[133]

土旦巴登企圖「自焚」未遂的內幕曝光之後，由於當事人指證歷歷，面對千夫所指，僞藏傳佛教達賴集團也只好趕緊透過其御用媒體「西藏之聲」，以對「次仁旺姆」專訪的名義發文澄清，而台灣的「財團法人達賴喇嘛西藏宗教基金會」也迅速地予以轉載。西藏之聲首先承認「次仁旺姆」確實是「達賴集團」的互聯網機構「哲瓦在線」的主要負責人，其次再借「次仁旺姆」之口，承認的確「在境內玉樹地區，跟一個QQ網名叫「然丁」的年輕「僧人」進行過交流」（反正這些是無法否認的），至於其他的既然已經找不到證據、死無對證了，就一概「一推六二五」地否認了。[134]

次仁旺姆說：「我想，作爲一名藏人，而且是一名生活在自由國度的藏人，我有責任去澄清事實，所以跟他講藏人爲何要自焚，自焚的原因等，而沒有煽動他去自焚。」矢口否認之後，又故作感性喊話來轉移世人的疑慮，並試圖爲自己撇清：「作爲

---

[133] 參見 http://mil.huanqiu.com/paper/2013-01/3577703.html
（擷取日期：2014/3/2）

[134] 參見 http://www.tibet.org.tw/news_detail.php?news_id=4242
（擷取日期：2014/3/2）

一個藏人，他們都是我的同胞、兄弟姐妹，我不可能說自己的同胞去自焚。再說任何一個人，你去指示一個人去自焚，他會自焚嗎？是不會的，因為人是有思想的高級動物。」[135]

張董事長指出，這位神祕的網上女子，口口聲聲說「作為一個藏人」，可是事實上她卻沒有「作為一個藏人」，反而是在 1998 年背叛了藏人，由青海貴德非法出境跑到印度，去投靠了那個非法的假藏傳佛教達賴流亡團體；多年來她在境內並沒有作出族群認同及對鄉土的關懷瞭解，反而到了國外竟對並非自己親身經歷、親眼見聞的事情說三道四，這是什麼樣的「有責任去澄清事實」？又怎敢睜眼說瞎話地否認說「沒有煽動他去自焚」？張董事長反問，當達賴集團的「自焚指導書」曝光，當土旦巴登的指陳鉅細靡遺地披露出來的時候，兩相對照則「次仁旺姆」的推諉否認，不是顯得太「欲蓋彌彰」了嗎？

張董事長分析，「次仁旺姆」以「一名生活在自由國度的藏人」故示其超然並與其受害者作區隔；印度或許是個「自由國度」，然而達賴等人寄人籬下的「達蘭薩拉」流亡集團非但不是個「國度」，根本就沒有「自由」，除了其腐化墮落的高官、親貴、喇嘛，日益頹喪絕望的流亡百姓，就只剩下達賴意志壟斷的「一

---

[135] 同上註。

言堂」社會；而這個僞佛教的達賴集團打壓異己排除異見者的手
段，一向是十分粗暴兇殘的。事實上西藏地區最不自由的時節，
正是達賴流亡前包括他執政時期的西藏舊社會；當時的舊西藏由
上層的喇嘛、貴族、領主統治並瓜分現有的資源，廣大的人民多
數淪爲農奴，非但沒有自由、人權，而且受到極其殘忍的剝削和
迫害，其恐怖血腥的統治程度，眞可謂罄竹難書；當他們掌權時
有權力主張自由與人權，但他們從來不想這樣作。[136]

張董事長表示，眞正的佛教並不會強調現今西方社會個人主
義式的「自由」，卻會攝受所有的三寶弟子，希望各自能在佛法實
證的種種三昧中得「自在」；但是以達賴爲首的假藏傳佛教，不但
無法令眾生於其法中得自在，反而是在其偏邪的教義、有漏的「修
行」中，令其從學者被「無上瑜伽」的貪瞋相應法所繫縛；於其
鬼神感應的種種「護摩」中，被對五欲的希求攀緣所綑綁；如今
更證實了他們施設前所未有、駭人聽聞的「自焚指導書」，操控無
辜單純的年輕人，對年輕人作了違反當事人自由意志的「自焚」
的催眠工作。張董事長質問：這樣仿冒佛教並隱身幕後策動而不
敢站在檯面上，而且在達蘭薩拉對流亡藏胞實施恐怖統治的的宗
教團體，有什麼「自在」可言？這樣子坐在互聯網棋盤前下棋的

---

[136] 參見 http://blog.dwnews.com/?p=35226（擷取日期：2014/3/8）

傀儡，又奢談什麼「自由」？

　　張董事長進一步指出，除了其「理性訴求」是空談之外，其「感性喊話」也是在晃點世人；譬如西藏的前攝政法王，又正是達賴喇嘛啓蒙老師的熱振喇嘛與前藏軍總司令龍廈，就是因爲親近漢人，在政爭中失勢被挖去眼睛而且害死的，這不正是他們口中說的「同胞」嗎？而達賴流亡後，在 1996 年開始全面清除異己，將自己早年也一度信奉不疑的傑千修丹（雄天）護法神妖魔化（其事實上確是假藏傳佛教奉爲護法的眾多妖魔之一），禁止流亡藏胞供奉傑千修丹，並宣佈「繼續供奉秀丹的人將成爲藏人社會的公敵」。隨後，「藏青會」、「藏婦會」充當打手，出動大批人員到流亡印度達蘭薩拉的藏人社區和寺廟搜查搗毀傑千修丹（雄天）神像，砸窗戶、燒房屋，騷擾、毆打信徒，製造多起流血事件，許多追隨達賴流亡的藏人被迫離家離寺。張董事長質問：「這些雄天信徒，不也曾被達賴他們呼爲『兄弟姊妹』嗎？」差一點作了冤魂的「土旦巴登」不也親暱地稱呼「次仁旺姆」爲「卓瑪」姊妹嗎？還不是一樣被出賣、賤棄？從以上分析便可以瞭解，「哲瓦在線」負責人「次仁旺姆」的「感性喊話」都是虛情假意、完全不牢靠的。[137]

---

[137] 參見藍色情懷部落格轉載《新京報》2008.12.13：〈達賴集團採用暗殺等手段 迫害異己維繫專制 10 名藏人先後被暗殺〉

　　張董事長指出，這個「哲瓦在線」最可惡的，是爲了否認犯罪，不惜把責任推諉到受害的一方，說是：「再說任何一個人，你去指示一個人去自焚，他會自焚嗎？是不會的，因爲人是有思想的高級動物。」張董事長指斥，達賴集團假藏傳佛教編的「自焚指導書」，是他們自己走到窮途末路時不愼公布出來的眞相；有不少藏人受到他們煽惑眞的去自焚，是已被多方報導的事實，而且連續發生迄今未歇；可是主事者，以及其從事者竟然漠然地說是：「不會的，因爲人是有思想的高級動物。」這句話表面上是說理自清，其實是爲了撇清責任而作了寡情的切割，竟將被自己唆使的受害者暗示成「非有思想」、「非高級動物」！甚至直接了當地說實話，是將他們視爲「非人」啊！所以才敢如此的糟蹋、踐踏。像這樣的「次仁旺姆」、這樣的「哲瓦在線」以及其幕後的「藏鏡人集團」，不是視人命如螻蟻、視人命如草芥又是什麼？這眞的叫作「厲鬼索命的『哲瓦在線』」。

七、鬼牽人命的「哲瓦在線」（下）

〔真心新聞網採訪組台北報導〕

　　到底「哲瓦在線」是個什麼鬼東西呢？「哲瓦」，藏語裡的意思是「聯繫」；「哲瓦在線」成立於 2006 年，從其內部流出的

文件顯示，其成立宗旨不外於：「要做網絡爭取工作，一旦能使境內藏族青年在認知上與流亡藏人統一起來，他們絕對能勝任『西藏獨立事業』的需求」。也就是如「卓瑪」姊妹次仁旺姆所進行的：「在互聯網上對中國網民，特別是藏族網民，進行煽動蠱惑和滲透策反，通過製造謠言來引發動亂並尋機搜集中國情報。」原來「它」或是「她」竟是「藏獨」的傳聲筒。[138]

據媒體報導 2009 年以前，「哲瓦在線」的主要資金來源是西方某大國政府的下屬機構「國際廣播局」，國際媒體《環球時報》2009 年曾報導了該國國際廣播局和「哲瓦在線」開展合作、對中國藏族網民進行網路策反和情報收集的內幕，使得該大國政府不得不中止了「國際廣播局」對「哲瓦在線」的資金支出，當時一度令「哲瓦在線」陷入窘境；後來達賴喇嘛的親信（達賴集團前任駐北美代表、「哲瓦在線」的創建人）土登桑珠又爲「哲瓦在線」找到了新的金主：同樣是在該國的「國家民主基金會」，這個「民主基金會」就以所謂「人權溝通項目」的名義給「哲瓦在線」每年 5 萬美元的經費。[139]

正覺教育基金會董事長張公僕先生表示，幾年前演藝人員曾

---

[138] 參見 http://news.wenweipo.com/2013/01/24/IN1301240023.htm（擷取日期：2014/3/2）
[139] 同上註。

經模仿談狐說鬼的作家司馬中原搞笑：「中國人怕鬼，西洋人也
怕鬼」，一時還成為坊間飯後笑談。偏偏那些少數流亡海外的西
藏偽佛教徒，自己就鬼鬼祟祟，還聯合洋人一起搞鬼，大家可就
笑不出來了。張董事長說，這不是大家「鐵齒」不信有鬼，反而
是鬼影現前，公然弄起「厲鬼索命」的勾當，實在令人不齒。張
董事長痛斥那些偽佛教徒達賴集團，一手拿外人的錢，另一手卻
要自家同胞的命，想要達成一己之私；這樣的陰謀與行徑，何止
是「鬼迷心竅」？

　　「哲瓦在線」恢復運作之後，根據達賴集團對「藏人自焚」
的高度讚賞，迅速調整了自己的工作重心——轉向通過網路蠱惑
國內藏人自焚，對於像土旦巴登這樣有可能在中國大城市製造自
焚事件的藏族年輕人，「哲瓦在線」尤其感興趣；其犯罪成員例
如 1993 年，青海藏人「多傑旺秀」在國內犯下命案畏罪潛逃，
非法出境跑到了印度的達蘭薩拉，後來成為現任「西藏文化研究
中心」主任，同時也開始擔任「哲瓦在線」的顧問和核心撰稿人。

　　到了 2012 年，邪教所謂「世界末日」的說法傳得沸沸揚揚，
多傑旺秀發現在自己家鄉一帶的藏區，有不少百姓對「末日將臨」
的傳言深信不疑，甚至有不少人住帳篷、積糧食、買蠟燭準備躲
過末日，因此，多傑旺秀乃在達賴集團幹部會議中提出：「應當
抓住藏人相信『末日預言』的機會，向他們明示：『末日將

至』，⋯⋯只有像自焚的英雄那樣和專制暴政抗爭，爲自由獻身，向人間最高活佛達賴喇嘛祈福，才能暫時避免末日的到來，」並附加提出了萬無一失的事後託詞：「如果 2012 年 12 月 21 日的世界末日眞的推遲了，那是自焚英雄們的付出得到了驗證。」[140]

張董事長指出，達賴集團的「官方」機構任命這種畏罪潛逃的刑事犯來擔任他們「西藏文化研究中心」的主任，則此機構的品質和目的就堪玩味了！果然，他們竟想到利用西洋以訛傳訛的現代迷信，來欺矇自己的同胞捐出寶貴的生命，甚至事先設想將來圓謊以繼續騙下去的說詞都預備好了，張董事長不禁要問：這樣的居心和作法，連做人的資格都稱不上了，到底算是什麼樣的「政府」？又是什麼樣的邪法竟敢自稱爲藏傳「佛教」？

由於多傑旺秀是「哲瓦在線」的思想主導者之一，他的這種假借「末日傳言」來讚美自焚藏人的招數，在「卓瑪」姊妹們每天10小時以上和國內網民的聊天交流中有所施展；而這種抓住一切機會讚美、鼓勵藏人自焚的作法，便納入「後達賴」的新流亡政府「創新思路」中。

2012 年 9 月下旬，達蘭薩拉召開的「第二次世界流亡藏人大會」上，達賴集團「流亡政府」接受了「藏青會」提議中的說法，

---

[140] 同上註。

在大會決議中公然宣稱「自焚是非暴力鬥爭的最高形式」，鼓勵國內的藏胞自焚；這種所謂的「創新的非暴力鬥爭」在 2012 年的「成效」就是 70 多條寶貴的人命被火舌吞沒。[141]

曝光「自焚指導書」的主角「拉毛杰（傑）」，也曾是達蘭薩拉「西藏流亡議會」的「議員」，這名達賴集團高層人物除了在其個人網站上美化「藏區自焚英雄」，宣稱他們「偉大而光榮」外，還在網頁上赤裸裸地教唆：「如果自焚，時機上要等待一些重要日子，地點也要挑選重要地段，事前還要安排人員錄製視頻（影片）和拍照，要有響亮的政治口號，有計劃、有步驟地進行。」這些思想、言行顯然正是「自焚指導書」的濫觴。[142]

張董事長指出，可見無論「哲瓦在線」或是「自焚指導書」，都是達賴流亡政府所謂「創新的非暴力鬥爭」的一環，他們唆使歷次參加西藏地區動亂的群眾，不要再「打、砸、搶」了，而要把新暴力（自焚）轉向群眾自己，美名為「非暴力」，用以誤導歐美人士。這種轉向或許會給中國政府帶來更大的國際人權譴責的壓力，所以自鳴得意稱之為「創新」。張董事長呼籲大眾看清那些美麗政治辭藻後面的邪惡——就像這一道「哲瓦在線」，它

---

[141] 同上註。
[142] 同上註。

一頭牽扯著 70 多條被火舌吞噬的人命，另一頭，卻是層層疊疊
的厲鬼索命啊！

第17篇「有關達賴和西藏議題的迷思」迴響 系列報導

一、莫教詭辯掩迷思

〔真心新聞網採訪組台北報導〕

2012年12月2日一位署名「多華」的某大學助理教授，以〈有關達賴和西藏議題的迷思〉為題，在《中國時報》撰文指出**台灣社會對達賴與西藏議題有許多迷思，並因此造成「台灣主流媒體與政治人物一面倒支持達賴喇嘛及其流亡團體，其餘爭議幾乎湮沒無聞。」**見解精闢評析如理，並明確引證史例和法理，頗能撥雲見月釐清事實，使社會大眾更能明瞭此一相關議題的真相。

因為此文鞭辟入裡，對於揭發假象有振聾發聵的宏效，「達賴喇嘛西藏宗教基金會」眼見要害被戳破，恐彼等立基動搖，勢必影響其久享之虛聲幻勢故不能安忍，遂在其傳聲筒官方資訊網〈西藏時事評論〉專欄中大作反駁（以下簡稱駁文），雖然作者努力想針對多華先生所破解之三種迷思予以反擊，但是由於理虛心怯，再加上所舉證的歷史事例根本兜不攏，是以駁文只好強詞奪理胡牽亂扯，顯得處處捉襟見肘自曝其短，益發反證多華先生所言乃是諦實。

譬如多華先生指出的迷思之一，即是常有偏頗的史觀誤導大

眾,「將多民族的中國想像成單一民族的國家,來否定 1912 年後現代中國統治少數民族地區的正當性。」然而證諸歷史,不僅中華民國與中華人民共和國法律規定的領土範圍是從清朝繼承而來的。此一疆域的形成,並不是中原農耕政權的擴張,反而主要源自近古西藏和西域政教勢力參加蒙元統治中國的行列,成為等級高於漢人的統治者。西藏政客和民眾絕無法自外於這樣的歷史,也大可不必於此作自我否定。然而「達賴喇嘛西藏宗教基金會」所撰駁文[143],卻以自列四點理由對此點意圖反駁,並妄謂「中國歷史上,邊疆其他種族人民建立的國家,不同於中國。」

揆諸所述的第一個理由:「西元 763 年西藏(吐蕃)軍隊攻下中國京師長安,造成唐代宗出奔陝州。西元 787 年西藏(吐蕃)與唐簽署和平條約。821/822 年長慶會盟簽訂中博合約,條約中明訂西藏與中國為兩個平等國家,確認兩國邊界,並將和平條約內容刻碑豎立於三處:西藏首都拉薩、中國長安、兩國邊境。」正覺教育基金會董事長張公僕先生於此表示,駁文所舉證的唐代歷史,其實是遮掩之下、避重就輕的遁詞,不堪史實全貌真實的檢視。

---

[143] 參見 基金會之官方網站:劉月娥著,〈反駁中時有關達賴和西藏議題的迷思〉http://www.tibet.org.tw/com_detail.php?com_id=849 (2014/6/7 擷取)

　　張董事長指出，眾所周知唐朝國力的衰弱是先有宦官為禍與黨爭，其驟轉則是「安史之亂」，安史兵變除了直接引起藩鎮割據，更引起嚴重的外患；安祿山叛變之後，唐室中央把西南邊界屬於隴右軍區和河西軍區的軍隊，調往中原參戰，邊界等於沒有防務。吐蕃王朝重臣大相抓住這個機會於公元763年發動全面攻擊，致使長安陷落、代宗出走，自後中國本土正陷於藩鎮的混戰，無力西顧，吐蕃兵團經常伺機長驅直入在關中地區攻城掠地燒殺擄掠。[144] 張董事長評述，這是吐蕃王國乘人之危以盜匪式劫掠行徑侵擾中國，吐蕃並沒有因此在中土或是藏境以外的地區建立新政權，唐史也從沒有否認吐蕃外藩國的地位，在名義和形式也始終維持著文成公主、金城公主兩位公主下嫁和親所建立的舅甥國關係，則駁文引這一段歷史與其所欲辯駁之所謂「事實一」：「中國歷史上，邊疆其他種族人民建立的國家，不同於中國。」實在是多此一舉，語不中的；除了為流亡海外的達賴集團包藏禍心，蓄意挑撥民族情感，實無多義。何況駁文既曰「中國歷史上」，這就是中國事，語意也不容分歧。

　　西元787年西藏（吐蕃）與唐簽署的「和平條約」，其過程及背景故事其實並不和平。原來當時唐代宗的繼任者德宗李适欲與

---

[144] 柏楊著《中國人史綱》〈下冊〉，星光出版社（台北），1979.12初版，頁552－553。

吐蕃兵團謀和，問題是吐蕃王國認為和解即是斷絕財路，並不願意結束這種致富的強盜行為。最後，吐蕃才設下陰謀故意表示願意接受。於是西元 787 年大唐宰相渾瑊，吐蕃宰相尚結贊在涇州平涼川會議，締結和解條約，怎知渾瑊剛要入場時，吐蕃伏兵四起，所幸渾瑊奪馬狂奔逃脫，其他中國官員全部被俘，受到殘酷虐待。[145]

吐蕃還逐乘勢進攻隴州，把全城居民集中，老弱的屠殺，剩下的全部挖眼斷手，棄於道旁，這些殘忍行徑及其手法，和舊西藏社會統治階級對付農奴的手段完全一樣，當時尚剩下青年男女數萬人，全被驅往西行。走到安化峽宣布說：「你們可向東辭別你們的祖國家園！」民眾大哭，投入山谷自殺的數千人，其餘的全部被賣為奴。張董事長指出，為了因應駁文而被動引述歷史細節，只是要說明在西藏相關議題上，中國並非自始就是「侵略者」，民族間的互動敵友情勢互易本就是在所難免；同時也於此可見多華先生的卓見：「若主張驅逐侵略者，這筆帳就算不完了。」可見其器識的宏遠和存心的寬厚。相形之下，駁文的遮掩全情語焉不詳，盡向尖刻對立處挑筆，二者這就高下立判了。[146]

至於「821/822 年長慶會盟簽訂中博合約，條約中明訂西藏

---

[145] 同上註，頁 553。
[146] 同上註，頁 554。

與中國爲兩個平等國家，確認兩國邊界，並將和平條約內容刻碑豎立於三處。」則根本是藉題發揮指鹿爲馬，極力扭曲事實眞相，以符合達賴流亡人士自身立論之所資。張董事長指出，據歷史記載，從公元 705 年至 822 年，唐朝和吐蕃共會盟八次，其中第八次會盟是在唐穆宗長慶元年至二年（821 年–822 年）進行的，所以也稱爲「**長慶會盟**」。會盟確有立碑，其碑文同時刻有藏漢兩種文字，這就是人們常稱的長慶碑，或稱爲「**甥舅和盟碑**」。這塊碑之所以稱爲「**甥舅和盟碑**」，是因爲自從松贊干布娶文成公主以後，歷代贊普對唐朝皇帝以外甥自居，行子婿之禮，所以，當時的唐穆宗與赤祖德讚是舅甥關係；爲「承崇甥舅之好」，赤祖德讚與唐立碑和盟，故有此稱。[147]

此碑上載盟文內有「**商議社稷如一，結立大和盟約**」及「**今社稷葉同如一，爲此大和**」而全碑四見「**甥舅**」或「**舅甥**」一詞，

---

[147] 參見 維基百科：http://zh.wikipedia.org/zh-tw/%E5%94%90%E5
%AE%8B%E8%88%87%E5%90%90%E8%95%83%E9%97%9C%E4%B
F%82%E5%8F%B2（擷取日期：2014/3/5）

參見 http://tw.knowledge.yahoo.com/question/question?qid=11050
52902391（擷取日期：2014/3/5）

參見 維基百科唐宋與吐蕃關係史：
http://zh.wikipedia.org/zh-tw/%E5%94%90%E5%AE%8B%E8%88%87%
E5%90%90%E8%95%83%E9%97%9C%E4%BF%82%E5%8F%B2（擷取
日期：2014/6/22）

甚至明言「大番供應，須合舅甥親近之禮。」董事長指明，「**社稷如一**」當然非「**對立**」；而「**舅甥**」**是倫理關係，大番供應大唐接應，行禮如儀尊卑定矣，史鑑如此，何來**「平等」之說？可見「達賴喇嘛西藏宗教基金會」論理不實，特為自身持論立場有利，極盡穿鑿作假曲解史實之能事，如此與人論辯，有何公信力可言？又如何能以理服人？[148]

　　駁文力辯「事實一」的第二「理由」是：「全國（女眞）占領北中國，宋朝王室偏安江南。」張董事長指出，這完全不需要「達賴喇嘛西藏宗教基金會」提辯，事實上無論是歷代中國政府與人民，或是學者史家，從無人否認或是隱晦這個事實，甚至正史二十四史中，更將遼、金史列爲正史。中國人從來不排斥有外族入主的事實，遼人、女眞非但不自外於中國，甚至主動積極漢化，融入文化主流，給中華民族增添新血。駁文的第二個「理由」反而證明了多華先生的論述：「此一疆域的形成，主要源自近古西藏和西域政教（外來）勢力蒙元參加統治中國的行列，成爲等級高於漢人的統治者，而不是中原農耕政權的擴張。」張董事長表示，這就是中國自古以來「**江海不擇細流，乃能成其大**」

---

[148] 參見 維基百科：http://zh.wikipedia.org/zh-tw/%E5%94%90%E5%AE%8B%E8%88%87%E5%90%90%E8%95%83%E9%97%9C%E4%BF%82%E5%8F%B2（擷取日期：2014/3/5）

的泱泱大國氣度。

　　駁文的第三個「理由」是：「編纂《元史》作者群，並未將西藏視爲中國一部份，也不把蒙古算成中國的一部份。」董事長表示，其實這正是國族重視歷史去僞存眞，以及史家春秋秉筆的態度。因爲當時的西藏和列爲漢人、南人的「中國」都已是被征服者，和蒙古一樣都是大元帝國的一部分。董事長表示，不能昧於歷史而妄談誰是誰的一部分，那是不合邏輯也毫無意義的。

　　駁文的第四個「理由」是：「明朝正史將西藏放在明朝版圖以外。」這已是睜眼說瞎話了。董事長表示，論史不能像文學修辭一樣，取部分以代全體。駁文不能僅以大明開國，洪武草創時期的版圖來函蓋其全盛時期。到了明成祖永樂年間，國力達於極盛，版圖也極力擴張，非但西藏已被函蓋在內，甚且有實際的統治管理，乃至常以封賜強化向心。

　　如：公元 1368 年明朝建立後，採取了普遍封賜的政策，對具有政治實力的地方諸教派首領均賜加以「王」、「法王」、「灌頂國師」等名號；王位的繼承必須經皇帝批准，遣使冊封。這時，**達賴喇嘛和班禪喇嘛兩大活佛**系統所屬的格魯派興起，三世達賴喇嘛索南嘉措向明廷入貢，**獲得明朝中央封賜的「朵兒只唱」名號。**明朝中央對西藏地方的治理，沿襲了元朝的辦法，**先後設置烏思**

藏、朵甘兩個「衛指揮使司」和「俄力思軍民元帥府」，分別管理前後藏、昌都和阿里地區的軍政事務。西藏事務分明是大明朝之境內事務。[149]

張董事長更指出，莫說格魯派的達賴與班禪，即使是噶舉派的領袖，其**第五世噶瑪巴亦受明成祖賜其「大寶法王」之名號，並賜「黑寶冠」**，故其系統從此亦被稱為「黑帽系」，以黑帽傳世，世稱楚布黑帽系噶瑪巴。這一項上國衣冠的尊寵，直到現在還在傳承，甚至還因利害所趨被爭相搶戴，目前的「大寶法王」鬧雙胞，由「烏金赤列多傑」和「赤列泰耶多傑」並列為大寶法王十七世，成為互不退讓卻又互不承認的怪現象。以上種種都證明了明朝之後，近代西藏早已是中國的一部分，無法割離。[150]

清朝繼承明朝繼續統治整個中國，張董事長又引述多華先生的敘述：「證諸歷史，不僅中華民國與中華人民共和國法律規定的領土範圍是從清朝繼承（而不是透過對外侵略兼併）而來的，就是清朝的最大版圖也未超過古代中國的傳統疆域。」張董事長指出，這也直、間接證明中國向來是一個多種族共治共衍

---

[149] 參見《南陳宗親網》〈西藏自治區歷史沿革〉
http://www.nanchens.com/gdjj/gdjj03/gdjj11001.htm
（擷取日期：2014/3/5）

[150] 參見 維基百科：http://zh.wikipedia.org/zh-tw/%E5%A4%A7%
E5%AE%9D%E6%B3%95%E7%8E%8B（擷取日期：2014/3/5）

的國家，而絕不是如日本和西方部分學者偏頗的中國歷史觀，將多民族的中國想像成單一民族的漢人國家，並且完全忽略了清朝數次出兵驅逐廓爾喀，解除彼國對西藏之入侵；亦忽略了當印度的英國人騷擾藏地時，十三世達賴嘎廈政府立即向清朝宗主求援。

張董事長指斥，駁文企圖扭曲史實，來暗中呼應這些刻意的偏見，以否定現代中國統治少數民族地區的正當性，自甘淪為野心者達賴流亡集團支解中國的工具，其實只為遂意少數人的政治利益，亦公開違背了今日中華民國憲法與中華人民共和國憲法，亦偏離了今日衛藏地區實際居住人口之主動意願，其用心直與百年前帝國主義欲分裂中華民族者相同。

今已見其理不能成立，還硬要用種種不實的說詞繼續遮掩其過時的迷思，其心思可謂比其言辭更為詭譎，大眾皆宜小心，不要再被其種種不如理、不如實的詭辯所誤導。

二、識破謊言夾離間

〔真心新聞網採訪組台北報導〕

「達賴喇嘛西藏宗教基金會」在其官方網站貼文反駁多華先生的〈有關達賴和西藏議題的迷思〉，其所舉的所謂「事實二」，是以三點理由夾帶離間性的謊言，來宣達彼等謬論，所謂：「中國對西藏、新疆和內蒙古的確是有目的與政策性的刻意『內部

殖民』。漢人也是中國專制體制下的受害者。」云云。

正覺教育基金會董事長張公僕先生表示，討論這個議題必須從三個方向來思考。首先應當釐清彼所謂「殖民」的地域範圍，也就是其所指「內部」疆界的正當性，若對此無共識，則流於各說各話，討論即無意義；其次才能談到政策的合法性，以及實施方式的合理性。董事長指出，這些重點在多華先生的大作中，已經作了正確的論述，尤其對於疆域問題，甚至已將雙方歧異觀點、歷史的沿革以及現況完全說明清楚，可謂義正而辭嚴。

張董事長提出對比：反觀駁文顯然理屈詞絀，一開始便刻意迴避疆域的問題，竟一反辯論邏輯，將之置於最後一個「理由」來列論。駁文的第一個「理由」，反而以多年前與本主題毫無關聯的個別人權事件開場，頗令人覺得文不對題，不知所云。董事長分析，很明顯的，駁文打算以「訴諸悲情」來擾亂視聽，這些「觀感問題」事實上和「治權問題」之範疇完全不同，不容在理性討論中夾雜，否則以情亂理就沒有辯論的意義與價值了。

更有甚者，駁文的第一個理由中有謂「漢人也是中國專制體制的受害者」之類言語。董事長指出，這已經是在作政治上的攻擊，也是在當政者與人民之間作挑撥離間了。這顯然不是要尋求溝通達成共識，而是在蓄意製造更多的問題，引發更大範圍的混

亂和不確定，以轉移焦點謀取利益，這種用心是非常不可取的。董事長指出，爲了正本清源，大家最好識破駁文這種離間性謊言，不予理會，直接就針對駁文故意退藏在第三點的所謂「大西藏地區」來討論。

　　張董事長首先點明，這個問題最有爭議的部分，譬如青海、西康、四川、甘肅和雲南等地，多華先生早已委婉的表達，這些省分一向是多種族人民的世居地，甚至藏人才是最晚到達的，而達賴等人所宣稱之「移民」數字的增加，竟有極高比例是當地世居漢人的自然繁衍。而駁文中所稱之「大西藏地區」，除了當今西藏自治區之外，竟還包含青海大部分以及小部分的甘肅、四川、雲南，其總體面積相當於現西藏自治區之兩倍。董事長指出，這就像流氓要從事惡意傾銷，故意漫天要價抬高自己手中本來就不存在的籌碼，以訛詐對方，或是要求多事的「和事佬」就地還錢一樣無稽。

　　根據西藏問題專家徐明旭先生研究西藏問題的鉅著《陰謀與虔誠：西藏騷亂的來龍去脈》一書中曾提到：「除藏族外，在達賴喇嘛的『大西藏』內還居住著漢、回、蒙古、土、撒拉、哈薩克、栗僳、納西、獨龍、怒、彝、白、裕固、東鄉、羌、維吾爾、保安等 17 個非藏民族（都是世居很久的種族）。達賴喇嘛說

他們都是中國政府送去的『移民』，又是彌天大謊。……達賴喇嘛自己也明白，把上述 16 個非藏非漢少數民族都說成是中國政府送去的移民是無人相信的，所以他故意含糊其辭地把他們都叫作 Chinese（中國人），從而給西方人以他們都是漢人的印象，製造『漢人在藏人自己的土地上（指『大西藏』）淹沒藏人』的神話。」[151]

徐明旭先生更依據史料，證實在所謂「大西藏」函蓋的範圍內，絲綢之路的要道河西走廊，早在兩千一百年以前，就已經是西漢皇朝的領土——涼州。比松贊干布定都拉薩，建立第一個藏族國家吐蕃王朝早了七、八百年。唐朝詩人王昌齡詩《出塞》云：「秦時明月漢時關」，這關就是河西走廊的咽喉，漢朝建立的玉門關。達賴喇嘛及其「西藏流亡政府」竟然把自古以來屬於漢人的河西走廊也劃進了「大西藏」，足見達賴集團為擴大其領土的野心已到了漫天撒謊的地步。

至於被達賴喇嘛叫作「安多省」的青海省，據《後漢書》《西羌傳》，西羌祖先是三苗，原居湖南衡山附近。舜將三苗遷移到三

---

[151] 徐明旭著，《陰謀與虔誠：西藏騷亂的來龍去脈》第四部：新的冷戰 第十三章〈達賴喇嘛向何去？〉一、「大西藏」的神話。
參見 http://www.tangben.com/Himalaya/hm1301.htm
（擷取日期：2014/3/5）

危（今甘肅境內敦煌附近）、河關（今蘭州附近）西南地區，在賜支河（今青海東部黃河彎曲處）沿岸定居，其活動範圍東起隴西，西迄黃河源，南下青藏高原，西北達新疆中部。羌人的後裔至今仍在四川省阿壩藏族羌族自治州生活。

青海的第二代移民是漢人。公元前 121 年（比松贊干布建立吐蕃王朝早了 754 年），西漢皇朝即在此處設塞置縣，還設護羌校尉管轄羌人並屯田。公元 9 年，王莽建立新朝，在青海三角城設置西海郡。連現任「達賴喇嘛西藏宗教基金會」負責人達瓦才仁，1997 年也曾在雜誌上公開承認此一事實說：「漢族最早時入青海是新朝的王莽，曾拓邊到青海並設立西海郡，徙犯人屯田」[152]。因此，按照先來後到的順序，漢人比藏人更有權利說，青海自古以來就是漢人的地方。

青海的第三代移民是鮮卑——土谷渾。公元 280 年，遼東鮮卑慕容氏遷移到陰山，公元 310 年（比松贊干布建立吐蕃王朝早了 323 年），再遷到甘肅南部、青海與四川北部，與當地羌人融合，

---

[152] 達瓦才仁著，《誰在製造西藏的神話？》，《北京之春》第 45 期，1997 年 2 月出刊。

徐明旭著，《陰謀與虔誠：西藏騷亂的來龍去脈》第四部：新的冷戰 第十三章〈達賴喇嘛向何去？〉一、「大西藏」的神話。

參見　http://www.tangben.com/Himalaya/hm1301.htm （擷取日期：2014/3/5）

以土谷渾爲稱號，**以西晉爲正統**。《北史》《土谷渾傳》云：「土谷渾『治伏俟城，在青海西十五里，青海週圍千餘里。』」公元640年，唐太宗以弘化公主嫁土谷渾首領諾曷鉢。次年，文成公主經青海入藏時，諾曷鉢與弘化公主夫婦還爲文成公主沿途建行館、設盛宴，贈送厚禮。

青海的第四代移民才是藏人。公元660年左右，吐蕃王朝恩將仇報，襲擊土谷渾。663年諾曷鉢、弘化公主夫婦逃到涼州，向唐朝求援。670年唐朝派薛仁貴率軍入青海，幫助土谷渾收復失地，大敗。公元734年唐使張守圭、李行韋與吐蕃使者奔布支會同在赤嶺分別立碑爲界。不久，唐蕃戰事又起，唐將哥舒翰屢敗吐蕃，所向披靡，吐蕃駭走，只馬無還者，從此吐蕃不敢近青海。所以才有唐西鄙人詩《哥舒歌》云：「北斗七星高，哥舒夜帶刀，至今窺牧馬，不敢過臨洮。」

其後的發展如前篇（迴響系列）所言，公元755年安史之亂時唐軍東調，吐蕃趁虛而入，760年佔領廓州（青海東部），只在這時，藏人才控制了青海全境。然而好景不長，吐蕃王朝於842年贊普朗達瑪被刺身亡後即告崩，此後四百多年，西藏陷入群雄割據、爭戰不休的極度混亂之中，直至被蒙古人征服，沒有統一的政權。公元1099年，宋軍收復河湟地區，置隴右節度。公元1104年，改鄯州爲西寧州，設隴右都護府，是爲西寧這一地名的起源。

　　青海的第五、六代移民是蒙古人與蒙古人帶來的中亞穆斯林（回族的祖先）。公元1372年明朝改西寧州爲西寧衛，1375年至1397年在柴達木地區設立安定、阿端、曲先、罕東四衛，歸西寧衛統轄。清朝年間青海東部屬於甘肅省，西部由欽差辦理青海蒙古番子事務大臣管轄。

　　1912年中華民國成立後，青海東部仍屬甘肅省西寧道，西部由青海辦事長官管轄。1929年中華民國在青海建省，以西寧爲省會，由孫連仲任省主席。同年中原大戰爆發，孫率軍東去，回民馬麒代省主席。1932年十三世達賴喇嘛趁國民政府忙於對付國難（日本侵佔東北的「九一八」事件），派軍進襲青海與西藏交界的玉樹地區，被馬家軍擊敗。1936年馬麒之子馬步芳代省主席，1938年正式任省主席，直至1949年撤退至台灣，其後由中華人民共和國接管。

　　由此可見，是中國皇朝最先將青海納入中國版圖，治理青海的時間也最長。歷代達賴喇嘛與噶廈政府從來沒有統治過青海，青海在中共建政之前就是一個以漢人爲主的省。甚至連西藏的噶廈政府1949年11月4日給英國的信中也承認青海省、包括甘南藏區在內的甘肅省、包括甘孜與阿壩藏區在內的西康省都是中國的省分。美國藏學家戈倫夫指出：「歷史事實是達賴喇嘛自從十八世紀中葉從未統治過西藏自治區外的藏族居住區。在 1913

年的西姆拉會議上，十三世達賴喇嘛甚至願意簽字放棄對它們的權利。」作為西方藏學家代表人物的戈茨坦也說：「無論如何，大西藏的目標在政治上是不現實的。西藏已有一個世紀或更長時間未曾統治過那些地方。」[153]

　　鑑諸以上史實，以及學者專家、國際政治人士的見證，都該明白藏人傳統居住地即現今西藏自治區殆無疑義，達賴所謂的「大西藏地區」，只是為逐其個人領土野心及政治圖謀的幻想及吹噓，既非事實也不可能實現，不值一辯；張董事長提問，讓大家設想：若是把達賴的「大西藏地區」謬說真當一回事來討論，那麼是不是再過若干年，達賴又要主張：印度權宜借給達賴及其流亡政府棲身的達蘭薩拉，也是「藏人世代居住」的「大西藏地區」呢？更何況近 30 年來，達賴所領導的「偽藏傳佛教」來台弘傳，建立不少大小喇嘛廟、「佛學中心」及基金會等據點，若比照同一模式，將來台灣是否也會成為達賴口中的「大西藏地區」之一？董事長指出，駁文自己引述了達賴喇嘛的「公開清楚聲明」說：「以互利為基礎的中間道路之精神是，**在中國憲法的架構下，藏人有名副**

<hr>

[153] 本篇報導之以上各段引述資料俱見：
徐明旭著，《陰謀與虔誠：西藏騷亂的來龍去脈》第四部：新的冷戰第十三章〈達賴喇嘛向何去？〉一、「大西藏」的神話。
http://www.tangben.com/Himalaya/hm1301.htm
（擷取日期：2014/3/5）

其實的自治。」既然如此，卻又要以己意另立架構，將自己的夢想當成現實，與人說夢爭疆奪界，這若不是意識混亂邏輯不通，便是在談判場合上故意虛與委蛇，兒戲國際政治另有陰謀。

疆域問題既然釐清，則移民的合法性也就不成問題了。張董事長表示，古今中外各國為了整合國力，作完整性的或區域性的人口、資源、土地等的調整規劃，這是所在多有的；如十九世紀末葉由於清朝有鑑於俄國的南下勢力抬頭，以及朝鮮移民越過圖們江開墾長白山地區的情況趨於嚴重，滿洲地區的邊疆危機日甚，清朝被迫開放邊禁，採取「移民實邊」的政策即是。美國早期亦有「開發西部」的大規模移民運動，在自己國內遷移自己同胞的居所，使之更理想化，這都是合法合理的治國政策，不可任意冠以「殖民」這樣分化對立、挑撥離間的用詞。

移民是一種社會經濟現象，任何移民運動都會引起現有的人口分布和經濟地理格局發生程度不同的變化。董事長更根據張國雄先生所發表的〈中國歷史上移民的主要流向和分期〉一文指出：根據主流移民特徵的變化，中國移民史可分為四期：

（一）、先秦黃河中下游多向移民期。

（二）、秦統一到兩宋從黃河中下游向長江中下游的由北向南移民期。

（三）、元明清長江流域內由東向西移民期。

（四）、近代沿邊多向移民期。[154]

　　張董事長表示這些波瀾壯闊的移民運動，先後開展了中華文明最重要的發祥地黃河中下游，使經濟重心向南移動、使各地的農產、礦產、手工業及交通運輸發達，並對促進人文、社會、經濟的面向發展貢獻甚鉅，也各為時代發展所必須。目前正方興未艾的第四期，不僅使中國移民運動成為了國際移民的一部分，而且為現代人口分布奠定了基礎。綜觀現在國際互動頻繁，不僅日本在二次戰後有計畫的部署向紐、澳及南美移民，各國也無不為吸引國際人才、資金、技術加強乃至開放、獎勵引進移民，更何況中國在其自境內向青海等地「內部移民」（不宜使用達賴等人刻意分化挑撥而故意用的「殖民」一詞）？

　　國際法學家委員會 1997 年的報告《西藏：人權與法治》都承認：「1949 年青海已有 70 多萬漢人，只有 43 萬 8 千藏人。」戈茨坦也說：「那裡的許多漢族與回族早在 1949 年中共建政前很久就定居在那裡了。」達賴喇嘛總不能說，那 70 多萬漢人也

---

[154]　參見　張國雄著，〈中國歷史上移民的主要流向和分期〉《北京大學學報》（哲社版）1996.2，頁 98－107。
　　參見
　　http://www.360doc.com/content/10/1024/11/2672576_63525580.shtml（擷取日期：2014/6/8）

是中共移民吧？連一貫堅決支持藏獨的美國人權組織亞洲觀察委員會都說：「西藏流亡政府提供的關於 750 萬漢人這個數字，包括了居住在一些區域例如西寧這個青海省會城市中的漢人，這個城市幾個世紀以來就不屬於藏族，而且位於由各類藏人、半藏人自治地區所組成的藏族居住區域之外」。既然如前所述青海自古以來是漢人爲主的土地，此後無論有多少漢人遷入青海，流亡海外的藏人都沒有資格說三道四。[155]

張董事長指出，儘管駁文憑空指說了個 1993 年 5 月 12 日，中國政府召開一名爲「五一二會議」如何如何，莫說那可能是片面捏造無的放矢；縱使眞有其會議，也是中國內部的政策規劃，與西藏流亡政府何干？董事長表示，這其實是達賴及其流亡集團對其自身權力喪失產生焦慮的反應，因自見其對於西藏事務逐漸被邊緣化，發言權愈來愈少，又因多年來爲己募款不遺餘力而不曾照顧藏胞，在藏胞中的重要性與影響力愈來愈低；又擔心垂垂老矣的達賴有朝一日嗚呼哀哉，豈不成了寡婦死了獨子的局面？爲此緊張不安，才故作高調虛張聲勢，妄求以被誇大的籌碼，重

---

[155] 徐明旭著，《陰謀與虔誠：西藏騷亂的來龍去脈》第四部：新的冷戰第十三章〈達賴喇嘛向何去？〉一、「大西藏」的神話。
參見 http://www.tangben.com/Himalaya/hm1301.htm
（擷取日期：2014/3/5）

新取得國際注目的焦點,圖謀在會議桌邊撈點好處罷了,如是惺惺作態已不值再辯。

三、慎防哀兵藏奸佞 (上)

〔真心新聞網採訪組台北報導〕

冬華先生〈有關達賴和西藏議題的迷思〉一文中,指出現今世人的第三個迷思是誤認為:「達賴是舉世崇仰的宗教領袖,人類心靈的至尊導師;無神論的中共基於政治目的,壓制藏族的精神追求,進而壓制藏族的其他自由。」然而冬華先生於此明確地告訴大眾,即使是西藏貴族也都承認,宗教作為西藏文化的一部分,不僅是藏人精神生活的核心,也是西藏政治工具,達賴從來都是兼領宗教及政治領袖的雙重身分。同時歷代達賴喇嘛之間,無不將宗教關係當作政治關係的外殼或工具,他們(現任的十四世達賴集團)不僅不否認這點,更經常以此為傲。

正覺教育基金會董事長張公僕先生表示,正因為如此,達賴及其流亡集團便慣於玩弄兩面手法,經常在國際政治角力場合見縫插針製造衝突,或是乘隙夾帶掩護其陰謀意圖,如果被發現而受到反制時,便立刻以其「宗教領袖」身分扮哀兵姿態出場,指控宗教被打壓、文化被摧殘,甚至民族受到欺凌,以此藉題發揮博取國際同情。殊不知這些哀兵姿態的扮演,背後掩藏著多少狡

計和奸宄。

　　駁文於其回辯的「事實三」中，便以四點理由再示哀兵姿態，企圖爲達賴極力撇清，漂白形象。譬如第一個理由，駁文說：「達賴喇嘛沒有軍隊、沒有錢、沒有宣傳，沒有土地，但世界人們不分種族、宗教、國家都喜歡他，因爲他本身就是慈悲的和平實踐者，所說的少欲知足、正直、忍辱、慈悲是二十一世紀人類內心的安樂處。」董事長指出，這些冠冕堂皇的自我吹捧，都是完全與事實不符的慣用宣傳詞語，識者聞之深覺欲嘔。我們在此則不妨就其所言，一項一項來檢視，以戳破其謊言，令達賴集團之假象無所掩遁：

（一）、達賴喇嘛「沒有軍隊」？

　　早在 1959 年達賴流亡之前，西藏權貴和那些西方野心家們，早已在藏東和藏南地區組織他們醞釀了很久的武裝游擊，所謂「康巴游擊隊」，從事武裝暴動。達賴流亡之後，仍有零星的游擊活動，在美國的空中和陸上支援下，繼續進行到七〇年代初才告煙消雲散。他們的行動從一開始就走了樣：游擊隊在西藏地區所到之處竟然大肆進行燒殺搶掠，甚至強姦婦女；對於不願入夥的，或認爲曾經協助過中國軍隊的，動輒施以砍頭、挖眼、剝皮等酷刑，使當地善良的老百姓受到嚴重的損害；搞「獨立（游擊）」戰竟搞

成了流寇行徑而殘害自己的同胞，就已注定了他們後來的失敗命運。[156]

流亡印度之後，達賴集團變本加厲，正式組建了「印藏特種邊境部隊」。達賴流亡政府負責兵員來源，美國負責提供武器裝備和部分經費並協助訓練，印度負責組編、供應和直接指揮。達賴集團這支印藏特種邊境部隊，就以印軍「第二十二建制」聞名於世。這支部隊本來被宣稱將用於「解放西藏」，實際上，在1971年印度和巴基斯坦之戰中，這支隊伍被印度用來作犧牲品。有大約56名西藏人死於戰役中；換句話說，這些爲響應達賴號召而埋骨異鄉的西藏子弟，到死都沒弄清楚他們是爲何而戰、爲誰而戰而犧牲的。[157]

除了曾經嘗試但失敗的空降游擊武力以外，中央情報局又拼湊了一支地面部隊，都是西藏流亡者，自稱是「四水六岡（嶺）衛教志願軍」，最早時是在西藏境內組成的一支武裝暴動力量。1959年暴動失敗後，殘餘力量進入印度，經過補充後又轉移到尼

---

[156] 張在賢（墨爾本大學教授）著，〈在西藏問題的背後（二）〉。
參見 夏朝聯合會網站：
http://chinatide.net/xiachao/page_913.htm（擷取日期：2014/3/5）
[157] 參見 網路部落格《達賴印藏特種部隊揭秘》
http://www.360doc.com/content/08/0519/17/62878_1270011.shtml （擷取日期：2014/6/8）

泊爾，由美國接管後，經費全部由美方負責，但財政分配均操在達賴的哥哥嘉樂頓珠手裡。後來軍中因為錢財分配不均起了內鬨，是因為有人從中漁利，把錢納入私囊，領導階層竟因此而火拚起來，基層士兵得到的待遇寥寥無幾，軍心散渙，戰鬥意志毫無。1972 年尼克遜到北京談判，和中國修好，美國中央情報局才不再支持這一支武裝力量，這支武裝隊伍不久就成了流動的武裝乞食難民。1974 年，尼泊爾軍隊開進了野馬谷，把這支西藏軍給解決了，剩下的士兵有的投降，有的逃入印度境內。那些戰死和歸降而流落異國的游擊隊，又是一批見證被達賴利用又出賣的同胞，不能罔顧事實而說達賴集團沒有軍隊。[158]

　　張董事長表示，達賴在他的自傳中是強調反對使用暴力的，但他又不止一次地讚揚他的游擊隊的「戰果」，顯然是一種無法解釋的自相矛盾；事實上是達賴有過軍隊，但是沒有建軍理想，更沒有領導統御的道德與能力，正所謂：「將帥無能，累死三軍。」害得西藏子弟流離四散，埋骨異鄉甚至身無死所。駁文說達賴沒有軍隊，若不是刻意撒謊，就是刻意對歷史作選擇性的遺忘。

(二)、達賴「沒有錢」？

---

[158] 張在賢（墨爾本大學教授）著，〈在西藏問題的背後（二）〉。參見 夏朝聯合會網站：http://chinatide.net/xiachao/page_913.htm（擷取日期：2014/3/5）

　　當十四世達賴認證完成後，拉木頓珠坐在象徵達賴地位的黃轎子進入布達拉宮，他全家也由青海農村搬到了拉薩，並成了西藏的大貴族，名爲「達拉」。西藏地方當局按照慣例，給了達賴一家大片的莊園和成百的農奴；因此達賴自懂事以來，除了他本人享盡萬般榮寵之外，他們家早已是一個「富貴的家庭」和權位上的既得利益者，不但躋身豪門，更先後在達賴政府中封官晉爵，坐享富貴；現下雖在流亡，達賴及其家人眷屬卻仍遍佔其「政府」高津，仍是最大的權位及財富擁有者。

　　回說達賴坐床之後，襄政大臣之一的天津喇嘛等人，便帶著達賴及其印璽和布達拉宮地窖裡幾世紀以來向藏胞搜刮的金銀重寶，移居到200里外藏南錫金邊境的錯模地方，隨時準備往印度方面落跑。他們走時把布達拉宮中和諾布林卡宮中積存了幾百年的金、銀、財寶和珍藏搜羅一空，據多年以後非官方透露的一項資料說，他們1950年去亞東時，徵用一千餘頭騾馬犛牛等牲畜來搬運這批財物，平均每頭搬120磅，其他的40頭用來搬黃金，600頭搬白銀，其他搬金幣、銀幣和其他珍寶。如果這項資料屬實，不難依照上面數字計算出來，他們一共運走了黃金2.2噸，白銀32.7噸，以及其他無法估計的財寶。1960年，也就是達賴逃亡到印度後的第二年，這批寶物又從錫金裝上一列火車，運到加爾各

答，在一家銀行的庫房中存儲起來（這些財物，加上後來達賴和他的流亡政府，歷年來在世界各地所掌握的投資和股票，使他有資格躋身於世界大富翁之列），因此駁文說達賴喇嘛沒有錢，也是謊言。[159]

後來這些寶物被達賴變賣了八百萬美元，然而實際上歷代達賴在西藏搜刮私藏的金銀不知有多少，隨便取其極少部分貼現便不只此數，何須變賣「寶物」？其餘的錢幣（無論法幣還是各國外幣）又到哪裡去了呢？而即使是這變賣寶物所換得的八百萬美元，到後來竟也不堪折騰，以「去結堪布」（也就是當年捲款南下的天津喇嘛）的名義投資，卻幾乎化為烏有。最後只搶救到不及一百萬美元的錢，於1964年成立達賴喇嘛慈善信託基金。歷代達賴努力搜刮所得，就在第十四世達賴喇嘛的幾次轉手之間，「只搶救到不及一百萬美元的錢」，而即使是這僅餘的殘款，也仍逃不出回到達賴名下所屬的「慈善」基金會中，偌大的西藏公共祖產，就在達賴「流亡的自在」中完全被淘空。竟沒有人為此負任何責任，當然也沒有人敢去質疑，因為在眾多一無所有，又飽受流離顛沛、疾病、凍餒之苦的西藏流亡難民眼中，達賴已成為唯一的資源集中擁有

---

[159] 張在賢著，〈西藏問題的背後（四）〉
參見 夏潮聯合會網站：http://chinatide.net/xiachao/page_917.htm
（擷取日期：2014/3/5）

者和支配供應者了。[160]

在外援方面，美國政府的一份解密文件顯示，1964 至 1968 年，美國給予達賴集團的財政撥款每年達 173.5 萬美元，其中包括給達賴喇嘛個人津貼 18 萬美元，給達賴集團設在紐約和日內瓦的「西藏之家」7.5 萬美元，幫助達賴集團武裝分裂組織進行訓練及提供軍事裝備 148 萬美元。此外，美官方一直「對口支援」「西藏流亡政府」的一些特殊部門，比如曾在上世紀五、六〇年代，不遺餘力地支援西藏叛亂勢力及其武裝組織的中央情報局，目前每年仍對「西藏流亡政府」安全部提供 30 萬美元的經費。但達賴每年收到美國中情局的大筆美元資助，從來不曾撥給追隨他的苦難同胞，因此駁文說達賴沒有錢，也是公開的謊言。[161]

上個世紀七〇年代之後，流亡海外的西藏假佛教喇嘛教，漸漸成為世界舞臺上極受矚目的一派，到處都可以看到西藏中心，達賴喇嘛旅遊世界各地，處處造成轟動，名利雙收。達賴向來認為：「利用一個活佛，可以掌握一座寺廟；控制了一座寺廟，

---

[160] 參見 達賴喇嘛官方網站《流亡中的自在》〈第九章：十萬難民〉
http://www.dalailamaworld.com/topic.php?t=361
（擷取日期：2014/3/5）

[161] 參見〈美國印度出資養活達賴集團 民間出面政府埋單〉
http://hk.crntt.com/doc/1006/1/9/1/100619116.html?coluid=7&kindid=0&docid=100619116（擷取日期：2014/3/5）

就控制了一個地區。」目前全球喇嘛教各派寺院、廟產不可勝記，更何況有源源不斷的募款和信徒的供養；達賴本人到處舉行法會、演講和餐會，門票動輒上百美元計。張董事長表示，綜合以上所述，大家讚歎達賴生財有道，羨慕達賴坐擁金銀財寶猶恐不足，駁文卻說：「達賴沒有錢」，未免太矯情了。

(三)、達賴「沒有宣傳」？

達賴深諳自我行銷之道，在印度流亡中就曾安逸地出版過兩本自傳，其中一本就叫作《流亡中的自在》。達賴爲「僞藏傳佛教」雙身法教義的弘傳，著作量非常大，另有無數的專訪、報導，也各有多國文字翻譯，應可謂「著作過身」。達賴及其流亡政府有其自己的媒體、網站，各地的「西藏中心」、喇嘛寺廟，都在不斷地爲達賴和其「僞藏傳佛教」作傳聲筒，不可謂「沒有宣傳」。

達賴本人流亡印度剛安定下來，就汲汲於「宗教走訪外交」，1970 年代以後，更直接與西方各國從事政治性出訪，順便把千年來侷促於邊地的鄉鄙迷信「喇嘛教」，以「佛法」的名目包裝加工後行銷全球，使「藏傳僞佛教」一躍而爲世界性宗教，允爲行銷高手中之高手。達賴更熟知傳媒運作方式，多結交各國政客、影星、宗教界乃至藝文界人士，只要彼一出訪，往往立刻能夠搶佔版面、攻上螢幕；尤其他因政治因素而獲得諾貝爾和平獎之後，

更是媒體寵兒，達賴任何搔頭吐舌，嘿嘿乾笑都會成為鏡頭焦點，讓人捕風捉影製造話題。張董事長表示，如此善於宣傳造勢的達賴，卻被他的支持者說成「沒有宣傳」，真叫人懷疑這是不是假稱謙虛，又在搞另類的宣傳手法？

（四）、達賴喇嘛「沒有土地」！

達賴的確「沒有土地」。原本還在拉薩的布達拉宮領一方政教，當了土皇帝，自從 1959 年流亡之後，直如失根的浮萍、喪家的野犬，寄人籬下於印度，上僅片瓦下無寸土。因此，「沒有土地」本就是達賴集團應有的真實寫照；世人盡知此理，只有達賴自己不知，還要忝言以夜郎自大，夢囈所謂「大西藏地區」，跑到國際政治賭桌，以一手爛牌漫天喊價，盡作那買空賣空的老千把戲；明知復辟無望，卻還妄想於中渾水摸魚撈些好處。張董事長建議，駁文作者倒應該把這個事實，上呈他的主子達賴，善盡提醒的言責，好讓主子安於現實莫再造殃；順便戳穿達賴又一件國王的新衣：「達賴喇嘛沒有土地」。

（五）、「世界人們不分種族、宗教、國家都喜歡他（達賴）」？

事實的真相是，正信的佛弟子都視之為「獅子身中蟲」，正統藏傳佛教也不認同他的「偽藏傳佛教」；達賴喇嘛在世界各地到處舉辦的「時輪金剛法會」，更是以穆斯林及西方各一神教為其統領

世界的假想敵，而世上許多嚴守戒律的一神教與神道教也都不齒
與之爲伍；達賴雖諂媚印度而自稱爲「印度之子」，其喇嘛教也的
確淵源於印度教的支派，但是收留達賴，以印度教爲國教的印度
及其人民，也漸漸失去對達賴的耐心，開始有逐出達賴及其流亡
政府的聲音；除了別有算計的野心國家，以及過度民主開放，民
眾騖新追求逸樂，或浮淺的大眾傳播影響下的少數西方國家人民
受其一時蠱惑之外，其實達賴如今在世界上已不是很叫座的人
物。[162]

　　加上九〇年代之後，西藏政經建設明顯進步，社會也更加安
定，現在西藏民間除了少數失落的舊日上層權貴，和猶在作著達
賴復辟美夢的廟裡喇嘛之外，沒有人想要回到從前達賴在位的日
子，當然也就代表著達賴在國內藏胞中已經漸漸失去其市場價值
了；更有甚者，流亡政府的上層官員貪污腐化爭權奪利，而流亡
藏胞中那些所謂的「少壯派」，顯然越來越不把達賴喇嘛放在眼
裡，他們說：「達賴喇嘛變老了，我們必須要問這個問題：他到

---

[162] 參見「中國星火論壇」網站：達賴自認爲「印度之子」
　http://city.udn.com/53732/2827799（擷取日期：2014/3/9）
　參見 多維新聞轉載《環球時報》〈「西藏流亡政府」所在地：達蘭薩拉
　(ZT)〉，2008.3.31 報導：
　http://blog.dwnews.com/?p=35226
　（擷取日期：2014/3/8）

底是不是菩薩的化身？」因此，張董事長評析，達賴根本就只是個獨夫，再加上他在流亡政府中表面上也已退休，所以達賴對外早已影響力盡失。駁文說世人喜歡達賴，若不是想藉和平獎光環的餘暉繼續招搖撞騙，就是在作安慰性的「自我催眠」罷了。[163]

（六）、達賴喇嘛「本身就是慈悲的和平實踐者」？

的確，達賴及其「偽藏傳佛教」，向來都以歷代達賴為「觀世音菩薩化身」的說法來自欺欺人。但是，事實上喇嘛教說的佛菩薩「化身」都是自封，並非真實；達賴反而是個內心險惡、手段兇殘的人，並且打從他小時就是這樣，至今更是如此。

舉例來說，達賴小的時候有個「最寵愛的潔役」叫作諾布通篤，達賴坦白地回憶：「我長大些，他加入我戰況最激烈的比賽裡。在我假想戰裡，我時常大打出手。我記得有時候對他不懷好意，甚至到用我鉛俑的劍傷人的地步。」從心機預謀到實際動手都是達賴在自傳中自己招認的。1960 年代末，達賴家中養了一頭名叫「哲仁」的黑白斑點雌貓，這隻「哲仁」也沒有逃過達

---

[163] 參見 騰訊新聞網轉載〈探達賴經營 52 年「老巢」揭逃亡秘史〉
http://news.qq.com/a/20110721/000620_3.htm
參見 徐明旭著，《陰謀與虔誠：西藏騷亂的來龍去脈》第四部：新的冷戰 第十三章〈達賴喇嘛向何去？〉四、達賴喇嘛的騙局。
http://www.tangben.com/Himalaya/hm1304.htm
（擷取日期：2014/3/6）

賴的暴力摧殘。達賴說：「我有次逮到牠在我屋子裡殺死一隻老鼠。我朝牠大吼，牠急忙爬到布幔上，一不小心失足跌了下來，受到重傷。雖然我盡可能悉心照顧牠，幾天後牠還是死了。」

眾所皆知俗話說「貓有九命」，貓的平衡感特別好，斷不會從布幔上「一不小心失足跌了下來」就摔成重傷而死，這其中有無暴力加工「懲罰」，就頗費疑猜了。達賴還喜歡用空氣槍打鳥，達賴還自我辯護說：「所以我的槍法很準。當然我不會殺死牠們，我只想使牠們覺得痛，得到一個教訓。」達賴並沒有說明他究竟有沒有「失手」誤殺，但是顯然吃過達賴「教訓」的鳥兒一定不少。[164]

達賴長大親政之後，內陰外狠的個性更是有許多付諸行動的機會，除了跟當時的美國中情局合作訓練游擊隊，流亡後在印度正式組建「印藏特種邊境部隊」，並介入 1971 年印度和巴基斯坦之戰中，已如前述之外，也曾在恩人的背後插刀。原來 1959 年，達賴叛逃後不丹政府接受了部分「西藏難民」，達賴集團卻不知恩

---

[164] 本節故事取材自達賴喇嘛傳記《流亡中的自在》第四章〈避難藏南〉、第十章〈披著僧袍的狼〉
達賴官網：
http://www.dalailamaworld.com/topic.php?t=366
http://www.dalailamaworld.com/topic.php?t=353
（擷取日期：2014/3/6）

圖報反而藉機在「流亡藏人」中不斷培植「藏獨」勢力，從事種種陰謀活動，應是企圖佔領不丹建國，以此為跳板圖謀將來回到西藏繼續當土皇帝。1974 年 6 月 1 日，就在 17 歲的不丹新國王吉格梅・辛格・旺楚克舉行加冕典禮的前夕，不丹政府破獲了一則已計劃了近兩年要暗殺新王的陰謀，並逮捕了 30 名涉案的嫌犯。追查結果幕後主嫌居然是達賴的親哥哥嘉樂頓珠，達賴當然抵死不承認與自己有關，但世人皆知嘉樂頓珠一向扮演達賴的白手套，所以達賴集團涉入陰謀的陰影是怎麼都抹不去的。[165]

而這種翻臉逞凶的手段，達賴也用在對付自己人的身上。上個世紀九〇年代，達賴突然認為喇嘛教信奉數百年，而自己早年也一度信奉不疑的傑千修丹（雄天）護法神，是「親漢的惡魔」、「對西藏事業不利，對自己長壽不利」，傑千修丹信徒的厄運從此開始。1996 年 6 月 6 日，根據達賴的要求，「流亡政府」開始全面清除異己，實施嚴酷打壓，禁止供奉傑千修丹，並威脅稱「繼續供奉的人將成為藏人社會的公敵」。隨後，「藏青會」、「藏婦會」充當打手，出動大批人員到藏人社區和寺廟搜查搗毀傑千修丹（雄

---

[165]　參見 朗色林官網〈收留「藏獨」分子惹禍 達賴集團曾密謀刺殺不丹國王〉

http://www.lansirlin.org.tw/Lansirlin-new22/lan16/16-main25.htm

（擷取日期：2014/3/6）

天）神像，砸窗戶、燒房屋，騷擾、毆打信徒，製造多起流血事件，許多追隨達賴流亡的藏人被迫離家離寺。[166]

除此之外，達賴的暴力外銷還涉入了日本「奧姆眞理教」，以及那個狂人教主麻原彰晃的「使日本香巴拉化」的事件。1989 年，麻原贈給達賴的組織十萬美元，達賴則給麻原發了所謂的證書；麻原以此證書換得了日本政府對奧姆眞理教爲正式宗教的承認。達賴還去函日本政府推崇麻原彰晃，幫忙要求給免稅，使得日本給了麻原免稅的特權。一直到 1995 年 3 月 20 日，日本的東京地鐵車站發生了震駭世人的施放毒氣事件，麻原彰晃這個行動造成 12 人死亡，6000 多人受傷之後，兩人都還保持亦師亦友的良好關係；直到後來要訪問日本，達賴才與麻原彰晃的日本奧姆眞理教疏遠。[167]

總結以上資料，張董事長指出，由此可見達賴是個言行不相顧、表裡不如一的僞君子；達賴擅長隱藏自己，在新聞媒體前塑

---

[166] 參見 藍色情懷部落格轉載《新京報》2008.12.13：〈達賴集團採用暗殺等手段 迫害異己維繫專制 10 名藏人先後被暗殺〉
http://jackiexie.blogspot.com/2009/09/10.html
（擷取日期：2014/3/2）

[167] 參見 網路部落格：〈德國《焦點》發表過達賴喇嘛與麻原彰晃、納粹份子關係〉
http://blog.sina.com.cn/s/blog_a13c72b801012wfl.html
（擷取日期：2014/6/8）

造個人聖者形象，世人多以爲達賴外表「溫和謙恭」、笑口常開，內心必定是仁慈安詳的。豈知達賴曾經說過：「西藏人有句俗諺說，一個愈世故的人，其內心的憎恨情感愈是深藏不露。所以內心愈是有強烈憎恨情感或怒意的人，在外表上看來就愈溫和謙恭。」因此，與其謊說「達賴喇嘛本身就是慈悲的和平實踐者」，不如照實指證「達賴喇嘛本身就是苦難與戰爭製造者」。也因此，對駁文「第一點理由」結語所言：「(達賴) 所說的少欲知足、正直、忍辱、慈悲是 21 世紀人類內心的安樂處。」張董事長表示，壞事作絕的達賴，縱使檯面上做作，把人人都會說的好話說盡，也無從令人生出敬信的了。[168]

四、慎防哀兵藏奸佞 (下)

〔真心新聞網採訪組台北報導〕

「達賴喇嘛西藏宗教基金會」持以反駁多華先生所指，達賴被誤認爲是「舉世崇仰的宗教領袖，人類心靈的至尊導師」之迷思的第二個「理由」，是牽扯近年來頻頻發生的藏人自焚事件，並呼求「讓世界各國聯合派遣調查團查明事實眞相」。

---

[168] 參見〈達賴答客問〉「關於憤怒」
http://www.ylib.com/author/dalai/answer1-1.htm
（擷取日期：2014/3/6）

　　正覺教育基金會董事長張公僕先生指出，藏人自焚誠然是個悲劇，尤其它竟然連續發生，各方在同感悲痛之餘，正應當好好的查明事件發生的前因後果，特別是幕後是否有操作的黑手，以致讓悲劇密集地發生？並應想方設法盡快使悲劇立即停止，讓慘痛的事件不要再繼續發生。然而這畢竟是人家的內政，既沒有鄰國涉入，則何來國際調停或是調查？張董事長指出其背後的達賴喇嘛，很明顯是要讓事態擴大或是更混亂不明，好在其中渾水摸魚。

　　事實上，藏人自焚事件令人無法理解的連續發生，早就有人為煽動甚至操控的跡象。根據 2011 至 2012 年中國大陸內部的查訪，許多自焚事件都直接、間接和位在阿壩縣的格爾登寺有關，而格爾登寺的住持格爾登活佛洛桑丹增，早年在達賴流亡政府中工作，後來才潛回西藏，常常煽動僧侶和信眾用激進的方式暴動，他甚至說過：「一看到火光，我就會興奮不已。」許多次格爾登寺附近的自焚事件，都會在事先由該寺傳消息到境外的格爾登寺，或是傳到達賴流亡集團手中；自焚現場的照片、影帶也循這些管道迅速外流，經變造剪輯之後被拿來在媒體上造勢。自焚身亡者會被美化為「殉道英雄」，由喇嘛們主持盛大法會追思超度，說是可以消除今生罪業，並利益後世，因此才被不斷渲染、擴大，一

發不可收拾。[169]

2011 年發生數次藏青自焚事件，自焚者往往是平常沒有參加喇嘛發動的打砸搶暴動者，被團體所排斥、疏離；也有部分游手好閒作奸犯科被人瞧不起的，他們未必全然自發性意願如此的，因此有人在自焚的中途呼救，上前搭救的民眾卻被喇嘛們以暴力阻擋，阻絕善心民眾的救援；而有幸獲救得生還者，無不心存感謝並後悔衝動。可見自焚慘劇不是必然發生的，它是可以預先防範、及時制止的。若不是有心人坐觀其變，甚至刻意撩撥導演操弄，它當時就不會愈演愈烈，或是演變成像現在這樣，時不時又有風吹草動的。

美國波士頓大學宗教學者斯提芬・普羅特勞，在其美國有線電視新聞網（CNN）信仰部落格中撰文所指出的：「如果達賴喇嘛能夠明確表態反對自焚，藏人一定會停止。」另一位美國專欄作家尼可拉斯・皮爾斯撰文更直言：「如果達賴喇嘛譴責自焚的作為，這幾乎保證能在一夕之間終結此行為。」但是令人不解的是，達賴竟表示：「我不願造成某種印象說這件事是錯誤的。因此最好是保持中立。」

---

[169] 參見 YouTube：〈藏人自焚真相：達賴集團操縱下的生靈塗炭〉
http://www.youtube.com/watch?v=bo3sCuwkcak
（擷取日期：2014/3/6）

　　說是保持中立不表態反對自焚，實際上卻在各種場合對此歪風大加讚揚，就連「達賴喇嘛西藏宗教基金會」自己，也曾附和地說：「從佛教的角度稱像他們這樣的行為屬於殉教，是一種非常崇高的行為。」踩著自己同胞的焦屍，企圖搆上國際談判桌，這就是達賴等人陰狠的用心。[170]

　　普羅特勞將達賴的反應暗比為「對信仰者慫恿暴力且以某種較高層次善行的名義將它正當化的行徑」，並出重言評論：「在非常現實的意義上，藏人的血是掌握在他的手中。但是達賴喇嘛在這裡累積的惡業遠遠超過了這些特定的抗議者。」這真是對達賴在藏人自焚事件中一針見血的針砭。張董事長直斥，駁文還好意思用如此血腥污暗的用心，來為達賴擦脂抹粉，裝扮受苦的形象，用以「哀兵藏奸宄」嗎？[171]

　　駁文第三個要為達賴形象澄清的「理由」，說是：「達賴喇嘛2011年已從政治上退休，完全將政治權利交給西藏流亡民選政

---

[170] 同上註。

[171] 參見 CNN 2012.7.12 by Stephen Prothero：〈我的看法：達賴喇嘛應譴責藏人自焚行為〉（My Take: Dalai Lama should condemn Tibetan self-immolations）
多維新聞〈美國學者追問達賴喇嘛：同情心何在？〉
http://china.dwnews.com/big5/news/2012-07-13/58783898.html
（擷取日期：2014/3/6）

府」，然後筆鋒一轉，話題開始對第十世及第十一世班禪的認證等問題捕風捉影、說三道四。如此天馬行空，顯見論辯的邏輯性全無章法，令人不知如何與之正常對話。張董事長指出，這其實是「達賴喇嘛」慣用的招數，他們也常有意無意聲東擊西，先藉題虛晃一招，實則是在利用論辯平台置入他們政治意圖的宣傳，這種表面掄拳卻暗藏匕首的招數見多了，就只會令讀者心中哂笑而已。

張董事長指出，說達賴「退休」，也只是一場無謂的鬧劇而已。多年來，達賴不斷用各種方式作態、放話說要退休，結果一次次都是在上演「放羊的孩子」式的橋段，一面向國際試探「關愛眼神」的水溫，一面利用下屬、民眾「請命留任」來重新自我鞏固。等到歹戲拖棚太久、太頻繁，沒人搭理，自己也難以迴旋轉身，只好「將戲就戲」下台一鞠躬，有什麼好虛誇的？更何況那直如附體魂魅的「偽藏傳佛教」法王身分猶在，真正的實權仍然握在達賴手中，讓那個形同傀儡的流亡政府外表空殼，換掛了個表面「民選」的羊頭，用來滿足西方世界的「民主」口味，背後只是依舊唱其濫調大賣其狗肉罷了。

至於提到達賴喇嘛認證的根敦‧卻吉尼瑪為「十一世班禪轉世靈童」，沒有坐上大位的問題，那是因為他本來就不能算是前世

班禪的轉世，這種因為達賴妄自尊大的「認證」是僭越而無效的。
自清朝以來，歷代達賴、班禪的認證都要經過法定的「金瓶掣籤」，
此乃是清朝乾隆皇帝所提出，訂於《欽定藏內善後章程二十九條》
中，目的在用抽籤方式，以選定假藏傳佛教各大活佛的繼承人，
直至現代始終一貫不變。現任十四世達賴自己本身坐床時，雖因
當時主持大典的蒙藏委員會委員長吳忠信，盱衡當時西藏政局，
為顧全大局讓達賴順利坐床而權免，也仍是中國政府冊封的；但
十一世班禪靈童的認證，則是依照著法定的「金瓶掣籤」而產生。
172

　　張董事長指出，駁文貿然提出這個問題，其實是反映了達賴
自政治場合「退休」之後，逐漸感覺到日薄西山，面對中國又一
籌莫展，對於自己身分上最後一張王牌「達賴喇嘛」的自我存在
感，有了更不確定的焦慮之故。須知：莫說達賴認證的班禪是無
效的，連「達賴」自己也是「被認證」的，即使是他附和中國認
證了噶舉派的「烏金斥列多傑」為「大寶法王」噶瑪巴，但是噶
舉派內部卻另立「聽列泰耶多傑」，可見達賴的最高法王號令已經
不行，流亡藏人多不承認他的認證，抑或這又是另一個達賴對內

172　參見　維基百科：
　　http://zh.wikipedia.org/zh-tw/%E9%87%91%E7%93%B6%E6%8E%A3%E7
　　%B1%A4（擷取日期：2014/3/6）

部藏人分化的手段？最近「聽列泰耶多傑」，還特意發言反對藏人和喇嘛自焚，等於直接對裝聾作啞的達賴搧了一個大耳光，不知道有沒有將達賴的土皇帝癡夢轟醒？須知轉世與否，未來出頭又將是何人，現勢之不由人，難可知也？十一世班禪就是活生生的例子。

　　駁文最後一個為達賴塑造形象的「理由」是，達賴喇嘛到臺灣訪問時，就對國民黨說：「我不是反共的。」當時國民黨主席連戰回答說：「我是反共的。」這樣的表述也是令人一頭霧水，當年來訪的客人和東道主執政黨領袖的一席兩句話「各自表述」，又與駁文主題何干？若是以此來證明達賴的「非政治性」，只恐怕適得其反。達賴多年來反反覆覆的不同表態，正足以證明他是十足的反覆政客，可別忘了歷年來達賴與納粹戰犯關係匪淺，與日本沙林毒氣主謀麻原彰晃更是勾肩搭背的好友，是否也代表了達賴支持他們的作為呢？

　　達賴來台「訪問」，為何要沒頭沒腦故作「此地無銀三百兩」式的表白？當然是要借舞台放煙幕。以他多年來在國際上勇作「麻煩製造者」來看，他若不是反共的，難道是蓄意反漢、反華、反中國？更何況若以宗教信仰的立場，他的表述是有內在矛盾的，因此他故出此言，若不是慣於態度搖擺，又在以誑語向人虛與委蛇；要不就是見縫插針，故意挑起敏感話題，更要主人難堪。

　　張董事長指出，連戰先生被無端扯入駁文，是其執筆文膽無狀，達賴無禮。但若眞要提起連先生，則洞見兩岸未來應有轉變的眞知灼見，以及 2005 年的破冰之旅，已在海峽兩岸發展和平繁榮的前景上，爲自己的歷史定位亮現偉岸光華的身影。連先生爲了兩岸同胞血濃於水的民族情感與互利，和共衍共榮的文化承傳和光大，毅然臨深履薄擔起重任，終於爲兩岸的敵對狀態破冰，爲大中華和平的新局揭露曙光，更爲繁榮的前景奠定深厚的基礎，是了不起的安民功德與政治成就。

　　連先生圓滿完成使命，並沒有挑起對抗的激情與暴力，更沒有煽動人民去自焚。而達賴口稱不反共，卻處處煽惑對抗暴動，連先生當場回以「我是反共的」，顯然是不假詞色嚴正表明立場，也不給達賴插針挑撥的機會，更等於斷然表示不屑與達賴同見同行。須知連先生的反共，是基於當時的台灣國策而堅持自己的政治理念，和救國策略方法的抉擇，但並沒有要跟對方你死我活同歸於盡的惡念，後來又設想兩岸應如何共存共榮，這才是悲天憫人的政治家悲心、器識、身段和手腕。相形之下達賴爲一己之私的所作所爲，豈不顯得齷齪而猥瑣？

　　末了，駁文在全篇末尾說：「2012.11.26 開始七天而已，旺報、中國時報登了三篇不同角度以大學教授、社論、助理教授爲名發表的西藏問題與達賴喇嘛關係的文章！台灣的媒體內

容要開始反著理解了！」張董事長提示，這句話倒可以從兩個方向來理解，一是：國人將因為這些社論、鴻文，開始反省對達賴以及西藏問題一向以來，被誤導的迷思而能真正認識卸妝後的達賴。二是：駁文作者已自行預告，他的謬論將盡說反話、謊言，試圖為露餡走光的達賴真面目補妝，想要大眾全面質疑台灣媒體登載的內容。張董事長表示，如此說來駁文倒是說了真話，也自揭其短了；更何況，駁文尚且不理解台灣多年以來，堅持言論自由、多元報導的精神，反觀達賴集團的流亡政府裡依舊是一言堂，全依達賴的所思所想而發言，容不得異己發言，則駁文的撰稿群還有什麼資格侈言西藏民主？

第18篇 藏傳「佛教」密宗 是否為正真佛教系列檢驗

一、藏傳「佛教」的教名檢驗

〔真心新聞網採訪組台北報導〕

正覺教育基金會董事長張公僕表示，藏傳佛教密宗目前在佛教界有許多的稱呼，其中最常聽見的是藏密、密宗、密教；反而「喇嘛教」比較少聽到，而藏傳佛教這個名稱是近代才有的。值得一提的是，雙身修法的假藏傳佛教密宗到底是不是佛教？它的定位在哪裡？

對此，張董事長作進一步的說明：正統佛教有三歸依——歸依佛、歸依法、歸依僧。佛教的三歸依有兩個層次，第一個層次：歸依佛是因為佛是至高無上，所以歸依祂；歸依法是因為佛法能夠使人成就「無上正等正覺」，永離生死苦惱；歸依僧是因為僧是法的傳承，僧分「世俗僧」與「勝義僧」二種，「世俗僧」乃圓頂受戒住在僧團中，是佛法的表相傳承；但一切佛法的真實傳承，都來自於三乘佛法中的「勝義僧」。另一個層次的歸依是：歸依「自性三寶」，因為眾生是未來之佛，本有能使自己藉以修行成佛的自性，所以歸依「自性佛」；法是軌則，因為「法爾本來如是」，深入了知一切法的根本而達到究竟，即能成就「無上正等正覺」，所

以歸依「自性法」。僧指覺悟的勝義僧，依於所覺悟的「般若智慧」，統理大眾修行的一切事務，共同邁向成佛之道，所以歸依「自性僧」。所以歸依「自性三寶」乃是證悟菩薩所了知的另一種層次，一般法會唱誦的最後「三自歸依」，即是在說歸依「自性三寶」。

雙身修法教義的假藏傳佛教密宗卻主張四歸依——歸依上師、歸依佛、歸依法、歸依僧，甚至把歸依上師擺在歸依佛之上。爲什麼要在佛教的三歸依之上，再另加一個歸依根本上師？而且把歸依上師放在歸依佛的上首？很顯然地，假藏傳佛教密宗根本不將 釋迦牟尼佛所說的三歸依放在歸依的重心，而以上師作爲最上歸依；換句話說，他們將上師放在佛之上，其實最主要的就是歸依上師，放在上師後面的三歸依只是一個障眼法，用來遮止佛教徒對他們生起疑心。這是「司馬昭之心」，以「四歸依」作爲幌子，暗示他們上師的佛法證量是高於佛的，而且要求徒眾必須絕對相信上師的所說所爲。

既然奉行雙身法的假藏傳佛教密宗是以上師喇嘛作爲最上歸依，那麼他們在修學過程中的一切行止，必然不會依止眞正的「佛」，只是依止上師；也無法符合正統佛教的「法」，只會依止譚崔雙身法；更無法瞭解「僧」的眞實義，眼中只有「上師」。也就是說，有了上師喇嘛，佛、法、僧對他們來說，不具有任何意

義。一個對佛弟子所該具備的最基本的「歸依佛、法、僧三寶」的意涵，不瞭解、不尊重、不奉行實踐的外道，卻側身於佛門中，自認為是佛教的一支，並且以凡夫及外道的身分，大言不慚說自己的法義與證量遠高於佛教教主 釋迦牟尼佛，而以「藏傳佛教」的名稱來混淆視聽，其「居心」和「目的」，值得所有佛教界人士深思與探討。

值此末法之際，邪師和外道說「像似」佛法的假佛法者猶如恆河沙，一般的初學者，在佛法知見尚未建立之前，受誤導在所難免；只能在入門之前，加以簡擇篩選。在此處提醒初入門而又有心修學佛法的善男信女：源自譚崔教義的藏傳佛教密宗不是佛教，是道道地地的「喇嘛教」；而喇嘛是男女雙身法的奉行者，並不是佛法中的修行人。謹提供此入門知見，讓有意學習佛法的人參考，避免誤入歧路，以免再回頭已不僅是百年身，而是多生多劫後的事了。

二、「即身成佛」的檢驗

〔真心新聞網採訪組台北報導〕

正覺教育基金會董事長張公僕表示，假藏傳佛教密宗號稱能夠使人「即身成佛」。要成為喇嘛教的「佛」，其過程原理相當簡單，只要修學「無上瑜伽」男女雙身法，在男女雙方同時到達「性

高潮」時，將意識心所能領受「性高潮」的那種「感覺」當作是空性，就說是證得佛法說的空性而「即身成佛」了。爲什麼在「性交」中，有這種「性高潮感覺」，就說是「即身成佛」了？既然喇嘛教說「即身成佛」是依靠「性交」成就，那麼黃色影片的演員是否也已成佛了呢？

藏傳「佛教」既然使用了「佛教」的名稱，就應該有佛教的本質才對；換句話說，佛教所擁有的解脫智慧和證得菩薩果位時的實相智慧，以及成佛時的「四智圓明」，藏傳「佛教」密宗的「即身成佛」，應該也要全部具備才是。但是深入探討之下，藏傳「佛教」密宗的「即身成佛」，完全沒有這三種智慧；就只是偷學佛法名詞以後「一招半式走天下」，實質上乃是「床笫上見眞章」——性交功夫了得，如此簡單而已。

修學佛法想要有所成就，必須具備「信、解、行、證」四種成就：「信」是信仰三寶，具體表現是「三歸依」——歸依佛、歸依法、歸依僧；「解」是瞭解佛法的內涵——三界的輪迴內涵與解脫生死及成佛的方法；「行」乃是親身履踐；「證」乃是實證解脫果和悟入法界實相。

藏傳「佛教」密宗的入門是「四歸依」，就是「歸依根本上師」再加上虛晃一下的佛教「三歸依」。然而 佛陀是至高無上的覺悟者，不但有解脫的智慧，更具備佛菩提的智慧。藏傳「佛教」密

宗的「歸依根本上師」乃是「頭上安頭」，竟然將「上師」凡夫置於 佛陀之上；根本上，這種「歸依」已經是脫了軌，因為佛教是以 佛陀為最尊、最上而一心歸命，假藏傳佛教密宗則是只歸依於上師喇嘛，足見藏傳「佛教」密宗是「山寨版」的佛教，屬於仿冒品。

由於藏傳「佛教」密宗特別強調「歸依根本上師」，上師所說的話，不可有一絲一毫的懷疑，所以將與「上師」上床修男女雙身法，都自我催眠為在修行，卻不知實際上是淪為喇嘛性交發洩的工具，竟然妄想在性高潮中可以「即身成佛」。

修學「無上瑜伽」男女雙身法的女信徒，內心一定會有所懷疑：如此多的喇嘛，常常都誘騙女信徒共修男女雙身法，但如果男女雙方到達「性高潮」時，就是「即身成佛」，這樣的佛是真的佛，還是騙人的佛？當性高潮退了以後，還是不是佛？若依舊是佛，顯然與性高潮的有無沒關係，又何必要以性高潮當作成佛的境界？若離開雙身法的淫樂覺受時已經不是佛，成為有時是佛、有時不是佛，佛法中會有這種生生滅滅的佛嗎？隨便想想，答案已經很清楚了。

張董事長表示，藏傳「佛教」密宗的「即身成佛」，說穿了只是「男女性交」過程中，身體所領受的那種「樂觸」的感覺而已，最多只是加上意識心專注於樂受而不生起語言妄想，還是全部落

在非常粗重的意識境界中；這是連**意識是生滅無常**的知見都還沒有，比之於二乘法中修學的凡夫都不如，還妄想即身成佛，不怕犯了未證言證的大妄語業嗎？假藏傳佛教裡的「即身成佛」只是閨房中的一門男女淫樂低級藝術而已，硬要說「它」是修行成佛的法門，那只是「**喇嘛教**」特有的下流產品，正統佛教中可沒有這種荒謬論調。

三、「金剛乘」的檢驗

〔真心新聞網採訪組台北報導〕

正覺教育基金會董事長張公僕表示，假藏傳佛教密宗自稱他們所修學的「金剛乘」，超勝於佛教的「大小乘」。到底「金剛乘」是什麼？有什麼內涵？有可能超勝於佛教的「大小乘」嗎？

佛教的大乘（Mahayana）乃指佛菩提「成佛之道」，小乘（Sutrayana）則是指聲聞乘和緣覺乘等二乘的「解脫道」，這是 釋迦牟尼佛所傳下、特有的兩大甘露法門。其中大乘則含攝小乘教法，故說為唯一佛乘，代表大乘教法的完整性。佛陀為適應眾生根器的不同，所以將唯一的成佛之乘，析分為三：聲聞乘、緣覺乘和菩薩乘。

其中的解脫道修習四聖諦、八正道等三十七道品，觀行十因

緣、十二因緣等法爲修學法門,最初斷除身見我見而獲得初果,進而修斷我所執、我執,證四果解脫成爲阿羅漢,能夠出離三界生死,所需時劫較短,利根人還可以當生實證解脫果成阿羅漢;而佛菩提道則以成就無上正等正覺的佛果爲標的,必須先開悟明心發起實相智慧,總共歷經三大阿僧祇劫自利利他的菩薩行,才能成就「福慧」具足圓滿的佛道。

所謂的解脫道,乃指斷除我見與我執,解脫了三界生死輪迴苦,於死後不再出生「中陰身」,完全滅盡自己而入無餘涅槃「不受後有」,說爲「我生已盡」解脫生死;這種滅盡自己,解脫生死而入無餘涅槃的觀念,眾生是難以接受的,因爲要把「我」給滅盡,所以 佛陀在世時,二乘行者也爲此而「因外有恐怖」,所以向 佛陀請教。佛陀說滅盡自己後,無餘涅槃中有「本際」常住不壞,所以不是「斷滅空」,此「本際」即是大乘菩薩所實證的實相如來藏,於是弟子們不再害怕滅盡自己以後成爲斷滅空,「因外有恐怖」的狀況消失了,於是證得阿羅漢果,出離三界生死苦。大乘的佛菩提,即以實證此根本心如來藏作爲大乘入道之門,依於實證本心如來藏所得的「根本智」,然後更進一步進修「後得智」,乃至成佛時所具足的「一切種智」;在未成佛之前,初地菩薩乃至等覺菩薩所證得的「種子智慧」曰「道種智」,所以大乘佛菩提所

證的智慧階梯次第依序是：根本智→後得智→道種智→一切種智。

佛陀的究竟教法是唯一佛乘，但為了適應眾生的根器，世尊方便為說「五乘」——人乘、天乘、聲聞乘、緣覺乘、菩薩乘（佛乘），依著眾生根器而開演修行的法門，引導眾生出離三界生死，乃至成就佛道。

回頭來看假藏傳佛教密宗的「金剛乘」（Vajarayana），乃是主修「無上瑜伽」男女雙身法，以「性高潮」的「身觸」感覺，當作是已經實證諸佛境界而「即身成佛」了；喇嘛教這時是以男性的「金剛杵」和女性的「蓮花」和合，在行淫當中，以覺知心去體會那種淫樂「感覺」，提醒自己此覺知心空無形色即是空性，淫樂「感覺」也是空無形色的空性，二者合一而以此說為「樂空不二」；所以「金剛乘」的雙修法乃是落入「身觸」境界，執著那種淫樂的性高潮「感覺」，不離欲界的境界相，尚不能觸及欲界天的境界，更不能觸及色界、無色界天的境界，雖然自誇是「超勝」於佛教的大小乘，基本上，還是在人世間的「淫樂藝術」遊走，淪墮於三界生死之中，連欲界裡的人間都超越不了，根本無法超脫生死輪迴，連佛教二乘法中出離三界解脫的證量都達不到了，更別說是證得菩薩的實相智慧，又如何能談及「即身成佛」？真乃癡人說夢。

　　假藏傳佛教自詡爲「金剛乘」，雖有「金剛」之名，卻沒有「金剛」的實質。佛教的「金剛」乃是指永不壞滅的「金剛心」如來藏，而假藏傳佛教「金剛乘」所說的「金剛」，乃是指喇嘛的性器官勃起以後長時間堅硬不軟，說爲「金剛杵」，所以依此自誇而名爲金剛乘。實際上，這樣的假金剛，既經不起外力的傷害，也會隨著人的死亡而爛壞，何來「金剛」可說？佛教所說的「金剛心」第八識如來藏乃本來而有，不生亦不滅，是萬法出生的根本心，三界沒有任何一法可以毀壞祂，祂才是眞實的金剛。假藏傳佛教密宗的「**金剛乘**」，乃是以「物質法」的陽具享樂作爲對象目標，但雙身法乃是「生滅無常」的法，以「**性交**」愛慾爲重心；而正統佛教的「**金剛心**」乃是指法界的眞實相，以永遠常住的「金剛心」來論述成佛之道，乃以**智慧**的成就爲重心。兩相對照之下，高下立判；那麼假藏傳佛教既是陽具金剛乘，不是三乘佛法所依的第八識金剛心，這個喇嘛教是不是佛教？讀者思惟以後也就自然分明了。

四、轉世靈童的檢驗

〔真心新聞網採訪組台北報導〕

　　正覺教育基金會董事長張公僕表示，假藏傳佛教密宗的精神領袖達賴喇嘛，於 2011 年 8 月 13 日在法國南部**圖盧茲**弘法途中

說，他現在只是一個沒有政治責任的「精神人物」，……達賴喇嘛還向記者表示，**至於達賴轉世，只有他本人才有權決定，任何其他人都無權決定。**[173]

　　十四世達賴清楚的說明，在他還未宣布放棄政治權力之前，達賴是政治與宗教一把抓的「絕對權力」人物，歷代的達賴都是政、教合一的人物，這已經不是新聞了，大眾比較有興趣是「達賴轉世」的「轉世靈童」問題；在此處達賴十四世宣稱，只有他才有權決定自己的「轉世」問題，之前又向外宣說自己是「觀世音菩薩」的轉世，諷刺的是，大慈大悲的「觀世音菩薩」竟然不厭其煩地作達賴的「轉世靈童」，歷代達賴廣行男女雙身法，「博愛」天下女人，並且捲入「政治鬥爭」的漩渦，然後招致敵方反擊，最後死於政治暗殺。怎麼會這樣子？顯然達賴十四世將普羅大眾當成是不懂佛法與歷史的呆瓜。

　　倘若達賴十四世真的是「觀世音菩薩」的轉世，那麼往前推溯達賴十三世乃至達賴五世理當也是「觀世音菩薩」的轉世，然而達賴五世因為「六識論」與「無上瑜伽」雙身修法的錯謬論調，

---

[173] 參見 BBC 2011.8.13〈西藏精神領袖達賴喇嘛週六（13 日）開始在法國南部城市圖盧茲展開為期三天的弘法活動〉
http://www.bbc.co.uk/zhongwen/simp/world/2011/08/110813_dalai_france.shtml（擷取日期：2014/3/6）

被「覺囊派」的「他空見」所評破，他沒有佛法智慧，無法在法義上面回應覺囊派的如來藏他空見，於是結合政治同盟的力量，將「覺囊派」消滅殆盡，覺囊派的首腦人物也被趕出西藏，試問：一個殺人如麻卻又沒有佛法智慧駁倒覺囊派法義的達賴五世，有可能是大慈大悲「觀世音菩薩」的「轉世靈童」？答案是：「絕無此可能！！！」彼等顯然是輪迴下墮至「三惡道」了，然後由另一個靈童被指定為轉世繼承人，成為達賴六世。又譬如後來達賴六世尚在人間時，達賴七世已出生在世間，欺騙藏胞可以到達這樣的地步，真是匪夷所思。既然達賴六世作為達賴五世的「轉世靈童」、達賴七世作為達賴六世的轉世，都已經是自己講不清楚的妄說了，那麼達賴六世乃至如今達賴十四世「轉世靈童」說法的真實性，也就不攻自破了。

依佛法的因果律來說，未證得解脫果或佛菩提的凡夫，都是依於業力成就「輪迴轉世」，有時候會升天或再世為人的善趣，有時候因為惡業而下墮三惡道（餓鬼、畜生、地獄），只有佛教三地滿心以上的大菩薩，因為有神通和意生身，才有能力了知自己的轉世問題。

十四世達賴是個連我見都未斷的凡夫俗子，廣行「無上瑜伽」男女雙身法的「邪教導」，必然墮入三惡道的輪迴，根本沒有能力

決定自己的「轉世」問題，更何況「輪迴轉世」必須是死亡後，才能依於眾生業力或是依於菩薩願力成就「轉世」，不可能在生前就先立「轉世靈童」，那是不懂常識也不懂佛法的凡夫外道所說的「愚癡笑話」；很不幸的，現今的達賴十四世正落入此種笑話中，只能欺騙一些無智的民眾，換取一些供養罷了。

達賴十四世振振有詞地說：「**至於達賴轉世，只有我本人才有權決定，任何其他人都無權決定。**」達賴現在就想利用他的權勢，對外宣稱先指定「轉世靈童」，對那些不懂佛法的人來說，也許可以暫時矇騙過去，也可能產生震撼作用，但對佛法有正確知見的人來說，那是天大的笑話。但這其實也顯示，連達賴十四世都不相信每一世的達賴由同一個人轉世的說法，卻想要讓天下人相信。

假藏傳佛教密宗達賴的「轉世靈童」，基本上就是一種欺騙，也是不爲人知的笑話。歷代達賴的產生，可說是「弊端重重」，完全是在政治運作下產生的，例如：內定、抽籤（可以事先安排抽籤的結果）等等，猶如古代宮廷選太子一樣，是以鞏固權力核心爲考量。歷代的達賴乃是政教合一「絕對權力」的重要人物，選擇達賴的轉世靈童是以政治爲第一考量，對外宣稱尋找過程中的種種徵兆，也是鞏固權力的一種宣傳手段；即使是敵對一方已立之小達賴，亦可再用政治手段予以謀殺，例如七世、八世、九世達賴皆是未及束髮而忽然死亡！ 所以達賴十四世自己宣稱是「觀世音

菩薩」的轉世，那已經是在「轉世靈童」的笑話之外，再多加一層「騙死人不償命」茶餘飯後的笑柄。由這些事實來看假藏傳佛教，顯示它是一個充滿權謀與政治算計的騙人騙己的宗教，連勸善、行善都談不上，對於**喇嘛教是不是佛教**的題目，讀者自己判斷一下也就了然於心了。

五、「三昧耶戒」的檢驗

〔真心新聞網採訪組台北報導〕

正覺教育基金會董事長張公僕表示，宗教的戒律猶如萬花筒，令人眼花撩亂，有些是邪戒、有些則是非戒取戒。戒律的建立是爲了「防非止惡」，有了正確的戒律作基礎，加上正確的解脫知見與正確的佛法知見，則在修行的道路上才能得到功德受用，否則不但唐捐其功，也會因爲「邪戒」引生「邪行」，導致未來世不可愛的異熟果報——受生於三惡道中。

佛陀所制定的戒，有在家衆的基本五戒、八關齋戒，有出家衆的聲聞戒，還有行菩薩道者的菩薩戒。五戒爲不殺生、不偷盜、不邪淫、不妄語、不飲酒，此五戒爲在家人一生受持，八關齋戒以五戒爲基礎，再加上第六條：不塗香水、不聽歌曲、不跳舞，以及第七條不坐高廣大床，第八條過午不食。八關齋戒乃是一日一夜受，也是爲了出家所作的預先準備；出家人的聲聞戒爲別解脫戒，乃一世受，所以此生捨壽後，戒體即消失；此戒有比丘二百五十戒，比丘尼五百戒；而菩薩戒爲菩薩的正解脫戒，有十重戒、四十八輕戒，一受永受，有受法而無捨法，盡未來際受持。聲聞戒的受持乃是以身、口的受持爲主，只要身、口不犯，意業越軌，亦不算犯戒；菩薩戒乃是以意的受持爲根本，只要心意越

軌，雖然身、口不犯，亦屬犯戒。

　　張董事長表示，而假藏傳佛教密宗自己施設的「三昧耶戒」是最經典的「邪戒」、「非戒取戒」，並不是 佛所說之戒律；「三昧耶戒」乃是與「無上瑜伽」男女雙身法息息相關，也就是說，這條戒是與「行淫」脫離不了關係。

　　「三昧耶戒」主要的內容：如果比丘（出家人）以自己的「金剛杵」（陽具），進入女人的蓮花（陰道）者名為犯戒，若已入達一寸二分以上者，名為究竟犯（犯根本戒），而藏密「喇嘛」與女人合修雙身法時，只要在合修之前，觀想自他二人之性器官相入（金剛杵入於蓮花中），如此觀想成就，就不算犯「三昧耶戒」；如果在行淫過程中不慎漏點（不慎而射精），即是犯戒；只要能夠不漏點，則與女人行淫，都不算犯戒，就說是**持戒清淨**。但是達賴又施設一條：若不慎漏點，有能力將之吸回膀胱中，也不算犯戒。如果遇到男瑜伽行者或是女瑜伽行者，要求對方雙修時，對方不能拒絕；若有一方拒絕對方合修行淫，也是犯了「三昧耶戒」；但這種三昧耶戒規定的戒條，都與佛法的修證及解脫或智慧無關，所以假藏傳佛教密宗所施設的「三昧耶戒」，就是「邪戒」、「非戒取戒」的代表作。

　　「三昧耶戒」完全在「性交」的範疇打轉，規定受了「三昧

耶戒」的人，就要天天與異性行淫，否則就是犯戒；這是鼓勵貪求「性交」，不僅沒有「防非止惡」的功德，也沒有使人死後向欲界天提升的功德，更不可能向色界天提升，反而令人死後淪墮三惡道，完全與 佛所制的戒背道而馳，從這點就可確認雙身修法的藏傳佛教是假名佛教，不是正真的佛教。

六、「佛母」的檢驗

〔真心新聞網採訪組台北報導〕

　　正覺教育基金會董事長張公僕先生表示，「佛母」這個名詞表面上的意涵是出生諸佛的母親。正統佛教中所謂的「佛母」，大多不是侷限在個人的角色，而是泛指般若智慧，因為諸佛都從「**般若智慧**」出生，因此「**般若智慧**」才是名符其實正真的「**佛母**」；可笑的是，假藏傳佛教於貪緣佛教的教義時卻是一表三千里，攀親搭故所說的「佛母」，是指喇嘛實修「無上瑜伽」男女雙身法的對象，將願意被喇嘛洩欲的女人，說為是「智慧佛母」，來籠罩一般的大眾。

　　正統佛教經典記載，諸佛具足十號，福慧兩足，成佛時圓滿一切種智而「四智圓明」，這是佛的果位智慧；在因位時，是以悟得法界的真實相如來藏，來說這位菩薩真正進入了大乘成佛之

道，意思是說，如果沒有眞正的開悟，縱使受了菩薩戒，也只是表相上的菩薩，還在凡夫位中，不是眞實義的菩薩。換句話來說，開悟了，就有了眞實的「**般若智慧**」，這個智慧就是菩薩的佛母，因爲可以使菩薩將來出生爲佛；但這個智慧也只是開啓成佛之道的門，所以叫作見道位；如果沒有開啓「般若智慧」，縱使作盡所有的善事，最多也只能作「轉輪聖王」，根本無法成佛；因爲「般若智慧」的實證是成就佛道的重要關鍵，因此才以「佛母」來譬喻。

而假藏傳佛教密宗所說的「佛母」，是代表一個人、一個有情眾生，名之爲「明妃」、「空行母」、「度母」，通稱爲佛母。假藏傳佛教說女性的生殖器「蓮花」，是很重要的修行工具，喇嘛的「即身成佛」完全要靠那個蓮花，並且是要很多朵蓮花——要有很多女人供喇嘛性交修行。也就是說，「佛母」、「勇父」在修「無上瑜伽」男女同時到達「性高潮」時，將「性高潮」中忘我的「覺觸」說爲已經「成佛」了；因爲假藏傳佛教的教義，主張透過淫樂的雙身法來修行成佛，所以就把能與喇嘛合修雙身法的女性，美其名說是「佛母」。

其實假藏傳佛教密宗所說的「佛母」，只是喇嘛修行無上瑜伽的工具，喇嘛的目的是要藉由行淫來達到性高潮，只要佛母年老色衰了，即棄之如敝屣，再換一個更年輕的，因此假藏傳佛教中

的「佛母」，扮演的其實是個悲情角色，一點也不被尊重。但有不少學密的女性迷惑於佛母這個很尊貴的名稱，就願意與喇嘛上床性交樂空雙運；直到有一天喇嘛看上新鮮的其他女性時就拋棄這位舊佛母，這位舊佛母每夜都只能暗自飲泣又不便出面公開指證。

　　同樣是「佛母」，在正統佛教和藏傳假佛教中，所指涉的意涵是截然不同的，前者是能令人成就佛道的清淨般若慧，後者則是會令人淪墮三惡道的污穢邪淫的表徵；從這點就可以證明實修雙身法的假藏傳佛教是仿冒的佛教，不但侵犯了佛教的著作權，也侵犯了佛教的智慧財產權。學佛的婦女朋友們應當要有智慧分辨「佛母」的真實義，去求證真正的佛母——法界實相的智慧，千萬不要被這個響亮的名號所蒙蔽，而甘願與喇嘛合修雙身法；等到喇嘛厭倦了，被拋棄了，後悔就來不及了。

七、「無上瑜伽」的檢驗

〔真心新聞網採訪組台北報導〕

正覺教育基金會董事長張公僕表示，假藏傳佛教密宗自詡有「無上瑜伽」，也自詡他們所修學的「金剛乘」超勝於佛教的大乘與小乘；然而經過深入檢驗「金剛乘」的結果，「它」只不過是世間人的「想像藝術」，連欲界六天的境界都無法超越，當然也不能超越色界天的境界，更別說是聲聞初果人的智慧了，所以根本沒有什麼奇特之處。那麼他們所謂最高的「無上瑜伽」法門呢？是不是也如「金剛乘」一樣，經不起檢驗？這是學密者應該關心的一個重要議題。

佛教經典記載，「佛」乃是「無上正等正覺」，意思是說，佛的智慧「無上」──三界世間沒有一個眾生的智慧，能夠超出佛的智慧。「瑜伽」是與解脫「相應」的意思，「無上瑜伽」在佛法中的字面上乃是「與解脫相應的無上解脫智慧」；假藏傳佛教密宗的「無上瑜伽」，表面上的意思，看起來好像也是「無上正等正覺」，內容卻與佛的無上智慧了不相干，但喇嘛教就是故意要繼續仿冒佛法的名詞來騙人，絕對不會改變。

深入探討假藏傳佛教密宗的「無上瑜伽」，不免令人失望，因為「它」實際上的內容是來自印度坦特羅思想的男女雙身修法：

男性以「金剛杵」深入女性的「蓮花」中，將男女雙方「性高潮」的「識陰覺受」境界，高推為「即身成佛」，完全背離 釋迦牟尼佛所教導的「意識與識陰六識都是生滅無常」的法教，假藏傳佛教抱著有生會滅的意識與身識不放，連我見都沒有斷，初果尚未證得，卻大言不慚地說他們已經具足實證佛教的果位，還可以即身成佛，這就是假藏傳佛教密宗自詡超勝於佛教大小乘的真相！也就是假藏傳佛教要依「性交」才能成佛，沒有「性交」這個過程就無佛可成的原因。

正統佛教的二個主要修行法門，不管是二乘聲聞緣覺的解脫道，或大乘的佛菩提道，基本的修證都是要「離欲」——離開人間與欲界天男女細滑觸的愛欲，乃至要斷除對色界、無色界的貪愛與執取，當三界所有的貪愛都斷除後，才能夠解脫三界的束縛，出離三界的生死；而佛菩提道的修證，更必須要以「見道」為入門——實證涅槃的本際第八識如來藏而生起實相智慧。

佛教的解脫道與佛菩提道都是以第八識如來藏作為佛法的根本，雖說有「大乘」與「小乘」的名相差別，其實是 佛陀為了適應眾生的根器，而將唯一佛乘析分為三：聲聞乘、緣覺乘、菩薩乘（佛乘）。假藏傳佛教密宗既然自稱是「佛教」，理當以佛法為依歸，應該具有佛教三乘法義的實質，不能只盜用佛法名詞，卻完

全沒有佛法的實質內涵。

　　假藏傳佛教的根本行門就是「無上瑜伽」男女雙身法，本來欲界眾生最難遠離的，就是男女的細滑觸，也是要解脫於欲界所不得不斷者，而密宗「無上瑜伽」的欲貪，與佛教三乘法義的解脫法反其道而行，所以一旦沾粘上，必然越陷越深，而被欲界最粗重的人間男女細滑觸所束縛，根本談不上「無上瑜伽」，故不能與解脫相應，反而會讓人沉淪下墮「三惡道」；這樣的淫慾邪法，不但無法解脫三界生死輪迴，要想「成佛」更是癡人作夢。由這些事實，顯示喇嘛教雖然自稱是藏傳佛教，其實根本就不是佛教。

八、「六識論」的檢驗

〔真心新聞網採訪組台北報導〕

　　正覺教育基金會董事長張公僕先生表示，假藏傳佛教對六識論的認知，就好比一般人對假藏傳佛教密宗的認識一樣，總覺得像是霧裡看花，沒有辦法看得很清楚；再加上時代背景的不同，稱呼也有所差別。例如從印度傳入西藏時叫作坦特羅密宗，而從西藏傳出來時為了取得正信佛教徒的認同，便自稱「藏傳佛教」。但不管從印度傳入的或是從西藏傳出來的，其教義都已偏離正統佛教的佛法內涵很遠了。

完整又正確的佛法是八識論的教義，這是佛教所獨有的，其他宗教所無的；必須得到眞正善知識的教導，才能建立正確的佛法知見，而且佛法的修學乃是「信、解、行、證」，最後必須能夠實證這個第八識，才是眞正的佛法見道，以後才能談得上修道，所實證者乃是第八識心——如來藏；又因爲如來藏是三界一切萬法出生的總根源，自古以來，眞實證悟的菩薩總是很少、很少，以至於爲數眾多的凡夫大師們，同樣將第六意識心的許多的變化之相（例如：離念靈知心、一念不生、放下一切、活在當下……等），誤認爲是眞實心如來藏的實證；也有將三界一切法的「緣起性空」、「一切法空」，誤認爲是眞實的佛法，這些都是錯誤的知見。

所以眼前的佛教界未證悟的學人及假藏傳佛教密宗的達賴、法王、活佛、仁波切等，都只能證到第六意識，只好將第六意識的細分，說成是第八識。也因爲這些人都沒有開悟，瞎子摸象演變成開悟的內涵，正是每個人各自說一個樣子，混沌一片；在這個時候，出了個「正覺」同修會，將開悟的眞正內涵（悟得如來藏才是眞實的開悟）、將佛法的眞實義書之於許多的著作中，才平息了這場鬧劇。如同《大方廣佛華嚴經》卷19云：「若人欲了知，三世一切佛，應觀法界性，一切唯心造。」這裡所說「一切唯心造」，此「心」即是第八識如來藏，意思是說，三世一切**佛**以及

法界的一切體性，都是依於**如來藏**所成就的。

　　假藏傳佛教對於「六識」的認識，根本上是處於一種無知其根本的狀態，學密的人對六根（眼、耳、鼻、舌、身、意根）對應六塵（色、聲、香、味、觸、法塵）能出生六識（眼、耳、鼻、舌、身、意識）的十八界法，是非常陌生的；至於十八界法的虛妄性，更是從來不曾聽聞喇嘛講過，因為所有喇嘛都不知道十八界的虛妄性。大部分的人，都以為是眼睛（眼根）看見東西，其實是眼識所見，眼睛是物質而不是心，怎能看見？聽見聲音、嗅到香臭、舌嚐味道、身體感覺細滑觸，都是耳、鼻、舌、身識的作用；而意識心專作了別思量，例如眼識所見只是青、黃、赤、白等顏色，但要了別這是人、動物、植物等形狀與分類，就需要意識心去了別，這就是《楞嚴經》卷3所云：「**意法為緣生意識**」，是藉意根與法塵相觸為緣，如來藏才能出生意識；同樣的道理，要藉眼根與色塵為緣，如來藏才能生起眼識。不但在大乘經中如此說，在二乘聖典四大部的阿含諸經中，一樣是這麼說的。簡單地說，六識都是藉「根」與「塵」相「觸」為「緣」所生，換句話說，若有外緣或是累得很睏而使「根」與「塵」不接觸時，「識」也就跟著消失了；所以說，六識是因緣所生法，不是常住法；樂空雙運的無上瑜伽卻都是識陰六識的境界，連初果人都不會認同，何況是實證般若的菩薩們。

　　張董事長表示，不客氣地說，假藏傳佛教對眼、耳、鼻、舌、身等前五識根本不了知，對於意識的了知則與那些未學佛者的知見，也相差無幾；說他們是六識論者，簡直是高抬了，因為他們並不了知識陰六識的真實義。再加上他們的基本教義就是「無上瑜伽」男女雙身法，用心於觀想氣脈、明點，修練氣功以求「性交」時能夠持久不洩；並教導在「性高潮」中，能夠保持不洩漏精液的方法，實修而能夠長久不洩精時就認為是「常住不壞」，就是「即身成佛」了，但這完全落入意識或識陰境界中。而意識去領受「性高潮」的那種覺受，乃是「身識」與「意識」共同領納的境界相，是屬於「有為」的生滅法，此乃是十八界法中最粗淺的身觸境界，是造成欲界眾生輪迴生死的淫欲行為，連證悟實相智慧都不可能，根本不能成佛。由這個事實的說明，可以檢驗出來：喇嘛教—假藏傳佛教—從裡到外都不是佛教。他們自稱是「藏傳佛教」，收受大眾的供養與色身的供養，就是詐欺的行為。

九、「正遍知」的檢驗

〔真心新聞網採訪組台北報導〕

　　正覺教育基金會董事長張公僕表示，正統佛教經典記載，諸佛成佛時，都是十號具足，代表佛果的十種大殊勝，「正遍知」就是其中之一；而假藏傳佛教密宗也號稱有「正遍知」，只不過它的

「正遍知」是男女行淫到達「性高潮」，擴及全身的那種覺受，將這種全身都有「性高潮感覺」的「遍知」說爲「即身成佛的正遍知」。

假藏傳佛教密宗的基本教義就是冒稱爲佛教「無上瑜伽」的男女雙身法，不管是黃、白、紅、花，哪一個教派的喇嘛，最後都要走上「雙修性交」這一條路，才有可能「即身成佛」。假藏傳佛教初學人士心中，也許會犯著嘀咕：「達賴看起來很正經，其他的法王、活佛、仁波切也是道貌岸然，怎麼可能『假借』修學佛法爲名，拐騙女人上床？正覺的人說得太武斷了吧？！」這是合理的懷疑，更是合理的質疑。

張董事長表示，假藏傳佛教密宗從初入門的「結緣灌頂」到最後的「密灌」完成，他們的上師都是以「男女雙身」的觀想與作意，來爲學密者「灌頂」，但喇嘛們在爲弟子灌頂時心中所作的觀想，是絕對不會告訴弟子們的。也因爲他們的基本教義就是「無上瑜伽」男女雙身法，喇嘛們平常所修學的無上瑜伽，完全無關佛法，都在觀想明點、練寶瓶氣、修學氣脈、子母光明上用心，目標是要鍛鍊能有持久不洩精的功夫，以爲這樣就是修學佛法。殊不知這些東西都是從印度教外道所引入的，全然不能令人解脫，反而會將人繫縛在三界有中，輪迴不息、受苦無窮。

由於樂空雙運的性交法門是假藏傳佛教根本教義的關係，「喇嘛」走上雙身法之路，就成為一種不可改變的「宿命」。因為「無上瑜伽」就是雙身法，整個教派的精華就是要「即身成佛」，想要「即身成佛」就必須要「性交」，藉由「性交」帶來的「性高潮」當作成佛的境界；在「性高潮」當中，還要練習「持久不洩」，將擴及全身「感受」樂觸「持久不洩」的「正遍知覺」，說為「常住不壞」，冒充為佛教成佛境界的「正遍知」，就說是「即身成佛」了。

假藏傳佛教將正統佛教中成佛時遍一切智的「正遍知」，扭曲成如此的猥褻與不堪，真是罪過；其實假藏傳佛教密宗只要承認他們是「喇嘛教」，不要掛上「佛教」的名字，也不要冒用佛教修證上的名詞，那麼喇嘛們與女信徒在床笫上如何地翻雲覆雨，也讓入教的女信徒明知道是這麼一回事，還甘願配合，那就是個人的「意願」問題，「正覺」也就不會干預。

偏偏假藏傳佛教密宗冒充佛教以後，又以超勝於「佛教」的心態自居，將「邪淫」的男女雙身法說成佛教的「無上瑜伽」，將男女「性交」說為佛教的修行，將男、女性器官以佛法的名相「金剛杵」、「蓮花」來包裝掩飾；甚至將「性高潮」中不漏精液的樂觸擴及全身，都能鬼扯成佛陀智慧境界的「正遍知」，騙人說是「即

身成佛」了，這是「不死矯亂」的說法，也是世間人常說的「硬拗」狡辯。如果「成佛」完全依靠男女「性器官」相入相觸，沒有一點世間智慧、出世間智慧、世出世間的上上慧，那麼這個宗教的體質，就需要好好的被檢點。

佛教的諸佛，當「祂」成佛時，不但世間智慧具足圓滿，出世間智慧、世出世間智慧也都完全具足圓滿，遍知三界九地及三乘菩提一切法，才能稱為正遍知；而且三十二大人相、八十種隨形好的福德也具足圓滿，並且神通自在，能隨時為人說法，救拔一切眾生的「病根病灶」，是醫治有情生死大病的「大醫王」。而假藏傳佛教所成的「佛」，卻是要仰仗男女交合這樣邪淫的生滅法，說到佛法三乘菩提時，一問三不知，這是哪門子正遍知？這真是天與地之間的懸隔，豈能以億萬里計得？由此可見宗奉男女雙身修法的假藏傳佛教是冒充佛教，根本就不是佛教；他們所傳授的法也不是佛法，是以外道法假冒的佛法。

達賴喇嘛的慈悲在哪裡?

近年來，不停的有藏胞自焚事件發生，死亡者至少已累計達四十七名，僅以二○一二年八月統計，據中廣新聞網的報導，八月六日至十三日，一週內就有五名藏胞自焚。

正覺教育基金會董事長張公僕先生指出，許多人記得西元一九九八年當時登諾布 Ngodup 在印度新德里，舉辦西藏難民的絕食抗議，之後引火自焚，當時達賴喇嘛的評論是：「暴力，甚至對自己施暴，會衍生更多的暴力。」

可是這一次，換到他自己在西藏本土的同胞，接二連三的為表達抗議而引火自焚時，達賴卻表示：「我不願造成某種印象說這件事是錯誤的。因此最好是保持中立。」

張董事長質疑，為什麼達賴有兩套標準？難道尊重生命、保障人權這一類的普世價值，換了時間地點就可以有不同的標準嗎？

張董事長表示，台灣的河洛話中有一句俚語：「別人的孩子一死不了（死不完）。」用來諷刺某些人對他人生命的冷漠無情與殘忍，像達賴這般無視於自己同胞的煬痛，正應驗了這句俗語，而他又號稱是慈悲的代表，完全無法令人理解。

達賴坐擁無數鉅億的資財、寺產以及源源不斷的國際募款，卻坐視自己同胞一個又一個、一次又一次地被

火噬命，事實上，達賴無法置身於藏胞自焚事件之外，畢竟當藏胞自焚者身上潑滿汽油，點火自我時，口中喊的可都是「甲瓦仁波切」（達賴喇嘛）的名字啊！但達賴非但不出言勸阻，反而有意無意的讚歎他們是「勇士」，如此罔顧人命，這無異是狠狠打了諸貝爾（獎）一巴掌。

因此美國波士頓大學宗教學者斯提芬‧普羅特勞，在其美國有線電視新聞網（CNN）信仰部落格中，撰文指出：「如果達賴喇嘛能夠明確表態反對自焚，藏人一定會停止。」

另一位美國專欄作家尼可拉斯‧皮爾斯更撰文直言：「如果達賴喇嘛譴責自焚的作為，這幾乎保證能在一夕之間終結此行為。」

但是令人不解的是，達賴竟表

示：「我不願造成某種印象說這件事是錯誤的。因此最好是保持中立。」

達賴這種對自焚事件明確保持中立，事實上卻暗示為肯定（不願說是錯誤的」），普羅特勞甚至暗比為：「信仰者從事暴力，而且以某種較高層次善行的名義將它正當化的行徑」，並出重言評論：「在非常現實的意義上，藏人的血是掌握在他（達賴喇嘛）的手中。但是達賴喇嘛在這裡累積的惡業，遠遠超過了這些特定的抗議者。」

這真是達賴喇嘛在藏胞自焚事件中，一針見血的針砭。

此篇文稿登載於 2013 年 2 月第 614 期壹週刊

此金剛杵 非 彼金剛杵

假藏傳佛教的三昧耶戒不是佛所制的戒

正覺教育基金會董事長張公僕表示，在佛教的寺院中，可以看見護法菩薩的手中拿著一根金剛杵（降魔杵），來震嚇那些違逆正法的鬼神眾生，不要再繼續暗中造作惡業。然而，在假藏傳佛教密宗的密續中，金剛杵卻搖身一變，變成了男性生殖器的表徵，真是令人啼笑皆非。

正統佛教的名相，到了假藏傳佛教密宗之中，全都會被竄改而質變，完全不同於原有的意義，「金剛杵」就是其中的一例。假藏傳佛教密宗的《密續》，從頭到尾離不開男性生殖器「金剛杵」，這種性愛崇拜是溯源於原始部落文化的生殖崇拜，最後經過印度婆羅門性力派的提倡而混入了佛教，就成為怛特羅（譚崔）佛教，也就是假藏傳佛教（密宗），不是真正的佛教。

一般民眾會崇拜假藏傳佛教密宗中的上師、仁波切、法王、活佛，是因為被他們所自封的「活佛」名號唬住；也是因為對於假藏傳佛教密宗以外道法取代佛教教義的事實，有所不知而被矇騙。

台灣是一個寶島，民眾崇尚社會道德與善良風俗，然而假藏傳佛教密宗的喇嘛所教導的三昧耶戒，卻是要求信徒每天都要行淫，否則是會下金剛地獄，因此善良的女信徒就會被「活佛」的說法所震懾，只好遵從而與喇嘛合修雙身法。然而真正佛陀的教法是崇尚清淨解脫，所以佛陀制定了大小乘中各種清淨的戒律；那些喇嘛卻反過來說，只要受過三昧耶戒以後，他們無論作什麼，就算是找女信徒合修雙身法，甚至與多人雜交，都不算觸犯佛陀所制定的清淨戒律。這完全是一派胡言。

假藏傳佛教密宗的「無上瑜伽」，實際上就是在搞男女雜交的性愛關係，所以男信徒要尋找合適的女信徒性交好樂空雙運，女信徒則是要反過來尋男信徒也樂空雙運，而且不該只和同一個異性信徒合修；所有過密灌的假藏傳佛教密宗信徒都必須如此，否則即是違犯假藏傳佛教密宗的三昧耶戒，成為持戒不清淨。

因此如果有人「好心的」要告訴我們如何靠著男女雙修來「即身成佛」，那我們可得特別當心，趕緊遠離。

有智慧的人們應當要知道，學佛必須要以智慧來作為前導，釋迦牟尼佛親自示現出家清淨行，遠離了婬欲煩惱，因此正確的佛法應當是遠離婬欲之行的；我們應該親近教授人們離欲的善知識，而不是以假藏傳佛教密宗所謂的「金剛杵」來作為修行的工具；也要特別當心那些上師、仁波切、法王、活佛等，在他們「尊貴的」稱號的背後，隱藏著的性愛危機與金錢危機。

▶ 假藏傳佛教密宗的密續，「金剛杵」是男性生殖器的表徵。

此篇文稿登載於 2013 年 3 月第 618 期壹週刊

假藏傳佛教的「菩提心」是紅還是白？

正覺教育基金會董事長張公僕代表示，「菩提心」在佛教來說，是發起成佛的心，是想要來覺悟眾生的心；所以發起「菩提心」，是以將來覺悟法界實相之後，所證得的「智慧」來「覺悟一切有情眾生」，最後圓滿成就無上的佛道。若是從實證佛教的層面來說，則是指證悟佛菩提時開悟所證的真實心，是第八識如來藏。

然而假藏傳佛教所謂的「菩提心」，卻是將喇嘛流出的精液稱為「白菩提」或「白菩提心」，將與喇嘛合修變身法的女性的淫液或經血，叫作「紅菩提」或「紅菩提心」，這根本與佛教中原來「菩提心」的意思南轅北轍，是假藏傳佛教全面曲解正統佛教法義的具體實例之一。

正覺教育基金會張公僕董事長嚴正表示，這些都是印度外道瑜伽士的修煉之法，和釋迦牟尼佛所說的「智慧」、「覺悟」、「菩提」完全不同；但是因為很能夠吸引世間貪求欲愛的男女，因此這些主張性力派的瑜伽士，混到佛門中出家，就將這雜染的婬欲法結合佛教的佛法名相，創造了「密教」，主張在一切「瑜伽」之上另有一個「無上瑜伽」。

真正的密宗道共有四個灌頂次第，這種男精女血的混合物，他們稱為無上「實物」，在第二灌頂中，先由根本上師與九位明妃在佛殿上公然

交媾，喇嘛上師代表佛父，那九位與張董事長表示，假藏傳佛教所依據的灌頂，說穿了就是繞著這密灌的女人代表佛母，而他們實行「天瑜伽」時就是與佛父和慧灌來追求性愛淫樂，其他的所謂在性交過程中所流出來的淫液就是「具種菩提」，說是此心具備了人類先生見、修、行等，全都只是花絮而作為不息功能的菩提心種子；喇嘛與九位點綴之用，與佛法全無關聯。女人一性交射精後，一一收集起來混在一起，而給被灌頂的男女弟子吃，這就是第二灌頂的密灌頂成就。

假藏傳佛教深入學法的弟子，要在真刀實槍進行「無上瑜伽」的第三灌頂之前，一定先要在第二灌頂時吃這種無上「實物」，才算完成第二灌頂；然後再跟這九位明妃輪流交媾而不能洩精時，將淫樂藉由當初所修煉的氣功引導到全身而成就遍身大樂，這時要體會這個樂觸是空，說這樣就是證得「樂空不二」了，就成為密宗最自豪的報身佛了。這就是假藏傳佛教所謂的「即身成佛」的第三灌頂的慧灌頂成就。

其實這只是「抱」身佛、連化身佛都不是，連聲聞初果斷我見的見地都沒有，假藏傳佛教完全沒有證得正

統佛教中所說的三乘菩提的智慧。

張董事長表示，假藏傳佛教依據的灌頂，說穿了就是繞著這密灌的無上佛道的無上菩提心，原本是菩薩追求無上佛道的願心、度化眾生所發的大心，或者是開悟明心時所證悟的第八識如來藏心，但假藏傳佛教將此改造為男女行淫後的精血混合液。

張公僕表示，正覺教育基金會將假藏傳佛教這種黑暗面披露出來，讓大眾瞭解假藏傳佛教的本質：以傳法作為藉口，實質上是貪淫天下的女人，也讓天下的男人被暗中戴上綠帽子，最後製造出密宗信徒家庭破碎的悲劇。正覺教育基金會本著救護眾生的善意而作社會教育，希望社會大眾在瞭解這些實際內幕之後，千萬不要再有人投入假藏傳佛教中玩火自焚，以免家庭破碎的悲劇一再重演。

此篇文稿登載於 2013 年 5 月第 627 期壹週刊

假藏傳佛教的腥羶與邪淫　網路藏不住

正覺教育基金會董事長張公僕表示，現在社會開放，資訊非常發達，各類學術研究報告和媒體的報導，以及網路資訊，對於假藏傳佛教（又稱為喇嘛教或密宗）教理的偏邪、祭祀供品的血腥污穢，喇嘛的荒淫，乃至達賴的偽善等等，已經有許多公正詳實的文件資料公開，社會大眾只要用心稍加蒐尋，就不難發掘出事實的真相。

許多人士其實早已心知肚明，但還是會因為種種理由，繼續若無其事的扮演「沈默的大眾」，連政府也不敢去攪動假藏傳佛教，因為捅不起這個千餘年來不斷累積而形成的超大號馬蜂窩。

正覺教育基金會站出來講真話，就是要率先戳破假藏傳佛教那件「國王的新衣」，好讓大家看清真相，捨棄駝鳥主義的心態。當海峽兩岸政府都不敢碰觸這個超級大馬蜂窩時，我們仍然不顧慮這個超級大蜂窩裡的無數大馬蜂會如何反撲我們，因為我們有自己特製的殺蟲劑—正真的佛法以及三乘菩提的實證，加上對「喇嘛學」深入徹底的研究成果。

至於大眾一向沈默的原因，有的人是好奇，喜歡新鮮，希望喇嘛教裡那些稀奇古怪的鬼神感應法，可以滿足他們種種世俗的祈求；有的人是為了政治或宗教上的利益，才會對喇嘛教睜一眼閉一眼，因為達賴有國際的知名度；有的人因為早期和假藏傳佛教掛勾、互相吹捧，到後來反而牽扯不清，一時間要撕破臉轉身而去，恐怕難以向支持者交代；有的人是因為家庭。

於，藉宗教自由的名義，繼續遵循要與女信徒性交的無上瑜伽基本教義，繼續妨害善良風俗，繼續妨害信徒的家庭。

其實最大最多的部分，還是因為國人心地單純與樂善好施，只要聽到別人說假藏傳佛教是佛教，說它講的樂空雙運是「佛法」，就會自然產生敬信；可是一般人對於佛教及假藏傳佛教（喇嘛教）的法義涉獵不多，不知道假藏傳佛教（喇嘛教）並不是真正的佛教，不知道是仿冒品，於是就很容易被人家欺矇了。

為國人說假藏傳佛教的被批正起了無謂的聯想，深怕自己會是下一張骨牌；還有的人則是有鄉愿的心態，認為各人自掃門前雪就好了，不要強出頭，以免招惹是非，更有的人是中毒已深，成為喇嘛教密宗的「基本教義派」，那恐怕是使出九牛二虎之力也拉不回了。

兩岸政府對邪淫的假藏傳佛教教義沈默而不願面對的原因，一是、因為對喇嘛學不曾研究，不知道假藏傳佛教是一個自始至終都是要淫人妻女的邪教；二是、顧慮選票的流失，不想得罪藏傳佛教的信徒—在他們信徒數目仍多的時候；三是、顧慮影響民族感情，不想認定淫人妻女的假藏傳佛教是邪教，以免因此增加藏獨的勢力。

張董事長呼籲，對於正覺教育基金會挺身而出，指出假藏傳佛教種種邪淫的作為，大家都應該詳細的瞭解，並且廣為週知親朋好友。這樣，不但很快的會有更多的人因瞭解而唾棄邪淫的假藏傳佛教，而且大家也自然的遠離宗教性侵害、救護大眾、保護女性，成就為社會安良除患的大功德了。

修假藏傳佛教「無上瑜伽」雙身法的因果

勤修假藏傳佛教的「無上瑜伽」雙身法這個「因」，真的可以如喇嘛們說的得到「即身成佛」的「果」嗎？

正覺教育基金會董事長張公僕表示，假藏傳佛教標榜：「修無上瑜伽男女雙身法，這一世就能即身成佛。」事實上這樣的說法是錯誤且危險的，「種如是因，得如是果」，修男女雙身法只會增加對淫欲的貪著，造作這樣不清淨的「因」，如何能成就清淨的佛「果」？

張董事長表示，也許假藏傳佛教人士會提出抗議說：「難道我這一世的『即身成佛』，不就是我無量世中的修行所成就的嗎？」說的好像是真的，卻似是而非。佛經上說，一個佛世界只有一位佛應化在度有情；假藏傳佛教從釋迦牟尼以下的大、小喇嘛成就千上萬，同一天中修雙身法成就的歡喜佛同住一個世界中呢？光這一點就不符合佛陀的教示，何況佛法三乘菩提中，有這種住在性交境界中的「佛」嗎？

諸佛都有十號功德：應供、正遍知、明行足、善逝、世間解、無上士、調御丈夫、天人師、佛、世尊。十四世達賴喇嘛連斷我見的初果功德都沒有，身是凡夫，尚且不足以膺任聲聞法中的應供，三乘菩提又以遍知功德，至於其餘八種名號的功德也就不需再提了。

連達賴喇嘛自己都無絲毫成佛的實質，都還沒有「成佛」，其他的喇嘛又成就了什麼佛？成性愛的「歡喜佛」？成這種追求性愛的「歡喜佛」以後，要如何為眾生說出三乘菩提深妙法呢？他是不是應該說：「我必須找個女人，在床上性交才能成佛！」這樣的說法也未免太荒唐了，因為一旦離開了與女人交合的境界，他就不是佛了，有這樣的佛嗎？

修雙身法造作淫欲的不清淨「因」，未來世所得的絕對是不可愛的「果」，所得的果報遠遠超出

他們想像的可怕，因為，假藏傳佛教喇嘛犯下了「大妄語」和「大邪淫」的重業。隨喇嘛修習無上瑜伽的信徒們，也會因為共業的關係，共同成就未來世極不可愛的果報。

張董事長呼籲，「因果」是如影隨形的，不要以為在暗室中，沒有人看得見他們修雙身法的醜行，事實上，男女雙方各自心中都清楚，附近的鬼神也皆知，在邪淫的當下，已種下了邪淫的異熟果種子，未來世得到的果報，就是往生三惡道。所有修「無上瑜伽」的男女，不妨從因果的角度想想吧！

此篇文稿登載於 2013 年 8 月第 639 期壹週刊

假藏傳佛教的「蓮花」？
太離譜了！

在正統佛教中所提到的蓮花，是代表聖潔、清淨無染的意思；然而一旦移植到了假藏傳佛教中，卻有了另外的詮釋。關於這點，正覺教育基金會董事長張公僕表示，假藏傳佛教割取許多佛教的佛法名相，卻將這些佛法名相的原義全面捨棄，賦與新的錯誤意義，用在不正當的地方，簡直離譜到令人瞠目結舌。

張公僕指出，假藏傳佛教的上師、仁波切、法王、活佛、達賴喇嘛同樣都是將「蓮花」當作是「女人的性器官」的文字密碼，對於不知道假藏傳佛教內情的人，看到《密續》中談論到「蓮花」時，還以為這是清淨、無染、聖潔的表徵，是出污泥而不染；根本不知道假藏傳佛教外表道貌岸然的喇嘛仁波切們，口中所說的或書中所寫的「蓮花」都是指女性的生殖器；他們都是對女眾情有獨鍾，妄想染指女眾弟子的「伽婆」陰性器官來共同雙修。

張董事長表示，假藏傳佛教的《密續》中，將合修雙身法的女人說成是「佛母」、「明妃」、「空行母」、性器官說成是「蓮花」，以此遮掩雙身法邪淫的真相，避免假藏傳佛教以外的人士知道他們都是暗中在淫人妻女。

假藏傳佛教所著作的《密續》，都離不開「無上瑜伽」的男女性交過程的描述，並且將正統佛教清淨無瑕的解脫教義，曲解爲與女信徒性交樂空雙運，住於此淫樂的境界就可以即身成佛。這種與佛教的三乘解脫清淨正法無關，現在大家只要照著本文披露出來的「假藏傳佛教」的「性愛密碼學」來解密，就可以清楚瞭知這《密續》除了性愛之外，真的看不到真實佛法的義理。

假藏傳佛教很重視行銷包裝，第一線的傳法人員，又是上師、仁波切、法王、活佛的頭銜，再經過拉攏無知的西洋電影明星拍攝電影，共同烘托造勢，謊稱達賴喇嘛等人爲「大菩薩轉世、靈童降生」；被籠罩的人就會瘋狂的崇拜與供養。有了雄厚的財源及西洋影星作後盾，再透過電子媒體的渲染報導，一個原本沒有實質解脫內涵的性愛修行團體，就變成炙手可熱的異文化現象。

張董事長語重心長的提醒所有修學假藏傳佛教的女性信眾們：如果哪一天，妳的上師要求妳與他實修「無上瑜伽」，妳可得趕快遠離，千萬不要讓妳的上師用「秘密灌頂」、「即身成佛」的虛假言詞來迷惑妳。

正統佛教是智慧的開展和薰習，從來不是在肉體上來搞男女關係；況且，假藏傳佛教是以「博愛」的性愛方式來傳法給全天下的女人，他們的理想是要廣博地愛盡全天下所有的女人，這才是達賴喇嘛每天掛在嘴上的博愛的真正意思。這樣將性愛整天掛在嘴上的喇嘛，如何會有真實的智慧與福德可以教導信眾們呢！

此篇文稿登載於 2013 年 9 月第 644 期臺週刊

假藏傳佛教的「咕嚕咕咧」「日愛神」

早期台灣的情人廟一般都是奉祀「月下老人」，50年代自由戀愛觀念流行，一度遂有祀奉牛郎、織女，卓文君、司馬相如的創新，近些年來由於喇嘛教（假藏傳佛教）入侵台灣，其所奉祀各種光怪陸離的邪神惡鬼，也僭位盜名，稱仙稱聖。竊據清淨的廟宇，搖身一變成為喇嘛教所謂的「情人廟」者即是一例。

正覺教育基金會董事長張公僕指出，喇嘛教的「情人廟」，供奉的是「咕嚕咕咧佛母」！其相貌怪異，為「一面四臂、具三目、橘紅髮上沖，以五骷髏為冠，身紅色、三目圓睜，捲舌、露齒，面孔含笑而露齒帶怒，本二手持執優婆曇花所製成的弓與箭，其餘二手持執優婆曇花所製成的鉤與索，右腳翹起，左腳直立踏住赤裸女身，頭戴骷髏寶冠，身上披著虎皮裙，以放射大紅光環圍繞全身。」

張董事長就這「咕嚕咕咧佛母」的造型解釋：「圓睜三目、橘髮上衝、面孔含笑而露齒帶怒」，代表的就是在情慾糾葛當中，多嗔多惱的心理狀態，這樣的情人其實是「危險情人」；「四隻手臂」代表著多所貪執與四處攀緣，喇嘛教中諸鬼神常出現的三頭六臂，並非是佛菩薩所化現的多臂威德相，而是一種邪神不正常的多臂現象，用來恐嚇眾生，這些都是從印度教中諸神的造型拷貝而來的，光是這一點，喇嘛教（假藏傳佛教）就已經自曝並非是真正的佛教了。

董事長指出，其手執之「弓與箭」，說明了它將癡情男女視為追逐之獵物；而「鉤與索」正表示以情慾為誘引，來鉤召癡情男女，並將其細

「頭戴骷髏冠、身披虎袍裙、腳踏裸女身」，這分明代表是潑婦示現，並且顯示了和情敵之間赤裸裸的慾門、凶悍的動手動腳，其中哪有為人欣羨的世間美好情愛、自重尊人的美德？

「身放赤光」，紅光表徵世人進入情慾狀態的「相火躁動、血熱妄行」的生理狀態，非但不足以光照聖潔的愛情，反而是以垢穢不潔的淫思邪念，將純情男女導入到「愛情肉慾化」的境地，將情人視為滿足自己性慾的工具。若以上個世紀末歐美曾風行一時的所謂「克里安照相術」以儀器照相來對照「大部分的男人和一些女人，在腰部的周圍，有一圈不潔的紅色輝光，意味著耽于聲色或縱欲過度。」差堪做為參考。

張董事長表示，假藏傳佛教紅、白、花、黃四大教派，由於有其「無上瑜伽」邪謬思惟的理論基礎，和「雙身修法」的邪教導，喇嘛們有找女性來共修雙身法的實際需求，因此編造出這個仿冒的「愛神」。當喇嘛們看上了某位女信徒，就會暗修這個「咕嚕咕咧佛母」法，來鉤召女信徒投懷送抱，遂其淫慾。

現今假藏傳佛教竊佔了台灣原本清淨的宮廟，搖身一變成為喇嘛教的「情人廟」，將「咕嚕咕咧佛母」美化為愛神，擺明就是要誘引渴慕姻緣的癡情男女，誤蹈假藏傳佛教的邪淫法門。

其實喇嘛教的「情人廟」，正是現代版的「盤絲洞」。張董事長呼籲，為保自身不被狐魅蛛精所纏擾，大家還是「情人迴避」的好！

此篇文稿登載於 2013 年 10 月第 648 期壹週刊

「咕嚕」裡賣的是春藥

啟建廟宇就是要讓善男信女祈福求願，指點迷津，那麼，假藏傳佛教四大派的「咕嚕咕咧佛母」踞坐在托名「情人廟」的小廟裡受用香火，到底它葫蘆裡賣的是甚麼藥？

正覺教育基金會董事長張公僕先生，引用喇嘛教相關網站他們自己普遍流通的「咕嚕咕咧佛母的故事」作為轉述：

很久以前，有個名叫天生樂的國王，他妻妾成群。有個皇后，但國王不願去她身邊。因此，皇后到身邊一個女僕說：「你去找召引國王的法術！」女僕最後遇到了一位膚色紫紅的絕色女子，那女子交給她一份食物。

女僕回來把食物獻給了皇后，皇后未敢向國王奉膳，而把那食物扔進皇宮旁邊的一個小湖。不料，那食物召來了湖中龍王，它變成國王來到皇后身邊，於是皇后有了身孕。國王聞知此事，大為震怒，命令按律懲罰皇后。皇后備呈情由，國王遂命女僕前去尋訪那位紫紅女人。

女僕找到後，把她邀至宮中。國王知道她是佛母，就握住其足，請求加持。經她加持，並授予教誡後，國王得到共與不共成就，成為講修兼備的大智。此後，他著了《佛母成就法》，修持此教誡，雖能得到共與不共成就，但主要適於征服異己。

張董事長指出，這故事主角國王的名字叫做「天生樂」，其實正是喇嘛教三句話不離本行雙身法「俱生樂」，也就是說這個「咕嚕咕咧佛母」故事的閆葫蘆裡，賣的仍然是假藏傳佛教「雙身法」的偽藥。

重點是「皇后把那食物扔進皇宮旁邊的一個小湖。不料，那食物召來了湖中龍王，它變成國王來到皇后身邊，於是皇后就有了身孕」原來，化身為紫衣女子的「咕嚕咕咧佛母」賣的是春藥，而且是強力春藥，儘管把整塘湖水稀釋，仍能鉤召、蠱惑、催淫而導致邪行亂作，有的故事版本甚至直接說身是有「各處的很多龍王」受到誘引前來「共襄盛舉」礙亂宮闈，真是「有夠淫亂的」！

張董事長指斥，喇嘛教信奉這樣的「神明」（紫衣女子所代表的「咕嚕咕咧佛母」）所思、所行全都嚴重違背佛教的清淨戒律，竟自慚稱自己也是「佛教」，真是豈有此理。

然而淫亂的不只是皇后，國王把這位「佛母」邀進宮中，非但不興師問罪以昭視聽，反挺護眷屬，或是明正典刑而想要和爛成一灘輪座雜交的稀泥。

而委身捉足，乞求加持，套一句俗間俚語反問：「這不是有病嗎？」張董事長指出，喇嘛教既然蓄意要把「咕嚕咕咧佛母」賣春藥，那就當然要把眾生一併打成有病狀態，這正像喇嘛教有些顛倒的信眾，分明已經被戴上綠帽子，還要將自己的配偶交予上師，「精神自宮」自我矮化求上師「加持」，不亦可悲！

故事到了最後，「國王得到共與不共成就」，在雙身法中被春藥催情之後，其「共與不共成就」不過就是男女交合的那回事，也沒什麼上得了枱面好說的，重點卻是故事中自身的結論：「主要適於征服異己。」張董事長指出，在喇嘛教的弘傳中，所有反對雙身法、不行淫慾實修的，都是「異己」！故事中，龍王是被春藥征服的異己，皇后也是被淫慾征服的異己，而國王自身更是被「咕嚕咕咧佛母」征服的異己，大家各自陷入淫慾而搞曖昧，把所有人全都誘入淫慾中，成為同一種貪淫者，這就是「咕嚕咕咧佛母」可稱為「曖神」的理由。最後大家都在「共與不共成就」中，身不由己的一起大搞貪慾，不再是「異己」，都成了蛇鼠一窩的「自己人」，這就是「咕嚕咕咧佛母」大賣春藥，

佛教正覺同修會〈修學佛道次第表〉

第一階段

* 以憶佛及拜佛方式修習動中定力。
* 學第一義佛法及禪法知見。
* 無相拜佛功夫成就。
* 具備一念相續功夫——動靜中皆能看話頭。
* 努力培植福德資糧,勤修三福淨業。

第二階段

* 參話頭,參公案。
* 開悟明心,一片悟境。
* 鍛鍊功夫求見佛性。
* 眼見佛性〈餘五根亦如是〉親見世界如幻,成就如幻觀。
* 學習禪門差別智。
* 深入第一義經典。
* 修除性障及隨分修學禪定。
* 修證十行位陽焰觀。

第三階段

* 學一切種智真實正理——楞伽經、解深密經、成唯識論…。
* 參究末後句。
* 解悟末後句。
* 透牢關——親自體驗所悟末後句境界,親見實相,無得無失。
* 救護一切眾生迴向正道。護持了義正法,修證十迴向位如夢觀。
* 發十無盡願,修習百法明門,親證猶如鏡像現觀。
* 修除五蓋,發起禪定。持一切善法戒。親證猶如光影現觀。
* 進修四禪八定、四無量心、五神通。進修大乘種智,求證猶如谷響現觀。

佛菩提二主要道次第概要表

佛菩提道 — 大菩提道

<table>
<tr>
<td rowspan="3">遠波羅蜜多</td>
<td>資糧位</td>
<td>
十信位修集信心 — 一劫乃至一萬劫
初住位修集布施功德（以財施為主）。
二住位修集持戒功德。
三住位修集忍辱功德。
四住位修集精進功德。
五住位修集禪定功德。
六住位修集般若功德（熏習般若中觀及斷我見，加行位也）。
</td>
</tr>
<tr>
<td rowspan="2">見道位</td>
<td>
七住位明心般若正觀現前，親證本來自性清淨涅槃。
八住位起於一切法現觀般若中道。漸除性障。
十住位眼見佛性，世界如幻觀成就。
</td>
</tr>
<tr>
<td>
一至十行位，於廣行六度萬行中，依般若中道慧，現觀陰處界猶如陽
一至十迴向位熏習一切種智；修除性障，唯留最後一分思惑不斷。第
</td>
</tr>
<tr>
<td rowspan="2">近波羅蜜多</td>
<td rowspan="3">修道位</td>
<td>
初地：第十迴向位滿心時，成就道種智一分（八識心王一一親證後，
　　　法）復由勇發十無盡願，成通達位菩薩。復又永伏性障而不具
　　　法施波羅蜜多及百法明門。證「猶如鏡像」現觀，故滿初地心
二地：初地功德滿足以後，再成就道種智一分而入二地；主修戒波羅
　　　然清淨。
三地：二地滿心再證道種智一分，故入三地。此地主修忍波羅蜜多及
　　　，留惑潤生。滿心位成就「猶如谷響」現觀及無漏妙定意生身
四地：由三地再證道種智一分故入四地。主修精進波羅蜜多，於此土
　　　成就「如水中月」現觀。
五地：由四地再證道種智一分故入五地。主修禪定波羅蜜多及一切種
六地：由五地再證道種智一分故入六地。此地主修般若波羅蜜多——
　　　如變化所現，「非有似有」，成就細相觀，不由加行而自然證
七地：由六地「非有似有」現觀，再證道種智一分故入七地。此地主
　　　流轉門及還滅門一切細相，成就方便善巧，念念隨入滅盡定。
</td>
</tr>
<tr>
<td>大波羅蜜多</td>
<td>
八地：由七地極細相觀成就故再證道種智一分而入八地。此地主修一
　　　相土自在，滿心位復證「如實覺知諸法相意生身」故。
九地：由八地再證道種智一分故入九地。主修力波羅蜜多及一切種智
十地：由九地再證道種智一分故入此地。此地主修一切種智——智波
　　　功德，成受職菩薩。
等覺：由十地道種智成就故入此地。此地應修一切種智，圓滿等覺地
　　　人相及無量隨形好。
</td>
</tr>
<tr>
<td>圓滿波羅蜜多</td>
<td>究竟位</td>
<td>
妙覺：示現受生人間已斷盡煩惱障一切習氣種子，並斷盡所知障一
　　　間捨壽後，報身常住色究竟天利樂十方地上菩薩；以諸化身利
</td>
</tr>
</table>

圓滿成就究竟佛果

二道並修，以外無別佛法

		解脱道：二乘菩提

<table>
<tr><td></td><td>外門廣修六度萬行</td><td></td></tr>
<tr><td></td><td></td><td>↓
斷三縛結，成初果解脱</td></tr>
<tr><td></td><td>內門廣修六度萬行</td><td>↓
薄貪瞋癡，成二果解脱</td></tr>
<tr><td>焰，至第十行滿心位，陽焰觀成就。
十迴向滿心位成就菩薩道如夢觀。</td><td></td><td>↓
斷五下分結，成三果解脱</td></tr>
</table>

領受五法、三自性、七種第一義、七種性自性、二種無我
斷，能證慧解脱而不取證，由大願故留惑潤生。此地主修

蜜多及一切種智。滿心位成就「猶如光影」現觀，戒行自
。

四禪八定、四無量心、五神通。能成就俱解脱果而不取證

及他方世界廣度有緣，無有疲倦。進修一切種智，滿心位

智，斷除下乘涅槃貪。滿心位成就「變化所成」現觀。
依道種智現觀十二因緣一一有支及意生身化身，皆自心眞
得滅盡定，成俱解脱大乘無學。
修一切種智及方便波羅蜜多，由重觀十二有支一一支中之
滿心位證得「如犍闥婆城」現觀。

切種智及願波羅蜜多。至滿心位純無相觀任運恆起，故於

，成就四無礙，滿心位證得「種類俱生無行作意生身」。
羅蜜多。滿心位起大法智雲，及現起大法智雲所含藏種種

無生法忍；於百劫中修集極廣大福德，以之圓滿三十二大

眠，永斷變易生死無明，成就大般涅槃，四智圓明。人
樂有情，永無盡期，成就究竟佛道。

右欄（解脱道：二乘菩提）：

入地前的四加行令煩惱障現行悉斷，成四果解脱，留惑潤生。分段生死已斷，煩惱障習氣種子開始斷除，兼斷無始無明上煩惱。

↓

七地滿心斷除故意保留之最後一分思惑時，煩惱障所攝色、受、想三陰有漏習氣種子同時斷盡。

煩惱障所攝行、識二陰無漏習氣種子任運漸斷，所知障所攝上煩惱任運漸斷。

↓

斷盡變易生死
成就大般涅槃

佛子 蕭平實 謹製

二○○九、○二修訂
二○一二、○二增補

一、共修現況：（請在共修時間來電，以免無人接聽。）

台北正覺講堂 103 台北市承德路三段 277 號九樓 捷運淡水線圓山站旁
　　　Tel..總機 02-25957295（晚上）（**分機：九樓**辦公室 10、11；知
　　　客櫃檯 12、13。　**十樓**知客櫃檯 15、16；書局櫃檯 14。　**五樓**
　　　辦公室 18；知客櫃檯 19。**二樓**辦公室 20；知客櫃檯 21。）
　　　Fax..25954493

第一講堂　台北市承德路三段 277 號九樓

禪淨班：週一晚上班、週三晚上班、週四晚上班、週五晚上班、週六
　　　下午班、週六上午班（皆須報名建立學籍後始可參加共修，欲
　　　報名者詳見本公告末頁）

增上班：瑜伽師地論詳解：每月第一、三、五週之週末 17.50～20.50
　　　　　　　　　　平實導師講解（僅限已明心之會員參加）

禪門差別智：每月第一週日全天　平實導師主講（事冗暫停）。

佛藏經詳解　平實導師主講。已於 2013/12/17 開講，歡迎已發成佛
　　大願的菩薩種性學人，攜眷共同參與此殊勝法會聽講。詳解 釋迦世
　　尊於《佛藏經》中所開示的眞實義理，更爲今時後世佛子四眾，闡述
　　佛陀演說此經的本懷。眞實尋求佛菩提道的有緣佛子，親承聽聞如是
　　勝妙開示，當能如實理解經中義理，亦能了知於大乘法中：如何是諸
　　法實相？善知識、惡知識要如何簡擇？如何才是清淨持戒？如何才能
　　清淨說法？於此末法之世，眾生五濁益重，不知佛、不解法、不識僧，
　　唯見表相，不信眞實，貪著五欲，諸方大師不淨說法，各各將導大量
　　徒眾趣入三塗，如是師徒俱堪憐憫。是故，平實導師以大慈悲心，用
　　淺白易懂之語句，佐以實例、譬喻而爲演說，普令聞者易解佛意，皆
　　得契入佛法正道，如實了知佛法大藏。

　　　此經中，對於實相念佛多所著墨，亦指出念佛要點：以實相爲依，
　　念佛者應依止淨戒、依止清淨僧寶，捨離違犯重戒之師僧，應受學清
　　淨之法，遠離邪見。本經是現代佛門大法師所厭惡之經典：一者由於
　　大法師們已全都落入意識境界而無法親證實相，故於此經中所說實相
　　全無所知，都不樂有人聞此經名，以免讀後提出問疑時無法回答；二
　　者現代大乘佛法地區，已經普被藏密喇嘛教滲透，許多有名之大法師
　　們大多已曾或繼續在修練雙身法，都已失去聲聞戒體及菩薩戒體，成
　　爲地獄種姓人，已非眞正出家之人，本質只是身著僧衣而住在寺院中
　　的世俗人。這些人對於此經都是讀不懂的，也是極爲厭惡的；他們尚
　　不樂見此經之印行，何況流通與講解？今爲救護廣大學佛人，兼欲護
　　持佛教血脈永續常傳，特選此經宣講之。每逢週二 18.50~20.50 開
　　示，不限制聽講資格。會外人士需憑身分證件換證入內聽講（此是大

樓管理處之安全規定，敬請見諒）。桃園、台中、台南、高雄等地講堂，亦於每週二晚上播放平實導師所講本經之 DVD，不必出示身分證件即可入內聽講，歡迎各地善信同霑法益。

第二講堂　台北市承德路三段 267 號十樓。
禪淨班：週一晚上班、週四晚上班、週六下午班。
進階班：週三晚上班、週五晚上班（禪淨班結業後轉入共修）。
佛藏經詳解：平實導師講解。每週二 18.50~20.50（影像音聲即時傳輸）。
　　　　　　本會學員憑上課證進入聽講，會外學人請以身分證件換證進入聽講（此為大樓管理處安全管理規定之要求，敬請諒解）。

第三講堂　台北市承德路三段 277 號五樓。
進階班：週一晚上班、週三晚上班、週四晚上班、週五晚上班、
　　　　　週六下午班。
佛藏經詳解：平實導師講解。每週二 18.50~20.50（影像音聲即時傳輸）。
　　　　　　本會學員憑上課證進入聽講，會外學人請以身分證件換證進入聽講（此為大樓管理處安全管理規定之要求，敬請諒解）。

第四講堂　台北市承德路三段 267 號二樓。
進階班：週三晚上班、週四晚上班（禪淨班結業後轉入共修）。
佛藏經詳解：平實導師講解。每週二 18.50~20.50（影像音聲即時傳輸）。
　　　　　　本會學員憑上課證進入聽講，會外學人請以身分證件換證進入聽講（此為大樓管理處安全管理規定之要求，敬請諒解）。

第五、第六講堂　為開放式講堂，不需以身分證件換證即可進入聽講，台北市承德路三段 267 號地下一樓、地下二樓。已規劃整修完成，每逢週二晚上講經時段開放給會外人士自由聽經，請由大樓側面梯階逕行進入聽講。**聽講者請尊重講者的著作權及肖像權，請勿錄音錄影，以免違法；若有錄音錄影被查獲者，將依法處理。**

正覺祖師堂　大溪鎮美華里信義路 650 巷坑底 5 之 6 號（台 3 號省道 34 公里處 妙法寺對面斜坡道進入）電話 03-3886110　傳真 03-3881692 本堂供奉 克勤圓悟大師，專供會員每年四月、十月各二次精進禪三共修，兼作本會出家菩薩掛單常住之用。除禪三時間以外，每逢單月第一週之週日 9:00~17:00 開放會內、外人士參訪，當天並提供午齋結緣。教內共修團體或道場，得另申請其餘時間作團體參訪，務請事先與常住確定日期，以便安排常住菩薩接引導覽，亦免妨礙常住菩薩之日常作息及修行。

桃園正覺講堂（第一、第二講堂）：桃園市介壽路 286、288 號 10 樓
　　（陽明運動公園對面）電話：03-3749363（請於共修時聯繫，或與台北聯繫）
禪淨班：週一晚上班、週三晚上班、週四晚上班、週五晚上班。
進階班：週六上午班、週五晚上班。
佛藏經詳解：平實導師講解 每逢週二晚上，以台北正覺講堂所錄 DVD 放映；歡迎會外學人共同聽講，不需出示身分證件。

新竹正覺講堂 新竹市東光路 55 號二樓之一　電話 03-5724297（晚上）
　第一講堂：
　　禪淨班：週一晚上班、週三晚上班、週五晚上班、週六上午班。
　　進階班：週三晚上班、週四晚上班（由禪淨班結業後轉入共修）。
　　佛藏經詳解：平實導師講解，每週二晚上。以台北正覺講堂所錄 DVD
　　　　放映。歡迎會外學人共同聽講，不需出示身分證件。
　第二講堂：
　　禪淨班：週三晚上班、週四晚上班。
　　佛藏經詳解：每週二晚上與第一講堂同時播放佛藏經詳解 DVD。

台中正覺講堂　04-23816090（晚上）
　第一講堂 台中市南屯區五權西路二段 666 號 13 樓之四（國泰世華銀行
　　　　樓上。鄰近縣市經第一高速公路前來者，由五權西路交流道可以
　　　　快速到達，大樓旁有停車場，對面有素食館）。
　　禪淨班：週三晚上班、週四晚上班、週五晚上班、週六早上班。
　　進階班：週一晚上班（由禪淨班結業後轉入共修）。
　　增上班：單週週末以台北增上班課程錄成 DVD 放映之，限已明心之會
　　　　員參加。
　　佛藏經詳解：平實導師講解。以台北正覺講堂所錄 DVD 放映。每週二
　　　　晚上放映，歡迎會外學人共同聽講，不需出示身分證件。
　第二講堂　台中市南屯區五權西路二段 666 號 4 樓
　　禪淨班：週一晚上班。
　　進階班：週五晚上班、週六早上班（由禪淨班結業後轉入共修）。
　　佛藏經詳解：每週二晚上與第一講堂同時播放佛藏經詳解 DVD。
　第三講堂、第四講堂：台中市南屯區五權西路二段 666 號 4 樓。

嘉義正覺講堂 嘉義市友愛路 288 號八樓之一　電話：05-2318228
　第一講堂：
　　禪淨班：預定 2014 /10/23 週四開課，歡迎報名參加共修。
　　佛藏經詳解：自 2014/10/28 起每週二晚上 18:50～20:50 播放台北講
　　　　堂錄製的講經 DVD。
　第二講堂　嘉義市友愛路 288 號八樓之二。

台南正覺講堂
　第一講堂　台南市西門路四段 15 號 4 樓。06-2820541（晚上）
　　佛藏經詳解：平實導師講解。以台北正覺講堂所錄 DVD 放映。每週
　　　　二晚上放映，歡迎會外學人共同聽講，不需出示身分證件。
　　禪淨班：週一晚上班、週三晚上班、週六下午班。
　　進階班：雙週週末下午班（由禪淨班結業後轉入共修）。
　　增上班：單週週末下午，以台北增上班課程錄成 DVD 放映之，限已明
　　　　心之會員參加。

第二講堂 台南市西門路四段 15 號 3 樓。

　　佛藏經詳解：每週二晚上與第一講堂同時播放佛藏經詳解 DVD。

第三講堂 台南市西門路四段 15 號 3 樓。

　　佛藏經詳解：每週二晚上與第一講堂同時播放佛藏經詳解 DVD。

　　禪淨班：週四晚上班、週六晚上班。

　　進階班：週五晚上班、週六早上班（由禪淨班結業後轉入共修）。

高雄正覺講堂 高雄市新興區中正三路 45 號五樓 07-2234248（晚上）

　　第一講堂（五樓）：

　　　佛藏經詳解：平實導師講解。以台北正覺講堂所錄 DVD 放映。每週二
　　　　　晚上放映，歡迎會外學人共同聽講，不需出示身分證件

　　　禪淨班：週三晚上班、週四晚上班、週末上午班。

　　　進階班：週一晚上班（由禪淨班結業後轉入共修）。

　　　增上班：單週週末下午，以台北增上班課程錄成 DVD 放映之，限已明
　　　　　心之會員參加。

　　第二講堂（四樓）：

　　　佛藏經詳解：每週二晚上與第一講堂同時播放佛藏經詳解 DVD。

　　　禪淨班：週三晚上班、週四晚上班。

　　　進階班：週四晚上班（由禪淨班結業後轉入共修）。

　　第三講堂（三樓）：（尚未開放使用）。

美國洛杉磯正覺講堂 ☆已遷移新址☆

　　825 S. Lemon Ave Diamond Bar, CA 91798 U.S.A.

　　Tel. (909) 595-5222（請於週六 9:00~18:00 之間聯繫）

　　Cell. (626) 454-0607

　禪淨班：每逢週末 15：30~17：30 上課。

　進階班：每逢週末上午 10：00 上課。

　佛藏經詳解：平實導師講解 以台北正覺講堂所錄 DVD，每週六下午放
　　　映(13：00~15：00)，歡迎各界人士共享第一義諦無上法益，不需
　　　報名。

香港正覺講堂 ☆另覓新址正在遷移中，暫停招收新學員☆

二、**招生公告** 本會台北講堂及全省各講堂，每逢**四月、十月**中旬開
　　新班，每週共修一次（每次二小時。開課日起三個月內仍可插班）；但
　　美國洛杉磯共修處得隨時插班共修。各班共修期間皆為二年半，欲
　　參加者請向本會函索報名表（各共修處皆於共修時間方有人執事，非共
　　修時間請勿電詢或前來洽詢、請書），或直接從成佛之道網站下載報名
　　表。共修期滿時，若經報名禪三審核通過者，可參加四天三夜之禪

三精進共修，有機會明心、取證如來藏，發起般若實相智慧，成為
實義菩薩，脫離凡夫菩薩位。

三、新春禮佛祈福 農曆年假期間停止共修：自農曆新年前七天起停止
共修與弘法，正月 8 日起回復共修、弘法事務。新春期間正月初一～初七
9.00～17.00 開放台北講堂、大溪禪三道場（正覺祖師堂），方便會員供佛、
祈福及會外人士請書。美國洛杉磯共修處之休假時間，請逕詢該共修處。

密宗四大派修雙身法，是外道性力派的邪法；又以生
滅的識陰作為常住法，是常見外道，是假的藏傳佛教。

西藏覺囊已以他空見弘揚第八識如來藏勝法，才是真藏傳佛教

1、**禪淨班**　以無相念佛及拜佛方式修習動中定力，實證一心不亂功夫。傳授解脫道正理及第一義諦佛法，以及參禪知見。共修期間：二年六個月。每逢四月、十月開新班，詳見招生公告表。

2、**《佛藏經》詳解**　平實導師主講。已於 2013/12/17 開講，歡迎已發成佛大願的菩薩種性學人，攜眷共同參與此殊勝法會聽講。詳解釋迦世尊於《佛藏經》中所開示的真實義理，更為今時後世佛子四眾，闡述 佛陀演說此經的本懷。真實尋求佛菩提道的有緣佛子，親承聽聞如是勝妙開示，當能如實理解經中義理，亦能了知於大乘法中：如何是諸法實相？善知識、惡知識要如何簡擇？如何才是清淨持戒？如何才能清淨說法？於此末法之世，眾生五濁益重，不知佛、不解法、不識僧，唯見表相，不信真實，貪著五欲，諸方大師不淨說法，各各將導大量徒眾趣入三塗，如是師徒俱堪憐憫。是故，平實導師以大慈悲心，用淺白易懂之語句，佐以實例、譬喻而為演說，普令聞者易解佛意，皆得契入佛法正道，如實了知佛法大藏。每逢週二 18.50~20.50 開示，不限制聽講資格。會外人士需憑身分證件換證入內聽講（此是大樓管理處之安全規定，敬請見諒）。桃園、新竹、台中、台南、高雄等地講堂，亦於每週二晚上播放平實導師講經之 DVD，不必出示身分證件即可入內聽講，歡迎各地善信同霑法益。

　　有某道場專弘淨土法門數十年，於教導信徒研讀《佛藏經》時，往往告誡信徒曰：「後半部不許閱讀。」由此緣故坐令信徒失去提升念佛層次之機緣，師徒只能低品位往生淨土，令人深覺愚癡無智。由有多人建議故，平實導師開始宣講《佛藏經》，藉以轉易如是邪見，並提升念佛人之知見與往生品位。此經中，對於實相念佛多所著墨，亦指出念佛要點：以實相為依，念佛者應依止淨戒、依止清淨僧寶，捨離違犯重戒之師僧，應受學清淨之法，遠離邪見。本經是現代佛門大法師所厭惡之經典：一者由於大法師們已全都落入意識境界而無法親證實相，故於此經中所說實相全無所知，都不樂有人聞此經名，以免讀後提出問疑時無法回答；二者現代大乘佛法地區，已經普被藏密喇嘛教滲透，許多有名之大法師們大多已曾或繼續在修練雙身法，都已失去聲聞戒體及菩薩戒體，成為地獄種姓人，已非真正出家之人，本質上只是身著僧衣而住在寺院中的世俗人。這些人對於此經都是讀不懂的，也是極為厭惡的；他們尚不樂見此經之印行，何況流通與講解？今為救護廣大學佛人，兼欲護持佛教血脈永續常傳，特選此經宣講之，主講者平實導師。

3、**瑜伽師地論詳解**　詳解論中所言凡夫地至佛地等 17 師之修證境界與理論，從凡夫地、聲聞地……宣演到諸地所證一切種智之真實正理。由平實導師開講，每逢一、三、五週之週末晚上開示，僅限已明心之會員參加。

4、**精進禪三**　主三和尚：平實導師。於四天三夜中，以克勤圓悟大師及大慧宗杲之禪風，施設機鋒與小參、公案密意之開示，幫助會員剋期取證，親證不生不滅之真實心——人人本有之如來藏。每年四月、十月各舉辦二個梯次；平實導師主持。僅限本會會員參加禪淨班共修期滿，報名審核通過者，方可參加。並選擇會中定力、慧力、福德三條件皆已具足之已明心會員，給以指引，令得眼見自己無形無相之佛性遍佈山河大地，真實而無障礙，得以肉眼現觀世界身心悉皆如幻，具足成就如幻觀，圓滿十住菩薩之證境。

5、**阿含經詳解**　選擇重要之阿含部經典，依無餘涅槃之實際而加以詳解，令大眾得以現觀諸法緣起性空，亦復不墮斷滅見中，顯示經中所隱說之涅槃實際—如來藏—確實已於四阿含中隱說；令大眾得以聞後觀行，確實斷除我見乃至我執，證得**見到真現觀**，乃至**身證**……等真現觀；已得大乘或二乘見道者，亦可由此聞熏及聞後之觀行，除斷我所之貪著，成就慧解脫果。由平實導師詳解。不限制聽講資格。

6、**大法鼓經詳解**　詳解末法時代大乘佛法修行之道。佛教正法消毒妙藥塗於大鼓而以擊之，凡有眾生聞之者，一切邪見鉅毒悉皆消殞；此經即是大法鼓之正義，凡聞之者，所有邪見之毒悉皆滅除，見道不難；亦能發起菩薩無量功德，是故諸大菩薩遠從諸方佛土來此娑婆聞修此經。由平實導師詳解。不限制聽講資格。

7、**解深密經詳解**　重講本經之目的，在於令諸已悟之人明解大乘法道之成佛次第，以及悟後進修一切種智之內涵，確實證知三種自性性，並得據此證解七真如、十真如等正理。每逢週二 18.50~20.50 開示，由平實導師詳解。將於《大法鼓經》講畢後開講。不限制聽講資格。

8、**成唯識論詳解**　詳解一切種智真實正理，詳細剖析一切種智之微細深妙廣大正理；並加以舉例說明，使已悟之會員深入體驗所證如來藏之微密行相；及證驗見分相分與所生一切法，皆由如來藏—阿賴耶識—直接或展轉而生，因此證知一切法無我，證知無餘涅槃之本際。將於增上班《瑜伽師地論》講畢後，由平實導師重講。僅限已明心之會員參加。

9、**精選如來藏系經典詳解**　精選如來藏系經典一部，詳細解說，以此完全印證會員所悟如來藏之真實，得入不退轉住。另行擇期詳細解說之，由平實導師講解。僅限已明心之會員參加。

10、**禪門差別智**　藉禪宗公案之微細淆訛難知難解之處，加以宣說及剖析，以增進明心、見性之功德，啟發差別智，建立擇法眼。每月第一週日全天，由平實導師開示，僅限破參明心後，復又眼見佛性者參加（事冗暫停）。

11、**枯木禪**　先講智者大師的《小止觀》，後說《釋禪波羅蜜》，詳解四禪八定之修證理論與實修方法，細述一般學人修定之邪見與岔路，及對禪定證境之誤會，消除枉用功夫、浪費生命之現象。已悟般若者，可以藉此而實修初禪，進入大乘通教及聲聞教的三果心解脫境界，配合應有的大福德及後得無分別智、十無盡願，即可進入初地心中。親教師：平實導師。未來緣熟時將於大溪正覺寺開講。不限制聽講資格。

註：本會例行年假，自 2004 年起，改為每年農曆新年前七天開始停息弘法事務及共修課程，農曆正月 8 日回復所有共修及弘法事務。新春期間（每日 9.00~17.00）開放台北講堂，方便會員禮佛祈福及會外人士請書。大溪鎮的正覺祖師堂，開放參訪時間，詳見〈正覺電子報〉或成佛之道網站。本表得因時節因緣需要而隨時修改之，不另作通知。

佛教正覺同修會贈閱書籍目錄　　　2015/06/03

1.無相念佛　　平實導師著　回郵 10 元
2.念佛三昧修學次第　　平實導師述著　回郵 25 元
3.正法眼藏—護法集　　平實導師述著　回郵 35 元
4.真假開悟簡易辨正法＆佛子之省思　　平實導師著　回郵 3.5 元
5.生命實相之辨正　　平實導師著　回郵 10 元
6.如何契入念佛法門 (附：印順法師否定極樂世界) 平實導師著 回郵 3.5 元
7.平實書箋—答元覽居士書　　平實導師著　回郵 35 元
8.三乘唯識—如來藏系經律彙編　　平實導師編　回郵 80 元
　　　　　　　　　　　（精裝本　長 27 cm　寬 21 cm　高 7.5 cm 重 2.8 公斤）
9.三時繫念全集—修正本　　回郵掛號 40 元（長 26.5 cm×寬 19 cm）
10.明心與初地　　平實導師述　回郵 3.5 元
11.邪見與佛法　　平實導師述著　回郵 20 元
12.菩薩正道—回應義雲高、釋性圓…等外道之邪見 正燦居士著 回郵 20 元
13.甘露法雨 平實導師述　回郵 20 元
14.我與無我 平實導師述　回郵 20 元
15.學佛之心態—修正錯誤之學佛心態始能與正法相應 孫正德老師著 回郵 35 元
　　　　　　附錄：平實導師著《略說八、九識並存…等之過失》
16.大乘無我觀—《悟前與悟後》別說　　平實導師述著　　回郵 20 元
17.佛教之危機—中國台灣地區現代佛教之真相 (附錄：公案拈提六則)
　　　　　　　　　　　　　　　　平實導師著　　回郵 25 元
18.燈 影—燈下黑 (覆「求教後學」來函等)　平實導師著 回郵 35 元
19.護法與毀法—覆上平居士與徐恒志居士網站毀法二文
　　　　　　　　　　　　　　　　張正圜老師著 回郵 35 元
20.淨土聖道—兼評選擇本願念佛 正德老師著 由正覺同修會購贈 回郵 25 元
21.辨唯識性相—對「紫蓮心海《辯唯識性相》書中否定阿賴耶識」之回應
　　　　　　　　　正覺同修會台南共修處法義組著 回郵 25 元
22.假如來藏—對法蓮法師《如來藏與阿賴耶識》書中否定阿賴耶識之回應
　　　　　　　　　正覺同修會台南共修處法義組著 回郵 35 元
23.入不二門—公案拈提集錦第一輯 (於平實導師公案拈提諸書中選錄約二十則，合
　　　　　　　　輯為一冊流通之) 平實導師著 回郵 20 元
24.真假邪說—西藏密宗索達吉喇嘛《破除邪說論》真是邪說
　　　　　　　　　　　　　　　　釋正安法師著 回郵 35 元
25.真假開悟—真如、如來藏、阿賴耶識間之關係 平實導師述著　回郵 35 元
26.真假禪和—辨正釋傳聖之謗法謬說 孫正德老師著 回郵 30 元

27.**眼見佛性**——駁慧廣法師眼見佛性的含義文中謬說

游正光老師著回郵25元

28.**普門自在**——公案拈提集錦第二輯（於平實導師公案拈提諸書中選錄約二十
則，合輯為一冊流通之）平實導師著回郵25元

29.**印順法師的悲哀**——以現代禪的質疑為線索恒毓博士著　回郵25元

30.**識蘊真義**——現觀識蘊內涵、取證初果、親斷三縛結之具體行門。

——依《成唯識論》及《唯識述記》正義，略顯安慧《大乘廣五蘊論》之邪謬

平實導師著　回郵35元

31.**正覺電子報** 各期紙版本　免附回郵　每次最多函索三期或三本。

（已無存書之較早各期，不另增印贈閱）

32.**現代人應有的宗教觀**蔡正禮老師 著　回郵3.5元

33.**遠惑趣道**——正覺電子報般若信箱問答錄第一輯回郵20元

34.**遠惑趣道**——正覺電子報般若信箱問答錄 第二輯　回郵20元

35.**確保您的權益**——器官捐贈應注意自我保護游正光老師 著　回郵10元

36.**正覺教團電視弘法三乘菩提 DVD 光碟（一）**

由正覺教團多位親教師共同講述錄製 DVD 8 片，MP3 一片，共 9 片。
有二大講題：一為「三乘菩提之意涵」，二為「學佛的正知見」。內
容精闢，深入淺出，精彩絕倫，幫助大眾快速建立三乘法道的正知
見，免被外道邪見所誤導。有志修學三乘佛法之學人不可不看。（製
作本費 100 元，回郵 25 元）

37.**正覺教團電視弘法 DVD 專輯（二）**

總有二大講題：一為「三乘菩提之念佛法門」，一為「學佛正知見（第
二篇）」，由正覺教團多位親教師輪番講述，內容詳細闡述如何修學
念佛法門、實證念佛三昧，以及學佛應具有的正確知見，可以幫助
發願往生西方極樂淨土之學人，得以把握往生，更可令學人快速建
立三乘法道的正知見，免於被外道邪見所誤導。有志修學三乘佛法
之學人不可不看。（一套 17 片，工本費 160 元。回郵 35 元）

38.**佛藏經** 燙金精裝本每冊回郵 20 元。正修佛法之道場欲大量索取者，
請正式發函並蓋用大印寄來索取（2008.04.30 起開始敬贈）

39.**喇嘛性世界**——揭開假藏傳佛教譚崔瑜伽的面紗張善思 等人合著

由正覺同修會購贈 回郵20元

40.**假藏傳佛教的神話**——性、謊言、喇嘛教張正玄教授編著回郵20元

由正覺同修會購贈　回郵20元

41.**隨緣**——理隨緣與事隨緣平實導師述回郵20元。

42.**學佛的覺醒**正枝居士著回郵25元

43.**導師之真實義**蔡正禮老師著回郵10元

44.**淺談達賴喇嘛之雙身法**——兼論解讀「密續」之達文西密碼

吳明芷居士著回郵10元

45.**魔界轉世**張正玄居士著回郵10元

46.**一貫道與開悟**蔡正禮老師著回郵10元

47.**博愛**──愛盡天下女人正覺教育基金會編印回郵 10 元

48.**意識虛妄經教彙編**──實證解脫道的關鍵經文正覺同修會編印 回郵 25 元

49.**邪箭囈語**──破斥藏密外道多識仁波切《破魔金剛箭雨論》之邪說
陸正元老師著上、下冊回郵各 30 元

50.**真假沙門**──依 佛聖教闡釋佛教僧寶之定義
蔡正禮老師著俟正覺電子報連載後結集出版

51.**真假禪宗**──藉評論釋性廣《印順導師對變質禪法之批判
及對禪宗之肯定》以顯示真假禪宗
附論一：凡夫知見 無助於佛法之信解行證
附論二：世間與出世間一切法皆從如來藏實際而生而顯
余正偉老師著俟正覺電子報連載後結集出版回郵未定

52.**假鋒虛焰金剛乘**──揭示顯密正理，兼破索達吉師徒《般若鋒兮金剛焰》。
釋正安法師著俟正覺電子報連載後結集出版

★ 上列贈書之郵資，係台灣本島地區郵資，大陸、港、澳地區及外國地區，
請另計酌增（大陸、港、澳、國外地區之郵票不許通用）。尚未出版之
書，請勿先寄來郵資，以免增加作業煩擾。

★ 本目錄若有變動，唯於後印之書籍及「成佛之道」網站上修正公佈之，
不另行個別通知。

函索書籍請寄：佛教正覺同修會 103 台北市承德路 3 段 277 號 9 樓
台灣地區函索書籍者請附寄郵票，無時間購買郵票者可以等值現金抵用，
但不接受郵政劃撥、支票、匯票。大陸地區得以人民幣計算，國外地區請
以美元計算（請勿寄來當地郵票，在台灣地區不能使用）。欲以掛號寄遞
者，請另附掛號郵資。

親自索閱：正覺同修會各共修處。★請於共修時間前往取書，餘時無人在
道場，請勿前往索取；共修時間與地點，詳見書末正覺同修會共修現況表
（以近期之共修現況表為準）。

註：正智出版社發售之局版書，請向各大書局購閱。若書局之書架上已經
售出而無陳列者，請向書局櫃台指定洽購；若書局不便代購者，請於正覺
同修會共修時間前往各共修處請購，正智出版社已派人於共修時間送書前
往各共修處流通。郵政劃撥購書及大陸地區購書，請詳別頁正智出版社發
售書籍目錄最後頁之說明。

＊＊假藏傳佛教修雙身法，非佛教＊＊

正智出版社 籌募弘法基金發售書籍目錄   2015/7/15

1. **宗門正眼**—公案拈提 第一輯 重拈   平實導師著   500 元
   因重寫內容大幅度增加故,字體必須改小,並增為 576 頁 主文 546 頁。比初版更精彩、更有內容。初版《禪門摩尼寶聚》之讀者,可寄回本公司免費調換新版書。免附回郵,亦無截止期限。(2007 年起,每冊附贈本公司精製公案拈提〈超意境〉CD 一片。市售價格 280 元,多購多贈。)

2. **禪淨圓融**   平實導師著   200 元(第一版舊書可換新版書。)

3. **真實如來藏**   平實導師著   400 元

4. **禪—悟前與悟後**   平實導師著   上、下冊,每冊 250 元

5. **宗門法眼**—公案拈提 第二輯   平實導師著   500 元
   (2007 年起,每冊附贈本公司精製公案拈提〈超意境〉CD 一片)

6. **楞伽經詳解**   平實導師著   全套共 10 輯   每輯 250 元

7. **宗門道眼**—公案拈提 第三輯   平實導師著   500 元
   (2007 年起,每冊附贈本公司精製公案拈提〈超意境〉CD 一片)

8. **宗門血脈**—公案拈提 第四輯   平實導師著   500 元
   (2007 年起,每冊附贈本公司精製公案拈提〈超意境〉CD 一片)

9. **宗通與說通**—成佛之道 平實導師著   主文 381 頁 全書 400 頁售價 300 元

10. **宗門正道**—公案拈提 第五輯   平實導師著   500 元
    (2007 年起,每冊附贈本公司精製公案拈提〈超意境〉CD 一片)

11. **狂密與真密 一~四輯**   平實導師著   西藏密宗是人間最邪淫的宗教,本質不是佛教,只是披著佛教外衣的印度教性力派流毒的喇嘛教。此書中將西藏密宗密傳之男女雙身合修樂空雙運所有祕密與修法,毫無保留完全公開,並將全部喇嘛們所不知道的部分也一併公開。內容比大辣出版社喧騰一時的《西藏慾經》更詳細。並且函蓋密宗的所有祕密及其錯誤的中觀見、如來藏見……等,藏密的所有法義都在書中詳述、分析、辨正。每輯主文三百餘頁   每輯全書約 400 頁   售價每輯 300 元

12. **宗門正義**—公案拈提 第六輯   平實導師著   500 元
    (2007 年起,每冊附贈本公司精製公案拈提〈超意境〉CD 一片)

13. **心經密意**—心經與解脫道、佛菩提道、祖師公案之關係與密意 平實導師述   300 元

14. **宗門密意**—公案拈提 第七輯   平實導師著   500 元
    (2007 年起,每冊附贈本公司精製公案拈提〈超意境〉CD 一片)

15. **淨土聖道**—兼評「選擇本願念佛」   正德老師著   200 元

16. **起信論講記**   平實導師述著   共六輯   每輯三百餘頁   售價各 250 元

17. **優婆塞戒經講記**   平實導師述著   共八輯 每輯三百餘頁   售價各 250 元

18. **真假活佛**—略論附佛外道盧勝彥之邪說(對前岳靈犀網站主張「盧勝彥是證悟者」之修正)   正犀居士(岳靈犀)著   流通價 140 元

19. **阿含正義**—唯識學探源 平實導師著   共七輯   每輯 300 元

20.**超意境 CD** 以平實導師公案拈提書中超越意境之頌詞,加上曲風優美的旋律,錄成令人嚮往的超意境歌曲,其中包括正覺發願文及平實導師親自譜成的黃梅調歌曲一首。詞曲雋永,殊堪翫味,可供學禪者吟詠,有助於見道。內附設計精美的彩色小冊,解說每一首詞的背景本事。每片 280 元。【每購買公案拈提書籍一冊,即贈送一片。】

21.**菩薩底憂鬱 CD** 將菩薩情懷及禪宗公案寫成新詞,並製作成超越意境的優美歌曲。 1.主題曲〈菩薩底憂鬱〉,描述地後菩薩能離三界生死而迴向繼續生在人間,但因尚未斷盡習氣種子而有極深沈之憂鬱,非三賢位菩薩及二乘聖者所知,此憂鬱在七地滿心位方才斷盡;本曲之詞中所說義理極深,昔來所未曾見;此曲係以優美的情歌風格寫詞及作曲,聞者得以激發嚮往諸地菩薩境界之大心,詞、曲都非常優美,難得一見;其中勝妙義理之解說,已印在附贈之彩色小冊中。 2.以各輯公案拈提中直示禪門入處之頌文,作成各種不同曲風之超意境歌曲,值得玩味、參究;聆聽公案拈提之優美歌曲時,請同時閱讀內附之印刷精美說明小冊,可以領會超越三界的證悟境界;未悟者可以因此引發求悟之意向及疑情,真發菩提心而邁向求悟之途,乃至因此真實悟入般若,成真菩薩。 3.正覺總持咒新曲,總持佛法大意;總持咒之義理,已加以解說並印在隨附之小冊中。本 CD 共有十首歌曲,長達 63 分鐘。每盒各附贈二張購書優惠券。每片 280 元。

22.**禪意無限 CD** 平實導師以公案拈提書中偈頌寫成不同風格曲子,與他人所寫不同風格曲子共同錄製出版,幫助參禪人進入禪門超越意識之境界。盒中附贈彩色印製的精美解說小冊,以供聆聽時閱讀,令參禪人得以發起參禪之疑情,即有機會證悟本來面目而發起實相智慧,實證大乘菩提般若,能如實證知般若經中的真實意。本 CD 共有十首歌曲,長達 69 分鐘,每盒各附贈二張購書優惠券。每片 280 元。

23.**我的菩提路**第一輯 釋悟圓、釋善藏等人合著 售價 300 元

24.**我的菩提路**第二輯 郭正益、張志成等人合著 售價 300 元

25.**鈍鳥與靈龜**──考證後代凡夫對大慧宗杲禪師的無根誹謗。

平實導師著 共 458 頁 售價 350 元

26.**維摩詰經講記** 平實導師述 共六輯 每輯三百餘頁 售價各 250 元

27.**真假外道**──破劉東亮、杜大威、釋證嚴常見外道見 正光老師著 200 元

28.**勝鬘經講記**──兼論印順《勝鬘經講記》對於《勝鬘經》之誤解。

平實導師述 共六輯 每輯三百餘頁 售價 250 元

29.**楞嚴經講記** 平實導師述 共 **15** 輯,每輯三百餘頁 售價 300 元

30.**明心與眼見佛性**──駁慧廣〈蕭氏「眼見佛性」與「明心」之非〉文中謬說

正光老師著 共 448 頁 售價 300 元

31.**見性與看話頭** 黃正倖老師 著,本書是禪宗參禪的方法論。

內文 375 頁,全書 416 頁,售價 300 元。

32.**達賴真面目**──玩盡天下女人 白正偉老師 等著 中英對照彩色精裝大本 800 元

33.**喇嘛性世界**──揭開假藏傳佛教譚崔瑜伽的面紗　張善思 等人著　200 元
34.**假藏傳佛教的神話**──性、謊言、喇嘛教　正玄教授編著　200 元
35.**金剛經宗通**　平實導師述　共九輯　每輯售價 250 元。
36.**空行母**──性別、身分定位，以及藏傳佛教。
　　　　　　　　　　　　珍妮・坎貝爾著 呂艾倫 中譯　售價 250 元
37.**末代達賴**──性交教主的悲歌　張善思、呂艾倫、辛燕編著 售價 250 元
38.**霧峰無霧**──給哥哥的信　辨正釋印順對佛法的無量誤解
　　　　　　　　　　　　　游宗明 老師著　售價 250 元
39.**第七意識與第八意識？**──穿越時空「超意識」
　　　　　　　　　　　　　平實導師述　每冊 300 元
40.**黯淡的達賴**──失去光彩的諾貝爾和平獎
　　　　　　　　　　正覺教育基金會編著　每冊 250 元
41.**童女迦葉考**──論呂凱文〈佛教輪迴思想的論述分析〉之謬。
　　　　　　　　　　　平實導師 著 定價 180 元
42.**人間佛教**──實證者必定不悖三乘菩提
　　　　　　　　　　平實導師 述，定價 400 元
43.**實相經宗通**　平實導師述　共八輯　每輯 250 元
　　　　　　　　2014 年 1 月 31 日出版第一輯，每二個月出版一輯
44.**真心告訴您（一）**──達賴喇嘛在幹什麼？
　　　　　　　　　　正覺教育基金會編著　售價 250 元
45.**中觀金鑑**──詳述應成派中觀的起源與其破法本質
　　　　　　　孫正德老師著　分為上、中、下三冊，每冊 250 元
46.**佛法入門**──迅速進入三乘佛法大門，消除久學佛法漫無方向之窘境。
　　　　　　　○○居士著　將於正覺電子報連載後出版。售價 250 元
47.**藏傳佛教要義**──《狂密與真密》之簡體字版　平實導師 著 上、下冊
　　　　　　　　　　僅在大陸流通　每冊 300 元
48.**法華經講義**　平實導師述　共二十五輯　每輯 300 元
　　　　　　　已於 2015/05/31 起開始出版，每二個月出版一輯
49.**西藏「活佛轉世」制度**──附佛、造神、世俗法
　　　　　　　許正豐、張正玄老師合著　定價 150 元
50.**廣論之平議**──宗喀巴《菩提道次廣論》之平議　正雄居士著
　　　　　　　約二或三輯　俟正覺電子報連載後結集出版　書價未定
51.**末法導護**──對印順法師中心思想之綜合判攝　正慶老師著　書價未定
52.**菩薩學處**──菩薩四攝六度之要義　陸正元老師著　出版日期未定。
53.**八識規矩頌詳解**　　○○居士 註解　出版日期另訂　書價未定。
54.**印度佛教史**──法義與考證。依法義史實評論印順《印度佛教思想史、佛教
　　　　　史地考論》之謬說　正偉老師著　出版日期未定　書價未定
55.**中國佛教史**──依中國佛教正法史實而論。　○○老師 著　書價未定。
56.**中論正義**──釋龍樹菩薩《中論》頌正理。
　　　　　　　孫正德老師著　出版日期未定　書價未定

57.**中觀正義**──註解平實導師《中論正義頌》。

〇〇法師（居士）著　出版日期未定　書價未定

58.**佛藏經講記**　平實導師述　出版日期未定　書價未定

59.**阿含經講記**──將選錄四阿含中數部重要經典全經講解之，講後整理出版。

平實導師述　約二輯　每輯 300 元　出版日期未定

60.**寶積經講記**　平實導師述　每輯三百餘頁　優惠價 300 元　出版日期未定

61.**解深密經講記**　平實導師述　約四輯　將於重講後整理出版

62.**成唯識論略解**　平實導師著　五～六輯　每輯 300 元　出版日期未定

63.**修習止觀坐禪法要講記**　平實導師述　每輯三百餘頁

將於正覺寺建成後重講、以講記逐輯出版　出版日期未定

64.**無門關**──《無門關》公案拈提　平實導師著　出版日期未定

65.**中觀再論**──兼述印順《中觀今論》謬誤之平議。正光老師著　出版日期未定

66.**輪迴與超度**──佛教超度法會之真義。

〇〇法師（居士）著　出版日期未定　書價未定

67.**《釋摩訶衍論》平議**──對偽稱龍樹所造《釋摩訶衍論》之平議

〇〇法師（居士）著　出版日期未定　書價未定

68.**正覺發願文**註解──以真實大願為因　得證菩提

正德老師著　出版日期未定　書價未定

69.**正覺總持咒**──佛法之總持　正圜老師著　出版日期未定　書價未定

70.**涅槃**──論四種涅槃　平實導師著　出版日期未定　書價未定

71.**三自性**──依四食、五蘊、十二因緣、十八界法，說三性三無性。

作者未定　出版日期未定

72.**道品**──從三自性說大小乘三十七道品　作者未定　出版日期未定

73.**大乘緣起觀**──依四聖諦七真如現觀十二緣起　作者未定　出版日期未定

74.**三德**──論解脫德、法身德、般若德。　作者未定　出版日期未定

75.**真假如來藏**──對印順《如來藏之研究》謬說之平議　作者未定　出版日期未定

76.**大乘道次第**　作者未定　出版日期未定　書價未定

77.**四緣**──依如來藏故有四緣。　作者未定　出版日期未定

78.**空之探究**──印順《空之探究》謬誤之平議　作者未定　出版日期未定

79.**十法義**──論阿含經中十法之正義　作者未定　出版日期未定

80.**外道見**──論述外道六十二見　作者未定　出版日期未定

★ 聲 明 ★

本社於 2015/01/01 開始調整本目錄中部分書籍之售價，以因應各項成本的持續增加。

＊ 喇嘛教修外道雙身法、墮識陰境界，非佛教 ＊

＊ 弘揚如來藏他空見的覺囊派才是真正藏傳佛教 ＊

正智出版社有限公司書籍介紹

禪淨圓融：言淨土諸祖所未曾言，示諸宗祖師所未曾示；禪淨圓融，另闢成佛捷徑，兼顧自力他力，闡釋淨土門之速行易行道，亦同時揭櫫聖教門之速行易行道；令廣大淨土行者得免緩行難證之苦，亦令聖道門行者得以藉著淨土速行道而加快成佛之時劫。乃前無古人之超勝見地，非一般弘揚禪淨法門典籍也，先讀為快。平實導師著 200元。

宗門正眼─**公案拈提**第一輯：繼承克勤圓悟大師碧巖錄宗旨之禪門鉅作。先則舉示當代大法師之邪說，消弭當代禪門大師鄉愿之心態，摧破當今禪門「世俗禪」之妄談；次則旁通教法，表顯宗門正理；繼以道之次第，消弭古今狂禪；後藉言語及文字機鋒，直示宗門入處。悲智雙運，禪味十足，數百年來難得一睹之禪門鉅著也。平實導師著　500元（原初版書《禪門摩尼寶聚》，改版後補充為五百餘頁新書，總計多達二十四萬字，內容更精彩，並改名為《宗門正眼》，讀者原購初版《禪門摩尼寶聚》皆可寄回本公司免費換新，免附回郵，亦無截止期限）（2007年起，凡購買公案拈提第一輯至第七輯，每購一輯皆贈送本公司精製公案拈提〈超意境〉CD一片，市售價格280元，多購多贈）。

禪—悟前與悟後：本書能建立學人悟道之信心與正確知見，圓滿具足而有次第地詳述禪悟之功夫與禪悟之內容，指陳參禪中細微淆訛之處，能使學人明自眞心、見自本性。若未能悟入，亦能以正確知見辨別古今中外一切大師究係眞悟？或屬錯悟？便有能力揀擇，捨名師而選明師，後時必有悟道之緣。一旦悟道，遲者七次人天往返，便出三界，速者一生取辦。學人欲求開悟者，不可不讀。　平實導師著。上、下冊共500元，單冊250元。

眞實如來藏：如來藏眞實存在，乃宇宙萬有之本體，並非印順法師、達賴喇嘛等人所說之「唯有名相、無此心體」。如來藏是涅槃之本際，是一切有智之人竭盡心智、不斷探索而不能得之生命實相；是古今中外許多大師自以爲悟而當面錯過之生命實相。如來藏即是阿賴耶識，乃是一切有情本自具足、不生不滅之眞實心。當代中外大師於此書出版之前所未能言者，作者於本書中盡情流露、詳細闡釋。眞悟者讀之，必能增益悟境、智慧增上；錯悟者讀之，必能檢討自己之錯誤，免犯大妄語業；未悟者讀之，能知參禪之理路，亦能以之檢查一切名師是否眞悟。此書是一切哲學家、宗教家、學佛者及欲昇華心智之人必讀之鉅著。　平實導師著　售價400元。

宗門法眼—**公案拈提**第二輯：列舉實例，闡釋土城廣欽老和尚之悟處；並直示這位不識字的老和尚妙智橫生之根由，繼而剖析禪宗歷代大德之開悟公案，解析當代密宗高僧卡盧仁波切之錯悟證據，並例舉當代顯宗高僧、大居士之錯悟證據（凡健在者，爲免影響其名聞利養，皆隱其名）。藉辨正當代名師之邪見，向廣大佛子指陳禪悟之正道，彰顯宗門法眼。悲勇兼出，強捋虎鬚；慈智雙運，巧探驪龍；摩尼寶珠在手，直示宗門入處，禪味十足；若非大悟徹底，不能爲之。禪門精奇人物，允宜人手一冊，供作參究及悟後印證之圭臬。本書於2008年4月改版，增寫爲大約500頁篇幅，以利學人研讀參究時更易悟入宗門正法，以前所購初版首刷及初版二刷舊書，皆可免費換取新書。平實導師著　500元（2007年起，凡購買公案拈提第一輯至第七輯，每購一輯皆贈送本公司精製公案拈提〈超意境〉CD一片，市售價格280元，多購多贈）。

宗門道眼—**公案拈提**第三輯：繼宗門法眼之後，再以金剛之作略、慈悲之胸懷、犀利之筆觸，舉示寒山、拾得、布袋三大士之悟處，消弭當代錯悟者對於寒山大士……等之誤會及誹謗。　亦舉出民初以來與虛雲和尚齊名之蜀郡鹽亭袁煥仙夫子——南懷瑾老師之師，其「悟處」何在？並蒐羅許多眞悟祖師之證悟公案，顯示禪宗歷代祖師之睿智，指陳部分祖師、奧修及當代顯密大師之謬悟，作爲殷鑑，幫助禪子建立及修正參禪之方向及知見。假使讀者閱此書已，一時尚未能悟，亦可一面加功用行，一面以此宗門道眼辨別眞假善知識，避開錯誤之印證及歧路，可免大妄語業之長劫慘痛果報。欲修禪宗之禪者，務請細讀。平實導師著　售價500元（2007年起，凡購買公案拈提第一輯至第七輯，每購一輯皆贈送本公司精製公案拈提〈超意境〉CD一片，市售價格280元，多購多贈）。

楞伽經詳解：本經是禪宗見道者印證所悟眞僞之根本經典，亦是禪宗見道者悟後起修之依據經典；故達摩祖師於印證二祖慧可大師之後，將此經典連同佛鉢祖衣一併交付二祖，令其依此經典佛示金言、進入修道位，修學一切種智。由此可知此經對於眞悟之人修學佛道，是非常重要之一部經典。此經能破外道邪說，亦破佛門中錯悟名師之謬說，亦破禪宗部分祖師之狂禪：不讀經典、一向主張「一悟即成究竟佛」之謬執。並開示愚夫所行禪、觀察義禪、攀緣如禪、如來禪等差別，令行者對於三乘禪法差異有所分辨；亦糾正禪宗祖師古來對於如來禪之誤解，嗣後可免以訛傳訛之弊。此經亦是法相唯識宗之根本經典，禪者悟後欲修一切種智而入初地者，必須詳讀。　平實導師著，全套共十輯，已全部出版完畢，每輯主文約320頁，每冊約352頁，定價250元。

宗門血脈—**公案拈提**第四輯：末法怪象—許多修行人自以爲悟，每將無念靈知認作眞實；崇尚二乘法諸師及其徒眾，則將**外於如來藏之緣起性空**—無因論之無常空、斷滅空、一切法空—錯認爲 佛所說之般若空性。這兩種現象已於當今海峽兩岸及美加地區顯密大師之中普遍存在；人人自以爲悟，心高氣壯，便敢寫書解釋祖師證悟之公案，大多出於意識思惟所得，言不及義，錯誤百出，因此誤導廣大佛子同陷大妄語之地獄業中而不能自知。彼等書中所說之悟處，其實處處違背第一義經典之聖言量。彼等諸人不論是否身披袈裟，都非佛法宗門血脈，或雖有禪宗法脈之傳承，亦只徒具形式；猶如螟蛉，非眞血脈，未悟得根本眞實故。禪子欲知 佛、祖之眞血脈者，請讀此書，便知分曉。平實導師著，主文452頁，全書464頁，定價500元（2007年起，凡購買公案拈提第一輯至第七輯，每購一輯皆贈送本公司精製公案拈提〈超意境〉CD一片，市售價格280元，多購多贈）。

宗通與說通：古今中外，錯誤之人如麻似粟，每以常見外道所說之靈知心，認作真心；或妄想虛空之勝性能量為真如，或錯認物質四大元素藉冥性（靈知心本體）能成就吾人色身及知覺，或認初禪至四禪中之了知心為不生不滅之涅槃心。此等皆非通宗者之見地。復有錯悟之人一向主張「宗門與教門不相干」，此即尚未通達宗門之人也。其實宗門與教門互通不二，宗門所證者乃是真如與佛性，教門所說者乃說宗門證悟之真如佛性，故教門與宗門不二。本書作者以宗教二門互通之見地，細說「宗通與說通」，從初見道至悟後起修之道、細說分明；並將諸宗諸派在整體佛教中之地位與次第，加以明確之教判，學人讀之即可了知佛法之梗概也。欲擇明師學法之前，允宜先讀。平實導師著，主文共381頁，全書392頁，只售成本價300元。

宗門正道—公案拈提第五輯：修學大乘佛法有二果須證解脫果及大菩提果。二乘人不證大菩提果，唯證解脫果；此果之智慧，名為聲聞菩提、緣覺菩提。大乘佛子所證二果之菩提果為佛菩提，故名大菩提果，其慧名為一切種智函蓋二乘解脫果。然此大乘二果修證，須經由禪宗之宗門證悟方能相應。而宗門證悟極難，自古已然；其所以難者，咎在古今佛教界普遍存在三種邪見：1.以修定認作佛法，2.以無因論之緣起性空—否定涅槃本際如來藏以後之一切法空作為佛法，3.以常見外道邪見（離語言妄念之靈知性）作為佛法。如是邪見，或因自身正見未立所致，或因邪師之邪教導所致，或因無始劫來虛妄熏習所致。若不破除此三種邪見，永劫不悟宗門真義、不入大乘正道，唯能外門廣修菩薩行。 平實導師於此書中，有極為詳細之說明，有志佛子欲摧邪見、入於內門修菩薩行者，當閱此書。主文共496頁，全書512頁。售價500元（2007年起，凡購買公案拈提第一輯至第七輯，每購一輯皆贈送本公司精製公案拈提〈超意境〉CD一片，市售價格280元，多購多贈）。

狂密與真密：密教之修學，皆由有相之觀行法門而入，其最終目標仍不離顯教經典所說第一義諦之修證；若離顯教第一義經典、或違背顯教第一義經典，即非佛教。西藏密教之觀行法，如灌頂、觀想、遷識法、寶瓶氣、大聖歡喜雙身修法、喜金剛、無上瑜伽、大樂光明、樂空雙運等，皆是印度教兩性生生不息思想之轉化，**自始至終皆以如何能運用交合淫樂之法達到全身受樂為其中心思想**，純屬欲界五欲的貪愛，不能令人超出欲界輪迴，更不能令人斷除我見；何況大乘之明心與見性，更無論矣！故密宗之法絕非佛法也。而其明光大手印、大圓滿法教，又皆同以常見外道所說離語言妄念之無念靈知心錯認為佛地之真如，不能直指不生不滅之真如。西藏密宗所有法王與徒眾，都尚未開頂門眼，不能辨別真偽，以**依人不依法、依密續不依經典**故，不肯將其上師喇嘛所說對照第一義經典，純依密續之藏密祖師所說為準，因此而誇大其證德與證量，動輒謂彼祖師上師為究竟佛、為地上菩薩；如今台海兩岸亦有自謂其師證量高於 釋迦文佛者，然觀其師所述，猶未見道，仍在觀行即佛階段，尚未到禪宗相似即佛、分證即佛階位，竟敢標榜為究竟佛及地上法王，誑惑初機學人。凡此怪象皆是狂密，不同於真密之修行者。近年狂密盛行，密宗行者被誤導者極眾，動輒自謂已證佛地真如，自視為究竟佛，陷於大妄語業中而不知自省，反謗顯宗真修實證者之證量粗淺；或如義雲高與釋性圓…等人，於報紙上公然誹謗真實證道者為「騙子、無道人、人妖、癩蛤蟆…」等，造下誹謗大乘勝義僧之大惡業；或以外道法中有為有作之甘露、魔術……等法，誑騙初機學人，狂言彼外道法為真佛法。如是怪象，在西藏密宗及附藏密之外道中，不一而足，舉之不盡，學人宜應慎思明辨，以免上當後又犯毀破菩薩戒之重罪。密宗學人若欲遠離邪知邪見者，請閱此書，即能了知密宗之邪謬，從此遠離邪見與邪修，轉入真正之佛道。 平實導師著 共四輯 每輯約400頁（主文約340頁）每輯售價300元。

宗門正義—**公案拈提**第六輯：佛教有六大危機，乃是藏密化、世俗化、膚淺化、學術化、宗門密意失傳、悟後進修諸地之次第混淆；其中尤以宗門密意之失傳，為當代佛教最大之危機。由宗門密意失傳故，易令 世尊本懷普被錯解，易令 世尊正法被轉易為外道法，以及加以淺化、世俗化，是故宗門密意之廣泛弘傳與具緣佛弟子，極為重要。然而欲令宗門密意之廣泛弘傳予具緣之佛弟子者，必須同時配合錯誤知見之解析、普令佛弟子知之，然後輔以公案解析之直示入處，方能令具緣之佛弟子悟入。而此二者，皆須以公案拈提之方式為之，方易成其功、竟其業，是故平實導師續作宗門正義一書，以利學人。　全書500餘頁，售價500元（2007年起，凡購買公案拈提第一輯至第七輯，每購一輯皆贈送本公司精製公案拈提〈超意境〉CD一片，市售價格280元，多購多贈）。

心經密意—心經與解脫道、佛菩提道、祖師公案之關係與密意。　二乘菩提所證之解脫道，實依第八識心之斷除煩惱障現行而立解脫之名；大乘菩提所證之佛菩提道，實依親證第八識如來藏之涅槃性、清淨自性、及其中道性而立般若之名；禪宗祖師公案所證之真心，即是此第八識如來藏；是故三乘佛法所修所證之三乘菩提，皆依此如來藏心而立名也。此第八識心，即是《心經》所說之心也。證得此如來藏已，即能漸入大乘佛菩提道，亦可因證知此心而了知二乘無學所不能知之無餘涅槃本際，是故《心經》之密意，與三乘佛菩提之關係極為密切、不可分割，三乘佛法皆依此心而立名故。今者平實導師以其所證解脫道之無生智及佛菩提之般若種智，將《心經》與解脫道、佛菩提道、祖師公案之關係與密意，以演講之方式，用淺顯之語句和盤托出，發前人所未言，呈三乘菩提之真義，令人藉此《心經密意》一舉而窺三乘菩提之堂奧，迥異諸方言不及義之說；欲求真實佛智者、不可不讀！　主文317頁，連同跋文及序文…等共384頁，售價300元。

宗門密意—公案拈提第七輯：佛教之世俗化，將導致學人以信仰作為學佛，則將以感應及世間法之庇祐，作為學佛之主要目標，不能了知學佛之主要目標為親證三乘菩提。大乘菩提則以般若實相智慧為主要修習目標，以二乘菩提解脫道為附帶修習之標的；是故學習大乘法者，應以禪宗之證悟為要務，能親入大乘菩提之實相般若智慧中故，般若實相智慧非二乘聖人所能知故。此書則以台灣世俗化佛教之三大法師，說法似是而非之實例，配合真悟祖師之公案解析，提示證悟般若之關節，令學人易得悟入。平實導師著，全書五百餘頁，售價500元（2007年起，凡購買公案拈提第一輯至第七輯，每購一輯皆贈送本公司精製公案拈提〈超意境〉CD一片，市售價格280元，多購多贈）。

淨土聖道—兼評日本本願念佛：佛法甚深極廣，般若玄微，非諸二乘聖僧所能知之，一切凡夫更無論矣！所謂一切證量皆歸淨土是也！是故大乘法中「聖道之淨土、淨土之聖道」，其義甚深，難可了知；乃至真悟之人，初心亦難知也。今有正德老師真實證悟後，復能深探淨土與聖道之緊密關係，憐憫眾生之誤會淨土實義，亦欲利益廣大淨土行人同入聖道，同獲淨土中之聖道門要義，乃振奮心神、書以成文，今得刊行天下。主文279頁，連同序文等共301頁，總有十一萬六千餘字，正德老師著，成本價200元。

起信論講記：詳解大乘起信論心生滅門與心眞如門之眞實意旨，消除以往大師與學人對起信論所說心生滅門之誤解，由是而得了知眞心如來藏之非常非斷中道正理；亦因此一講解，令此論以往隱晦而被誤解之眞實義，得以如實顯示，令大乘佛菩提道之正理得以顯揚光大；初機學者亦可藉此正論所顯示之法義，對大乘法理生起正信，從此得以眞發菩提心，眞入大乘法中修學，世世常修菩薩正行。平實導師演述，共六輯，都已出版，每輯三百餘頁，售價各250元。

優婆塞戒經講記：本經詳述在家菩薩修學大乘佛法，應如何受持菩薩戒？對人間善行應如何看待？對三寶應如何護持？應如何正確地修集此世後世證法之福德？應如何修集後世「行菩薩道之資糧」？並詳述第一義諦之正義：五蘊非我非異我、自作自受、異作異受、不作不受……等深妙法義，乃是修學大乘佛法、行菩薩行之在家菩薩所應當了知者。出家菩薩今世或未來世登地已，捨報之後多數將如華嚴經中諸大菩薩，以在家菩薩身而修行菩薩行，故亦應以此經所述正理而修之，配合《楞伽經、解深密經、楞嚴經、華嚴經》等道次第正理，方得漸次成就佛道；故此經是一切大乘行者皆應證知之正法。 平實導師講述，每輯三百餘頁，售價各250元；共八輯，已全部出版。

真假活佛——略論附佛外道盧勝彥之邪說：人人身中都有眞活佛，永生不滅而有大神用，但眾生都不了知，所以常被身外的西藏密宗假活佛籠罩欺瞞。本來就眞實存在的眞活佛，才是眞正的密宗無上密！諾那活佛因此而說禪宗是大密宗，但藏密的所有活佛都不知道、也不曾實證自身中的眞活佛。本書詳實宣示眞活佛的道理，舉證盧勝彥的「佛法」不是眞佛法，也顯示盧勝彥是假活佛，直接的闡釋第一義佛法見道的眞實正理。眞佛宗的所有上師與學人們，都應該詳細閱讀，包括盧勝彥個人在內。正犀居士著，優惠價140元。

阿含正義——唯識學探源：廣說四大部《阿含經》諸經中隱說之眞正義理，一一舉示佛陀本懷，令阿含時期初轉法輪根本經典之眞義，如實顯現於佛子眼前。並提示末法大師對於阿含眞義誤解之實例，一一比對之，證實唯識增上慧學確於原始佛法之阿含諸經中已隱覆密意而略說之，證實 世尊確於原始佛法中已曾密意而說第八識如來藏之總相；亦證實 世尊在四阿含中已說此藏識是名色十八界之因、之本——證明如來藏是能生萬法之根本心。佛子可據此修正以往受諸大師（譬如西藏密宗應成派中觀師：印順、昭慧、性廣、大願、達賴、宗喀巴、寂天、月稱、……等人）誤導之邪見，建立正見，轉入正道乃至親證初果而無困難；書中並詳說三果所證的**心解脫**，以及四果**慧解脫**的親證，都是如實可行的具體知見與行門。全書共七輯，已出版完畢。平實導師著，每輯三百餘頁，售價300元。

超意境ＣＤ：以平實導師公案拈提書中超越意境之頌詞，加上曲風優美的旋律，錄成令人嚮往的超意境歌曲，其中包括正覺發願文及平實導師親自譜成的黃梅調歌曲一首。詞曲雋永，殊堪翫味，可供學禪者吟詠，有助於見道。內附設計精美的彩色小冊，解說每一首詞的背景本事。每片280元。【每購買公案拈提書籍一冊，即贈送一片。】

鈍鳥與靈龜：鈍鳥及靈龜二物，被宗門證悟者說為二種人：前者是精修禪定而無智慧者，也是以定為禪的愚癡禪人；後者是或有禪定、或無禪定的宗門證悟者，凡已證悟者皆是靈龜。但後來被人虛造事實，用以嘲笑大慧宗杲禪師，說他雖是靈龜，卻不免被天童禪師預記「患背」痛苦而亡：「鈍鳥離巢易，靈龜脫殼難。」藉以貶低大慧宗杲的證量。同時將天童禪師實證如來藏的證量，曲解為意識境界的離念靈知。自從大慧禪師入滅以後，錯悟凡夫對他的不實毀謗就一直存在著，不曾止息，並且捏造的假事實也隨著年月的增加而越來越多，終至編成「鈍鳥與靈龜」的假公案、假故事。本書是考證大慧與天童之間的不朽情誼，顯現這件假公案的虛妄不實；更見大慧宗杲面對惡勢力時的正直不阿，亦顯示大慧對天童禪師的至情深義，將使後人對大慧宗杲的誣謗至此而止，不再有人誤犯毀謗賢聖的惡業。書中亦舉證宗門的所悟確以第八識如來藏為標的，詳讀之後必可改正以前被錯悟大師誤導的參禪知見，日後必定有助於實證禪宗的開悟境界，得階大乘真見道位中，即是實證般若之賢聖。全書459頁，售價350元。

我的菩提路第一輯：凡夫及二乘聖人不能實證的佛菩提證悟，末法時代的今天仍然有人能得實證，由正覺同修會釋悟圓、釋善藏法師等二十餘位實證如來藏者所寫的見道報告，已爲當代學人見證宗門正法之絲縷不絕，證明大乘義學的法脈仍然存在，爲末法時代求悟般若之學人照耀出光明的坦途。由二十餘位大乘見道者所繕，敘述各種不同的學法、見道因緣與過程，參禪求悟者必讀。全書三百餘頁，售價300元。

我的菩提路第二輯：由郭正益老師等人合著，書中詳述彼等諸人歷經各處道場學法，一一修學而加以檢擇之不同過程以後，因閱讀正覺同修會、正智出版社書籍而發起抉擇分，轉入正覺同修會中修學；乃至學法及見道之過程，都一一詳述之。其中張志成等人係由前現代禪轉進正覺同修會，張志成原爲現代禪副宗長，以前未閱本會書籍時，曾被人藉其名義著文評論 平實導師（詳見《宗通與說通》辨正及《眼見佛性》書末附錄…等）；後因偶然接觸正覺同修會書籍，深覺以前聽人評論平實導師之語不實，於是投入極多時間閱讀本會書籍、深入思辨，詳細探索中觀與唯識之關聯與異同，認爲正覺之法義方是正法，深覺相應；亦解開多年來對佛法的迷雲，確定應依八識論正理修學方是正法。乃不顧面子，毅然前往正覺同修會面見平實導師懺悔，並正式學法求悟。今已與其同修王美伶（亦爲前現代禪傳法老師），同樣證悟如來藏而證得法界實相，生起實相般若真智。此書中尚有七年來本會第一位眼見佛性者之見性報告一篇，一同供養大乘佛弟子。全書四百頁，售價300元。

維摩詰經講記：本經係 世尊在世時，由等覺菩薩維摩詰居士藉疾病而演說之大乘菩提無上妙義，所說函蓋甚廣，然極簡略，是故今時諸方大師與學人讀之悉皆錯解，何況能知其中隱含之深妙正義，是故普遍無法為人解說；若強為人說，則成依文解義而有諸多過失。今由平實導師公開宣講之後，詳實解釋其中密意，令維摩詰菩薩所說大乘不可思議解脫之深妙正法得以正確宣流於人間，利益當代學人及與諸方大師。書中詳實演述大乘佛法深妙不共二乘之智慧境界，顯示諸法之中絕待之實相境界，建立大乘菩薩妙道於永遠不敗不壞之地，以此成就護法偉功，欲冀永利娑婆人天。已經宣講圓滿整理成書流通，以利諸方大師及諸學人。全書共六輯，每輯三百餘頁，售價各250元。

菩薩底憂鬱 CD 將菩薩情懷及禪宗公案寫成新詞，並製作成超越意境的優美歌曲。1.主題曲〈菩薩底憂鬱〉，描述地後菩薩能離三界生死而迴向繼續生在人間，但因尚未斷盡習氣種子而有極深沈之憂鬱，非三賢位菩薩及二乘聖者所知，此憂鬱在七地滿心位方才斷盡；本曲之詞中所說義理極深，昔來所未曾見；此曲係以優美的情歌風格寫詞及作曲，聞者得以激發嚮往諸地菩薩境界之大心，詞、曲都非常優美，難得一見；其中勝妙義理之解說，已印在附贈之彩色小冊中。2.以各輯公案拈提中直示禪門入處之頌文，作成各種不同曲風之超意境歌曲，值得玩味、參究；聆聽公案拈提之優美歌曲時，請同時閱讀內附之印刷精美說明小冊，可以領會超越三界的證悟境界；未悟者可以因此引發求悟之意向及疑情，真發菩提心而邁向求悟之途，乃至因此真實悟入般若，成真菩薩。3.正覺總持咒新曲，總持佛法大意；總持咒之義理，已加以解說並印在隨附之小冊中。本CD共有十首歌曲，長達63分鐘，附贈二張購書優惠券。每片280元。

勝鬘經講記：如來藏爲三乘菩提之所依，若離如來藏心體及其含藏之一切種子，即無三界有情及一切世間法，亦無二乘菩提緣起性空之出世間法；本經詳說無始無明、一念無明皆依如來藏而有之正理，藉著詳解煩惱障與所知障間之關係，令學人深入了知二乘菩提與佛菩提相異之妙理；聞後即可了知佛菩提之特勝處及三乘修道之方向與原理，邁向攝受正法而速成佛道的境界中。平實導師講述，共六輯，每輯三百餘頁，售價各250元。

楞嚴經講記：楞嚴經係密教部之重要經典，亦是顯教中普受重視之經典；經中宣說明心與見性之內涵極爲詳細，將一切法都會歸如來藏及佛性─妙眞如性；亦闡釋佛菩提道修學過程中之種種魔境，以及外道誤會涅槃之狀況，旁及三界世間之起源。然因言句深澀難解，法義亦復深妙寬廣，學人讀之普難通達，是故讀者大多誤會，不能如實理解佛所說之明心與見性內涵，亦因是故多有悟錯之人引爲開悟之證言，成就大妄語罪。今由平實導師詳細講解之後，整理成文，以易讀易懂之語體文刊行天下，以利學人。全書十五輯，全部出版完畢。每輯三百餘頁，售價每輯300元。

明心與眼見佛性：本書細述明心與眼見佛性之異同，同時顯示了中國禪宗破初參明心與重關眼見佛性二關之間的關聯；書中又藉法義辨正而旁述其他許多勝妙法義，讀後必能遠離佛門長久以來積非成是的錯誤知見，令讀者在佛法的實證上有極大助益。也藉慧廣法師的謬論來教導佛門學人回歸正知正見，遠離古今禪門錯悟者所墮的意識境界，非唯有助於斷我見，也對未來的開悟明心實證第八識如來藏有所助益，是故學禪者都應細讀之。 游正光老師著 共448頁 售價300元。

見性與看話頭：黃正倖老師的《見性與看話頭》於《正覺電子報》連載完畢，今結集出版。書中詳說禪宗看話頭的詳細方法，並細說看話頭與眼見佛性的關係，以及眼見佛性者求見佛性前必須具備的條件。本書是禪宗實修者追求明心開悟時參禪的方法書，也是求見佛性者作功夫時必讀的方法書，內容兼顧眼見佛性的理論與實修之方法，是依實修之體驗配合理論而詳述，條理分明而且極為詳實、周全、深入。本書內文375頁，全書416頁，售價300元。

禪意無限ＣＤ平實導師以公案拈提書中偈頌寫成不同風格曲子，與他人所寫不同風格曲子共同錄製出版，幫助參禪人進入禪門超越意識之境界。盒中附贈彩色印製的精美解說小冊，以供聆聽時閱讀，令參禪人得以發起參禪之疑情，即有機會證悟本來面目，實證大乘菩提般若。本CD共有十首歌曲，長達69分鐘，每盒各附贈二張購書優惠券。每片280元。

金剛經宗通：三界唯心，萬法唯識，是成佛之修證內容，是諸地菩薩之所修；般若則是成佛之道（實證三界唯心、萬法唯識）的入門，若未證悟實相般若，即無成佛之可能，必將永在外門廣行菩薩六度，永在凡夫位中。然而實相般若的發起，全賴實證萬法的實相；若欲證知萬法的真相，則必須探究萬法之所從來，則須實證自心如來—金剛心如來藏，然後現觀這個金剛心的金剛性、真實性、如如性、清淨性、涅槃性、能生萬法的自性性、本住性，名為證真如；進而現觀三界六道唯是此金剛心所成，人間萬法須藉八識心王和合運作方能現起。如是實證《華嚴經》的「三界唯心、萬法唯識」以後，由此等現觀而發起實相般若智慧，繼續進修第十住位的如幻觀、第十行位的陽焰觀、第十迴向位的如夢觀，再生起增上意樂而勇發十無盡願，方能滿足三賢位的實證，轉入初地；自知成佛之道而無偏倚，從此按部就班、次第進修乃至成佛。第八識自心如來是般若智慧之所依，般若智慧的修證則要從實證金剛心自心如來開始；《金剛經》則是解說自心如來之經典，是一切三賢位菩薩所應進修之實相般若經典。這一套書，是將平實導師宣講的《金剛經宗通》內容，整理成文字而流通之；書中所說義理，迥異古今諸家依文解義之說，指出大乘見道方向與理路，有益於禪宗學人求開悟見道，及轉入內門廣修六度萬行。講述完畢後結集出版，總共9輯，每輯約三百餘頁，售價各250元。

真假外道：本書具體舉證佛門中的常見外道知見實例，並加以教證及理證上的辨正，幫助讀者輕鬆而快速的了知常見外道的錯誤知見，進而遠離佛門內外的常見外道知見，因此即能改正修學方向而快速實證佛法。 游正光老師著 。成本價200元。

空行母─性別、身分定位，以及藏傳佛教：本書作者為蘇格蘭哲學家，因為嚮往佛教深妙的哲學內涵，於是進入當年盛行於歐美的假藏傳佛教密宗，擔任卡盧仁波切的翻譯工作多年以後，被邀請成為卡盧的空行母（又名佛母、明妃），開始了她在密宗裡的實修過程；後來發覺在密宗雙身法中的修行，其實無法使自己成佛，也發覺密宗對女性岐視而處處貶抑，並剝奪女性在雙身法中擔任一半角色時應有的身分定位。當她發覺自己只是雙身法中被喇嘛利用的工具，沒有獲得絲毫應有的尊重與基本定位時，發現了密宗的父權社會控制女性的本質；於是作者傷心地離開了卡盧仁波切與密宗，但是卻被恐嚇不許講出她在密宗裡的經歷，也不許她說出自己對密宗的教義與教制下對女性剝削的本質，否則將被咒殺死亡。後來她去加拿大定居，十餘年後方才擺脫這個恐嚇陰影，下定決心將親身經歷的實情及觀察到的事實寫下來並且出版，公諸於世。出版之後，她被流亡的達賴集團人士大力攻訐，誣指她為精神狀態失常、說謊……等。但有智之士並未被達賴集團的政治操作及各國政府政治運作吹捧達賴的表相所欺，使她的書銷售無阻而又再版。正智出版社鑑於作者此書是親身經歷的事實，所說具有針對「藏傳佛教」而作學術研究的價值，也有使人認清假藏傳佛教剝削佛母、明妃的男性本位實質，因此洽請作者同意中譯而出版於華人地區。珍妮‧坎貝爾女士著，呂艾倫 中譯，每冊250元。

霧峰無霧—給哥哥的信：本書作者藉兄弟之間信件往來論義，略述佛法大義；並以多篇短文辨義，舉出釋印順對佛法的無量誤解證據，並一一給予簡單而清晰的辨正，令人一讀即知。久讀、多讀之後即能認清楚釋印順的六識論見解，與真實佛法之牴觸是多麼嚴重；於是在久讀、多讀之後，於不知不覺之間提升了對佛法的極深入理解，正知正見就在不知不覺間建立起來了。當三乘佛法的正知見建立起來之後，對於三乘菩提的見道條件便將隨之具足，於是聲聞解脫道的見道也就水到渠成；接著大乘見道的因緣也將次第成熟，未來自然也會有親見大乘菩提之道的因緣，悟入大乘實相般若也將自然成功，自能通達般若系列諸經而成實義菩薩。作者居住於南投縣霧峰鄉，自喻見道之後不復再見霧峰之霧，故鄉原野美景一一明見，於是立此書名為《霧峰無霧》；讀者若欲撥霧見月，可以此書為緣。游宗明 老師著　售價250元。

假藏傳佛教的神話—性、謊言、喇嘛教：本書編著者是由一首名叫「阿姊鼓」的歌曲為緣起，展開了序幕，揭開假藏傳佛教—喇嘛教—的神秘面紗。其重點是蒐集、摘錄網路上質疑「喇嘛教」的帖子，以揭穿「假藏傳佛教的神話」為主題，串聯成書，並附加彩色插圖以及說明，讓讀者們瞭解西藏密宗及相關人事如何被操作為「神話」的過程，以及神話背後的真相。作者：張正玄教授。售價200元。

達賴真面目─**玩盡天下女人**：假使您不想戴綠帽子，請記得詳細閱讀此書；假使您不想讓好朋友戴綠帽子，請您將此書介紹給您的好朋友。假使您想保護家中的女性，也想要保護好朋友的女眷，請記得將此書送給家中的女性和好友的女眷都來閱讀。本書為印刷精美的大本彩色中英對照精裝本，為您揭開達賴喇嘛的真面目，內容精彩不容錯過，為利益社會大眾，特別以優惠價格嘉惠所有讀者。編著者：白志偉等。大開版雪銅紙彩色精裝本。售價800元。

喇嘛性世界─**揭開假藏傳佛教譚崔瑜伽的面紗**：這個世界中的喇嘛，號稱來自世外桃源的香格里拉，穿著或紅或黃的喇嘛長袍，散布於我們的身邊傳教灌頂，吸引了無數的人嚮往學習；這些喇嘛虔誠地為大眾祈福，手中拿著寶杵（金剛）與寶鈴（蓮花），口中唸著咒語：「唵・嘛呢・叭咪・吽……」，咒語的意思是說：「我至誠歸命金剛杵上的寶珠伸向蓮花寶穴之中」！「喇嘛性世界」是什麼樣的「世界」呢？ 本書將為您呈現喇嘛世界的面貌。 當您發現真相以後，您將會唸：「噢！喇嘛・性・世界，譚崔性交嘛！」作者：張善思、呂艾倫。售價200元。

末代達賴─**性交教主的悲歌**：簡介從藏傳偽佛教（喇嘛教）的修行核心─性力派男女雙修，探討達賴喇嘛及藏傳偽佛教的修行內涵。書中引用外國知名學者著作、世界各地新聞報導，包含：歷代達賴喇嘛的祕史、達賴六世修雙身法的事蹟，以及《時輪續》中的性交灌頂儀式……等；達賴喇嘛書中開示的雙修法、達賴喇嘛的黑暗政治手段；達賴喇嘛所領導的寺院爆發喇嘛性侵兒童；新聞報導《西藏生死書》作者索甲仁波切性侵女信徒、澳洲喇嘛秋達公開道歉、美國最大假藏傳佛教組織領導人邱陽創巴仁波切的性氾濫，等等事件背後真相的揭露。作者：張善思、呂艾倫、辛燕。售價250元。

第七意識與第八意識？─**穿越時空「超意識」**「三界唯心，萬法唯識」是佛教中應該實證的聖教，也是《華嚴經》中明載而可以實證的法界實相。唯心者，三界一切境界─一切諸法唯是一心所成就，即是每一個有情的第八識如來藏，不是意識心。唯識者，即是人類各各都具足的八識心王————眼識、耳鼻舌身意識、意根、阿賴耶識，第八阿賴耶識又名如來藏，人類五陰相應的萬法，莫不由八識心王共同運作而成就，故說萬法唯識。依聖教量及現量、比量，都可以證明意識是二法因緣生，是由第八識藉意根與法塵二法為因緣而出生，又是夜夜斷滅不存之生滅心，即無可能反過來出生第七識意根、第八識如來藏，當知不可能從生滅性的意識心中，細分出恆審思量的第七識意根，更無可能細分出恆而不審的第八識如來藏。本書是將演講內容整理成文字，細說如是內容，並已在〈正覺電子報〉連載完畢，今彙集成書以廣流通，欲幫助佛門有緣人斷除意識我見，跳脫於識陰之外而取證聲聞初果；嗣後修學禪宗時即得不墮外道神我之中，得以求證第八識金剛心而發起般若實智。平實導師 述，每冊300元。

黯淡的達賴─**失去光彩的諾貝爾和平獎：**
本書舉出很多證據與論述，詳述達賴喇嘛不為世人所知的一面，顯示達賴喇嘛並不是真正的和平使者，而是假借諾貝爾和平獎的光環來欺騙世人；透過本書的說明與舉證，讀者可以更清楚的瞭解，達賴喇嘛是結合暴力、黑暗、淫欲於喇嘛教裡的集團首領，其政治行為與宗教主張，早已讓諾貝爾和平獎的光環染污了。本書由財團法人正覺教育基金會寫作、編輯，由正覺出版社印行，每冊250元。

人間佛教─**實證者必定不悖三乘菩提** 「大乘非佛說」的講法似乎流傳已久，卻只是日本人企圖擺脫中國正統佛教的影響，而在明治維新時期才開始提出來的說法；台灣佛教、大陸佛教的淺學無智之人，由於未曾實證佛法而迷信日本人錯誤的學術考證，錯認為這些別有用心的日本佛學考證的講法為天竺佛教的真實歷史；甚至還有更激進的反對佛教者提出「釋迦牟尼佛並非真實存在，只是後人捏造的假歷史人物」，竟然也有少數人願意跟著「學術」的假光環而信受不疑，於是開始有一些佛教界人士造作了反對中國佛教而推崇南洋小乘佛教的行為，使佛教的信仰者難以檢擇，導致一般大陸人士開始轉入基督教的盲目迷信中。在這些佛教及外教人士之中，也就有一分人根據此邪說而大聲主張「大乘非佛說」的謬論，這些人以「人間佛教」的名義來抵制中國正統佛教，公然宣稱中國的大乘佛教是由聲聞部派佛教的凡夫僧所創造出來的。這樣的說法流傳於台灣及大陸佛教界凡夫僧之中已久，卻非真正的佛教歷史中曾經發生過的事，只是繼承六識論的聲聞法中凡夫僧依自己的意識境界立場，純憑臆想而編造出來的妄想說法，卻已經影響許多無智之凡夫僧俗信受不移。本書則是從佛教的經藏法義實質及實證的現量內涵本質立論，證明大乘佛法本是佛說，是從《阿含正義》尚未說過的不同面向來討論「人間佛教」的議題，證明「大乘真佛說」。閱讀本書可以斷除六識論邪見，迴入三乘菩提正道發起實證的因緣；也能斷除禪宗學人學禪時普遍存在之錯誤知見，對於建立參禪時的正知見有很深的著墨。 平實導師 述，內文488頁，全書528頁，定價400元。

童女迦葉考—論呂凱文〈佛教輪迴思想的論述分析〉之謬　童女迦葉是佛世率領五百大比丘遊行於人間的歷史事實，是以童貞行而依止菩薩戒弘化於人間的大菩薩，不依別解脫戒（聲聞戒）來弘化於人間。這是大乘佛教與聲聞佛教同時存在於佛世的歷史明證，證明大乘佛教不是從聲聞法中分裂出來的部派佛教的產物，卻是聲聞佛教分裂出來的部派佛教聲聞凡夫僧所不樂見的史實；於是古今聲聞法中的凡夫都欲加以扭曲而作詭說，更是末法時代高聲大呼「大乘非佛說」的六識論聲聞凡夫極力想要扭曲的佛教史實之一，於是想方設法扭曲迦葉菩薩為聲聞僧，以及扭曲迦葉童女為比丘僧等荒謬不實之論著便陸續出現，古時聲聞僧寫作的《分別功德論》是最具體之事例，現代之代表作則是呂凱文先生的〈佛教輪迴思想的論述分析〉論文。鑑於如是假藉學術考證以籠罩大眾之不實謬論，未來仍將繼續造作及流竄於佛教界，繼續扼殺大乘佛教學人法身慧命，必須舉證辨正之，遂成此書。平實導師 著，每冊180元。

中觀金鑑—詳述應成派中觀的起源與其破法本質　學佛人往往迷於中觀學派之不同學說，被應成派與自續派所迷惑；修學般若中觀二十年後自以為實證般若中觀了，卻仍不曾入門，甫聞實證般若中觀者之所說，則茫無所知，迷惑不解；隨後信心盡失，不知如何實證佛法；凡此，皆因惑於這二派中觀學說所致。自續派中觀所說同於常見，以意識境界立為第八識如來藏之境界，應成派所說則同於斷見，但又同立意識為常住法，故亦具足斷常二見。今者孫正德老師有鑑於此，乃將起源於密宗的應成派中觀學說，追本溯源，詳考其來源之外，亦一一舉證其立論內容，詳加辨正，令密宗雙身法祖師以識陰境界而造之應成派中觀學說本質，詳細呈現於學人眼前，令其維護雙身法之目的無所遁形。若欲遠離密宗此二大派中觀謬說，欲於三乘菩提有所進道者，允宜具足閱讀並細加思惟，反覆讀之以後將可捨棄邪道返歸正道，則於般若之實證即有可能，證後自能現觀如來藏之中道境界而成就中觀。本書分上、中、下三冊，每冊250元，已全部出版完畢。

實相經宗通：學佛之目的在於實證一切法界背後之實相，禪宗稱之為本來面目或本地風光，佛菩提道中稱之為實相法界；此實相法界即是金剛藏，又名佛法之祕密藏，即是能生有情五陰、十八界及宇宙萬有（山河大地、諸天、三惡道世間）的第八識如來藏，又名阿賴耶識心，即是禪宗祖師所說的真如心，此心即是三界萬有背後的實相。證得此第八識心時，自能瞭解般若諸經中隱說的種種密意，即得發起實相般若——實相智慧。每見學佛人修學佛法二十年後仍對實相般若茫然無知，亦不知如何入門，茫無所趣；更因不知三乘菩提的互異互同，是故越是久學者對佛法越覺茫然，都肇因於尚未瞭解佛法的全貌，亦未瞭解佛法的修證內容即是第八識心所致。本書對於修學佛法者所應實證的實相境界提出明確解析，並提示趣入佛菩提道的入手處，有心親證實相般若的佛法實修者，宜詳讀之，於佛菩提道之實證即有下手處。平實導師述著，共八輯，全部出版完畢，每輯成本價250元。

真心告訴您（一）——達賴喇嘛在幹什麼？ 這是一本報導篇章的選集，更是「破邪顯正」的暮鼓晨鐘。「破邪」是戳破假象，說明達賴喇嘛及其所率領的密宗四大派法王、喇嘛們，弘傳的佛法是仿冒的佛法；他們是假藏傳佛教，是坦特羅(譚崔性交)外道法和藏地崇奉鬼神的苯教混合成的「喇嘛教」，推廣的是以所謂「無上瑜伽」的男女雙身法冒充佛法的假佛教，詐財騙色誤導眾生，常常造成信徒家庭破碎、家中兒少失怙的嚴重後果。「顯正」是揭櫫真相，指出真正的藏傳佛教只有一個，就是覺囊巴，傳的是 釋迦牟尼佛演繹的第八識如來藏妙法，稱為他空見大中觀。正覺教育基金會即以此古今輝映的如來藏正法正知見，在真心新聞網中逐次報導出來，將箇中原委「真心告訴您」，如今結集成書，與想要知道密宗真相的您分享。售價250元。

法華經講義：此書爲平實導師始從2009/7/21演述至2014/1/14之講經錄音整理所成。世尊一代時教，總分五時三教，即是華嚴時、聲聞緣覺教、般若教、種智唯識教、法華時；依此五時三教區分爲藏、通、別、圓四教。本經是最後一時的圓教經典，圓滿收攝一切法教於本經中，是故最後的圓教聖訓中，特地指出無有三乘菩提，其實唯有一佛乘；皆因眾生愚迷故，方便區分爲三乘菩提以助眾生證道。世尊於此經中特地說明如來示現於人間的唯一大事因緣，便是爲有緣眾生「開、示、悟、入」諸佛的所知所見——第八識如來藏妙眞如心，並於諸品中隱說「妙法蓮花」如來藏心的密意。然因此經所說甚深難解，眞義隱晦，古來難得有人能窺堂奧；平實導師以知如是密意故，特爲末法佛門四眾演述《妙法蓮華經》中各品蘊含之密意，使古來未曾被古德註解出來的「此經」密意，如實顯示於當代學人眼前。乃至〈藥王菩薩本事品〉、〈妙音菩薩品〉、〈觀世音菩薩普門品〉、〈普賢菩薩勸發品〉中的微細密意，亦皆一併詳述之，開前人所未曾言之密意，示前人所未見之妙法。最後乃至以〈法華大意〉而總其成，全經妙旨貫通始終，而依佛旨圓攝於一心如來藏妙心，厥爲曠古未有之大說也。平實導師述　已於2015/05/31起開始出版，每二個月出版一輯，共有25輯。每輯300元。

西藏「活佛轉世」制度—**附佛、造神、世俗法**：歷來關於喇嘛教活佛轉世的研究，多針對歷史及文化兩部分，於其所以成立的理論基礎，較少系統化的探討。尤其是此制度是否依據「佛法」而施設？是否合乎佛法眞實義？現有的文獻大多含糊其詞，或人云亦云，不曾有明確的闡釋與如實的見解。因此本文先從活佛轉世的由來，探索此制度的起源、背景與功能，並進而從活佛的尋訪與認證之過程，發掘活佛轉世的特徵，以確認「活佛轉世」在佛法中應具足何種果德。定價150元。

解深密經講記：本經係 世尊晚年第三轉法輪，宣說地上菩薩所應熏修之唯識正義經典，經中所說義理乃是大乘一切種智增上慧學，以阿陀那識—如來藏—阿賴耶識為主體。禪宗之證悟者，若欲修證初地無生法忍乃至八地無生法忍者，必須修學《楞伽經、解深密經》所說之八識心王一切種智；此二經所說正法，方是真正成佛之道；印順法師否定第八識如來藏之後所說萬法緣起性空之法，是以誤會後之二乘解脫道取代大乘真正成佛之道，尚且不符二乘解脫道正理，亦已墮於斷滅見中，不可謂為成佛之道也。平實導師曾於本會郭故理事長往生時，於喪宅中從首七開始宣講，於每一七各宣講三小時，至第十七而快速略講圓滿，作為郭老之往生佛事功德，迴向郭老早證八地、速返娑婆住持正法。茲為今時後世學人故，將擇期重講《解深密經》，以淺顯之語句講畢後，將會整理成文，用供證悟者進道；亦令諸方未悟者，據此經中佛語正義，修正邪見，依之速能入道。平實導師述著，全書輯數未定，每輯三百餘頁，將於未來重講完畢後逐輯出版。

佛法入門：學佛人往往修學二十年後仍不知如何入門，茫無所入漫無方向，不知如何實證佛法；更因不知三乘菩提的互異互同之處，導致越是久學者越覺茫然，都是肇因於尚未瞭解佛法的全貌所致。本書對於佛法的全貌提出明確的輪廓，並說明三乘菩提的異同處，讀後即可輕易瞭解佛法全貌，數日內即可明瞭三乘菩提入門方向與下手處。○○菩薩著 出版日期未定。

阿含經講記─*小乘解脫道之修證*：數百年來，南傳佛法所說證果之不實，所說解脫道之虛妄，所弘解脫道法義之世俗化，皆已少人知之；從南洋傳入台灣與大陸之後，所說法義虛謬之事，亦復少人知之；今時台灣全島印順系統之法師居士，多不知南傳佛法數百年來所說解脫道之義理已然偏斜、已然世俗化、已非眞正之二乘解脫正道，猶極力推崇與弘揚。彼等南傳佛法近代所謂之證果者多非眞實證果者，譬如阿迦曼、葛印卡、帕奧禪師、一行禪師……等人，悉皆未斷我見故。近年更有台灣南部大願法師，高抬南傳佛法之二乘修證行門爲「捷徑究竟解脫之道」者，然而南傳佛法縱使眞修實證，得成阿羅漢，至高唯是二乘菩提解脫之道，絕非**究竟**解脫，無餘涅槃中之實際尚未得證故，法界之實相尚未了知故，習氣種子待除故，一切種智未實證故，焉得謂爲「究竟解脫」？即使南傳佛法近代眞有實證之阿羅漢，尚且不及三賢位中之七住明心菩薩本來自性清淨涅槃智慧境界，則不能知此賢位菩薩所證之無餘涅槃實際，仍非大乘佛法中之見道者，何況普未實證聲聞果乃至未斷我見之人？謬充證果已屬逾越，更何況是誤會二乘菩提之後，以未斷我見之凡夫知見所說之二乘菩提解脫偏斜法道，焉可高抬爲「究竟解脫」？而且自稱「捷徑之道」？又妄言解脫之道即是成佛之道，完全否定般若實智、否定三乘菩提所依之如來藏心體，此理大大不通也！平實導師爲令修學二乘菩提欲證解脫果者，普得迴入二乘菩提正見、正道中，是故選錄四阿含諸經中，對於二乘解脫道法義有具足圓滿說明之經典，預定未來十年內將會加以詳細講解，令學佛人得以了知二乘解脫道之修證理路與行門，庶免被人誤導之後，未證言證，干犯道禁，成大妄語，欲升反墮。本書首重斷除我見，以助行者斷除我見而實證初果爲著眼之目標，若能根據此書內容，配合平實導師所著《識蘊眞義》《阿含正義》內涵而作實地觀行，實證初果非爲難事，行者可以藉此三書自行確認聲聞初果爲實際可得現觀成就之事。此書中除依二乘經典所說加以宣示外，亦依斷除我見等之證量，及大乘法中道種智之證量，對於意識心之體性加以細述，令諸二乘學人必定得斷我見、常見，免除三縛結之繫縛。次則宣示斷除我執之理，欲令升進而得薄貪瞋痴，乃至斷五下分結…等。平實導師述，共二冊，每冊三百餘頁。每輯300元。

修習止觀坐禪法要講記：修學四禪八定之人，往往錯會禪定之修學知見，欲以無止盡之坐禪而證禪定境界，卻不知修除性障之行門才是修證四禪八定不可或缺之要素，故智者大師云「性障初禪」；性障不除，初禪永不現前，云何修證二禪等？ 又：行者學定，若唯知數息，而不解六妙門之方便善巧者，欲求一心入定，未到地定極難可得，智者大師名之爲「事障未來」：障礙未到地定之修證。又禪定之修證，不可違背二乘菩提及第一義法，否則縱使具足四禪八定，亦不能實證涅槃而出三界。此諸知見，智者大師於《修習止觀坐禪法要》中皆有闡釋。作者平實導師以其第一義之見地及禪定之實證證量，曾加以詳細解析。將俟正覺寺竣工啓用後重講，不限制聽講者資格；講後將以語體文整理出版。欲修習世間定及增上定之學者，宜細讀之。平實導師述著。

★ 聲 明 ★

本社於2015/01/01開始調整本目錄中部分書籍之售價，以因應各項成本的持續增加。

＊喇嘛教修外道雙身法，墮識陰境界，非佛教＊
＊弘揚如來藏他空見的覺囊派才是真正藏傳佛教＊

總經銷： 飛鴻 國際行銷股份有限公司
231 新北市新店區中正路 501 之 9 號 2 樓
Tel.02－82186688（五線代表號） Fax.02-82186458、82186459

零售：1.全台連鎖經銷書局：
三民書局、誠品書局、何嘉仁書店
敦煌書店、紀伊國屋、金石堂書局、建宏書局

2.台北市：佛化人生 羅斯福路 3 段 325 號 6 樓之 4　台電大樓對面
士林圖書 士林區大東路 86 號

3.新北市：春大地書店 蘆洲中正路 117 號　明達書局 三重五華街 129 號

4.桃園市縣：誠品書局 桃園市中正路 20 號遠東百貨地下室一樓
金石堂 桃園市大同路 24 號　　　金石堂 桃園八德市介壽路 1 段 987 號
諾貝爾圖書城 桃園市中正路 56 號地下室　　金義堂 中壢市中美路 2 段 82 號
墊腳石文化書店 中壢市中正路 89 號　　巧巧屋書局 蘆竹南崁路 263 號
來電書局 大溪慈湖路 30 號　　　御書堂 龍潭中正路 123 號

5.新竹市縣：大學書局 新竹建功路 10 號　誠品書局 新竹東區信義街 68 號
誠品書局 新竹東區中央路 229 號 5 樓　誠品書局 新竹東區力行二路 3 號
墊腳石文化書店 新竹中正路 38 號　　金典文化 竹北中正西路 47 號
展書堂 竹東長春路 3 段 36 號

6.苗栗市縣：萬花筒書局苗栗市府東路 73 號　展書堂 竹南民權街 49-2 號

7.台中市：　瑞成書局、各大連鎖書店。
詠春書局 台中市永春東路 884 號　　文春書局　霧峰中正路 1087 號

8.彰化市縣：心泉佛教流通處 彰化市南瑤路 286 號
員林鎮：墊腳石圖書文化廣場 中山路 2 段 49 號（04-8338485）

9.台南市：博大書局　新營三民路 128 號
藝美書局 善化中山路 436 號　　宏欣書局 佳里光復路 214 號

10.高雄市：各大連鎖書店、瑞成書局
政大書城 三民區明仁路 161 號　　政大書城 苓雅區光華路 148-83 號
明儀書局 三民區明福街 2 號　　明儀書局 三多四路 63 號
青年書局 青年一路 141 號

11.宜蘭縣市：金隆書局　宜蘭市中山路 3 段 43 號
宋太太梅鋪　羅東鎮中正北路 101 號（039-534909）

12.台東市：東普佛教文物流通處 台東市博愛路 282 號

13.其餘鄉鎮市經銷書局：請電詢總經銷飛鴻公司。

14.大陸地區請洽：
香港：樂文書店
旺角店 :香港九龍旺角西洋菜街 62 號 3 樓
電話 :(852) 2390 3723　email: luckwinbooks@gmail.com
銅鑼灣店 :香港銅鑼灣駱克道 506 號 2 樓
電話 :(852) 2881 1150　email: luckwinbs@gmail.com

廈門：廈門外圖臺灣書店有限公司
地址：廈門市思明區湖濱南路809號 廈門外圖書城3樓 郵編：361004
電話：0592-5061658（臺灣地區請撥打 86-592-5061658）
E-mail：JKB118@188.COM
15.美國：世界日報圖書部：紐約圖書部　電話 7187468889#6262
洛杉磯圖書部　電話 3232616972#202
16.國內外地區網路購書：
正智出版社 書香園地　http://books.enlighten.org.tw/
（書籍簡介、直接聯結下列網路書局購書）
三民 網路書局　http://www.Sanmin.com.tw
誠品 網路書局　http://www.eslitebooks.com
博客來 網路書局　http://www.books.com.tw
金石堂 網路書局　http://www.kingstone.com.tw
飛鴻 網路書局　http://fh6688.com.tw

附註：1.請儘量向各經銷書局購買：郵政劃撥需要十天才能寄到（本公司
在您劃撥後第四天才能接到劃撥單，次日寄出後第四天您才能收到書籍，此八天
中一定會遇到週休二日，是故共需十天才能收到書籍）若想要早日收到書籍
者，請劃撥完畢後，將劃撥收據貼在紙上，旁邊寫上您的姓名、住址、郵
區、電話、買書詳細內容，直接傳真到本公司 02-28344822，並來電
02-28316727、28327495 確認是否已收到您的傳真，即可提前收到書籍。　2.
因台灣每月皆有五十餘種宗教類書籍上架，書局書架空間有限，故唯有新
書方有機會上架，通常每次只能有一本新書上架；本公司出版新書，大多
上架不久便已售出，若書局未再叫貨補充者，書架上即無新書陳列，則請
直接向書局櫃台訂購。　3.若書局不便代購時，可於晚上共修時間向正覺同
修會各共修處請購（共修時間及地點，詳閱**共修現況表**。每年例行年假期間
請勿前往請書，年假期間請見共修現況表）。　4.郵購：郵政劃撥帳號
19068241。　5.正覺同修會會員購書都以八折計價（戶籍台北市者為一般會
員，外縣市為護持會員）都可獲得優待，欲一次購買全部書籍者，可以考慮
入會，節省書費。入會費一千元（第一年初加入時才需要繳），年費二千元。
6.尚未出版之書籍，請勿預先郵寄書款與本公司，謝謝您！　**7.**若欲一次
購齊本公司書籍，或同時取得正覺同修會贈閱之全部書籍者，請於正覺同
修會共修時間，親到各共修處請購及索取；**台北市讀者**請洽：103 台北市
承德路三段 267 號 10 樓（捷運淡水線 圓山站旁）請書時間：週一至週五為
18.00~21.00，第一、三、五週週六為 10.00~21.00，雙週之週六為 10.00~18.00
請購處專線電話：25957295-分機 14（於請書時間方有人接聽）。

《楞嚴經講記》第 14 輯初版首刷本免費調換新書啓事：本講記第 14
輯出版前因 平實導師諸事繁忙，未將之重新閱讀而只改正校對時發
現的錯別字，故未能發覺十年前所說法義有部分錯誤，於第 15 輯付
印前重閱時才發覺第 14 輯中有部分錯誤尚未改正。今已重新審閱修
改並已重印完成，煩請所有讀者將以前所購第 14 輯初版首刷本，寄
回本社免費換新（初版二刷本無錯誤），本社將於寄回新書時同時附上您
寄書回來換新時所付的郵資，並在此向所有讀者致上最誠懇的歉意。

《心經密意》初版書免費調換二版新書啓事：本書係演講錄音整理
成書，講時因時間所限，省略部分段落未講。後於再版時補寫增加
13 頁，維持原價流通之。茲為顧及初版讀者權益，自 2003/9/30 開
始免費調換新書，原有初版一刷、二刷書籍，皆可寄來本來公司換書。

《宗門法眼》已經增寫改版為 464 頁新書，2008 年 6 月中旬出版。
讀者原有初版之第一刷、第二刷書本，都可以寄回本社免費調換改版
新書。改版後之公案及錯悟事例維持不變，但將內容加以增說，較改
版前更具有廣度與深度，將更能助益讀者參究實相。

換書者免附回郵，亦無截止期限；舊書請寄：111 台北郵政 73–151
號信箱 或 103 台北市承德路三段 267 號 10 樓 正智出版社有限公
司。舊書若有塗鴉、殘缺、破損者，仍可換取新書；但缺頁之舊書至
少應仍有五分之三頁數，方可換書。所有讀者不必顧念本公司是否有
盈餘之問題，都請踴躍寄來換書；本公司成立之目的不是營利，只要
能真實利益學人，即已達到成立及運作之目的。若以郵寄方式換書
者，免附回郵；並於寄回新書時，由本社附上您寄來書籍時耗用的郵
資。造成您不便之處，再次致上萬分的歉意。

正智出版社有限公司 啓

國家圖書館出版品預行編目(CIP)資料

真心告訴您：達賴喇嘛是佛教僧侶嗎?補祝達賴喇
嘛八十大壽 / 財團法人正覺教育基金會編著.
-- 初版. -- 臺北市：正覺出版社, 2015.07
面；　公分

ISBN 978-986-86852-9-1(平裝)
1.藏傳佛教　2.文集

226.9607　　　　　　　　　　　　104013748

真心告訴您

——達賴喇嘛是佛教僧侶嗎？

補祝達賴喇嘛八十大壽

編　　　者：財團法人正覺教育基金會

出 版 者：財團法人正覺教育基金會正覺出版社

通訊地址：10367 台北市承德路三段 267 號 10 樓

電　　話：+886-2-25957295 ext. 10-21（請於夜間共修時間聯繫）

傳　　眞：+886-2-25954493

帳　　號：0903717095910　合作金庫 民族分行

總 經 銷：飛鴻國際行銷股份有限公司

　　　　　231 新北市新店區中正路 501-9 號 2 樓

　　　　　電話：○二 82186688（五線代表號）

　　　　　傳眞：○二 82186458　82186459

定　　價：新臺幣三○○元

初版首刷：公元 二○一五年 七月 二千冊